"社区中国与基层善治"丛书

>>>>>>>> 刘建军 主编

天津市重点出版扶持项目

使基层治理运转起来

——制度传统、组织资本与社区公共产品供给研究

孙杨程 / 著

天津出版传媒集团

天津人民出版社

图书在版编目(CIP)数据

使基层治理运转起来：制度传统、组织资本与社区
公共产品供给研究 / 孙杨程著. —— 天津：天津人民出
版社, 2020.12
　　("社区中国与基层善治"丛书 / 刘建军主编)
　　ISBN 978-7-201-16883-8

　　Ⅰ. ①使… Ⅱ. ①孙… Ⅲ. ①地方政府—行政管理—
研究—中国 Ⅳ. ①D625

中国版本图书馆 CIP 数据核字(2020)第 246453 号

使基层治理运转起来——制度传统、组织资本与社区公共产品供给研究
SHI JICENG ZHILI YUNZHUAN QILAI

出　　版	天津人民出版社
出 版 人	刘　庆
地　　址	天津市和平区西康路35号康岳大厦
邮政编码	300051
邮购电话	(022)23332469
电子信箱	reader@tjrmcbs.com

策划编辑	王　康
责任编辑	郑　玥
特约编辑	佐　拉
封面设计	明轩文化·李晶晶

印　　刷	天津新华印务有限公司
经　　销	新华书店
开　　本	710毫米×1000毫米　1/16
印　　张	18.5
插　　页	2
字　　数	180千字
版次印次	2020年12月第1版　2020年12月第1次印刷
定　　价	78.00元

"社区中国与基层善治"丛书编委会

主　编：刘建军

编委会成员（以姓氏笔画排序）：

孔繁斌　刘建军　吴晓林　何艳玲　范　斌
罗　峰　唐亚林　唐皇凤　景跃进

总　序

　　马克思在《资本论》第一版序言中说道："以货币形式为完成形态的价值形式，是极无内容和极其简单的。然而，两千年来人类智慧对这种形式进行探讨的努力，并未得到什么结果，而对更有内容和更复杂的形式的分析，却至少已接近于成功。为什么会这样呢？因为已经发育的身体比身体的细胞容易研究些。并且，分析经济形式，既不能用显微镜，也不能用化学试剂。二者都必须用抽象力来代替。而对资产阶级社会说来，劳动产品的商品形式，或者商品的价值形式，就是经济的细胞形式。在浅薄的人看来，分析这种形式好像是斤斤于一些琐事。这的确是琐事，但这是显微解剖学所要做的那种琐事。"[①]马克思解剖资本主义的终极秘密是从商品入手的，因为商品是资本主义体系的细胞。就像他在《资本论》第一篇"商品和货币"开头说的一句话："资本主义产生方式占统治地位的社会的财富，表现为'庞大的商品堆积'，单个的商品表现为这种财富的元素形式。因此，我们的研究就从分析商品开始。"[②]在很多时候，对宏大议题的主观化、简单化处理要比解剖一个细胞容易得多，因为可以任意裁剪历史，随意舍弃材料。

　　更为重要的是，马克思对商品这一细胞的解剖，并不止于窥一斑，而

---

　　① 《马克思恩格斯文集》(第 5 卷)，人民出版社，2009 年，《资本论》第一版序言第 7~8 页。
　　② 同上，第 47 页。

是要见资本主义的全貌。就像他在《资本论》第一版序言中所说的："本书的最终目的就是揭示现代社会的经济运动规律，它还是既不能跳过也不能用法令取消自然的发展阶段。但是它能缩短和减轻分娩的痛苦。"①要想探究一种文明的秘密，要想洞悉一个国家治理的秘诀，无怪乎三种路径：一是自下而上和自上而下，二是由内向外和由外向内，三是由近及远和由远及近。马克思对商品的解剖兼具由内向外和自下而上两种路径。资本主义的终极秘密，就这样在马克思抽丝剥茧式的剖析中，一丝不挂地全盘呈现出来了。

我们这套"社区中国与基层善治"丛书也是从国家治理体系和社会治理体系的"细胞"入手的。这个细胞就是一个个的社区与基层治理单元。但是中国社会中的"治理细胞"与西方社会中的"治理细胞"又有着迥然不同的属性和定位。与西方社会并行分立的、相互并不隶属的成千上万个自治单元不同的是，作为社会有机体之细胞的社区和基层治理单元，是支撑整个国家治理体系和社会治理体系的基石。借用马克思的概念来说，互不隶属、并行林立的细胞构成的像是一个不坚实的"社会结晶体"，支撑整个治理体系的细胞构成的是一个经常处于变化的"社会有机体"。如果说西方社会试图通过宗教和各种公益组织的力量去填补分立单元之间的空隙，那么中国则是依靠纵向的互动和横向的联结，不断推动国家治理和社会治理的整合效应和联动效应。

这就直接牵引出了我们分析中国基层治理的四种基本范式：一是有机统一的政治，二是关联主义的政治，三是良性互动的政治，四是生活政治。这是我们秉承"从政治理解社会""从社会理解政治"这一方法论和辩证法的延续。因为我们今天所说的经济、政治、文化、社会乃是人为制造的话语

---

① 《马克思恩格斯文集》(第 5 卷)，人民出版社，2009 年，《资本论》第一版序言第 10 页。

系统与概念系统,但不是世界和生活本身,建构话语、发明概念的过程其实也是一个远离真相的过程。正是基于这一反思,我们才把中国的基层治理置于社会与政治的关联体系中来审视。

当代中国政治体系不是板块式、机械式、反映不同利益集团政治诉求的三权分立,也不是神高国低的政教合一政权,而是一种有机统一的政治。有机统一的政治背后实际上就是一种政治合成,一种政治创造,一种政治发明。政治的有机统一性就体现在党的领导、人民当家作主和依法治国的统一之中。对有机统一性的捍卫与发扬则使当代中国政治文明充满活力。反之,有机统一性的破裂和被遗忘则使当代中国政治文明陷入无序和危机。有机统一政治形态落实到基层,就是党建引领、居民(村民)自治与社会秩序的有机统一。

从一定意义上来说,中国的构造原理既不是个人主义的,也不是集体主义的,而是关联主义的。关联主义讲究的是个人与家庭、社区、单位、城市与国家的情感纽带、文化纽带与利益纽带。明末清初的大儒顾炎武先生曾经有著名的"亡国"与"亡天下"之辩。他说:"有亡国,有亡天下,亡国与亡天下奚辩?曰:易姓改号谓之亡国。仁义充塞,而至于率兽食人,人将相食,谓之亡天下。是故知保天下,然后知保其国。保国者,肉食者谋之;保天下者,匹夫之贱与有责焉耳矣。"①所谓"天下兴亡、匹夫有责"就是揭示了普通人与天下国家的关联。古代统治者不管是与豪族共天下,还是与士人共天下,只能强化"保国"传统的延续。只有治理者与人民共天下的时候,才能催生出顾炎武所说的"保天下"。人民当家作主就是构建了每个人与国家的关联。所以中国的基层治理不是在个人主义、权利主义的轨道上划出一道泾渭分明的界线,以此确立互不侵犯的分立领地,而是在各种关联纽

---

① 顾炎武:《日知录集释》,岳麓书社,1994 年,第 471 页。

带的构建中最大限度地开发各种关系资源。以个人主义为原点的治理和以关联主义为原点的治理,乃是中西基层治理的最大分野。

如果说党的领导、人民当家作主与依法治国的有机统一是理解当代中国国家治理体系的理论基点,那么"政府治理、社会调节与居民自治的良性互动"就是我们理解中国基层治理的制度起点。良性互动的政治作为中国基层治理的基本范式之一,其最大的理论价值在于对"国家-社会"二元框架的突破与超越。国家与社会的分野是西方经济制度和宗教背景下的理论发明。马克思在《论犹太人问题》一文中非常清楚地道出了其中的根蒂:"犹太精神随着市民社会的完成而达到自己的顶点;但是市民社会只有在基督教世界才能完成。基督教一切民族的、自然的、伦理的、理论的东西变成对人来说是外在的东西,因此只有在基督教的统治下,市民社会才能完全从国家生活分离出来,扯断人的一切类联系,代之以利己主义和自私自利的需要,使人的世界分解为原子式的相互敌对的个人的世界。"①原子式的个人要能够产生并且构成市民社会,就必须使得一切血缘的、半血缘的,伦理的、半伦理的,宗法的、半宗法的关系彻底解体,只有到这时才能说产生了原子式的个人,从而市民社会方得以成立。②

西方人在资本主义体系中发明出来的"社会"就是典型的基督教社会、原子式的个人社会、追逐私利的市民社会。正如马克思断言的:"这种利己生活的一切前提继续存在于国家范围以外,存在于市民社会之中,然而是作为市民社会的特性存在的。"③这样的社会当然要拒绝国家的介入和资源的再分配。但是在中国,无论是传统的乡土社会,还是后来的单位社会,以及改革开放后出现的以社区为基本单元的新型社会空间,都是与国家

---

① 《马克思恩格斯文集》(第1卷),人民出版社,2009年,第54页。

② 吴晓明:《1978年之后中国出现了"市民社会"吗?》,《中华读书报》,2014年12月10日。

③ 《马克思恩格斯文集》(第1卷),人民出版社,2009年,第30页。

相伴共生的。这既是由中国的文化基因和制度基因决定的，也是由中国的社会主义性质决定的。所以我们才会看到，波及千家万户的老旧小区改造会成为最高决策层中央政治局的会议议题。良性互动的背后不是谁决定谁的问题，也不是像波兰尼所说的将社会抛置荒野，更不是父爱主义的施舍与馈赠。良性互动是对各方主体性的充分尊重。这是不断变化、不断创新、不断突破的"社会有机体"思想在基层社会治理中的重要体现。

习近平说："我们的人民热爱生活，期盼有更好的教育、更稳定的工作、更满意的收入、更可靠的社会保障、更高水平的医疗卫生服务、更舒适的居住条件、更优美的环境，期盼孩子们能成长得更好、工作得更好、生活得更好。人民对美好生活的向往，就是我们的奋斗目标。"①中国社会治理的最终落脚点是对人民美好生活的缔造。西方的古典政治学可以被界定为"政体政治学"，西方的现代政治学可以被界定为"国家政治学"。政体政治学尽管指向善的政治生活，但是这里的政治生活是带有古典政治属性的，是服从于人天生是政治动物或城邦动物这一命题要求的。因此，在古典政治学视野中的生活是被想象出来的、排他性的、纯粹的、透明的、未经过经济染指的公共生活。现代政治学被锁定在人类社会最为重要的政治发明——现代国家的领地之内，将丰富多彩的市民生活留给了社会学和经济学。

在马克思断言的人类经过政治解放之后，在政治领域中实现平等的同时，则将不平等留在了市民社会之中。在这里，已经预设了政治与生活的分离。现代政治学之所以专注于国家权力，就是因为生活的非国家化、非政治化。但是在我们对现代政治学所鄙视的生活场景中，我们发现了完全不同于国家政治但又与国家政治有着千丝万缕关系的生活政治领域。在这个特殊的生活政治领域中，尽管没有大规模的阶级对抗，但是一个简

---

①　《人民对美好生活的向往，就是我们的奋斗目标》(2012年11月15日)，《十八大以来重要文献选编》(上)，中央文献出版社，2014年，第70页。

单的生活议题可能会被引爆为国家政治动荡的前奏。也就是说，专注于公共权力、阶级政治、大人物政治的国家政治学，实际上是处于弥散性的生活政治的包围之中的。从这个角度来说，国家政治、阶级政治不能完成对生活政治的替代，相反，生活政治恰恰是国家治理极为重要的投射空间。西方人宣称的"自由民主制度"依靠隐蔽的技术与技巧将生活政治排除在外，并把生活政治议题还原为一个个市场能力议题，从而把冷酷的外在统治结构消融在难以觉察的"无意识"之中。这一统治策略的最终结果必然是社会的衰败与分裂。当这一社会后果突破了政治体系所能容纳的极限时，资本主义体系的危机与困境也就降临了。如果说剩余价值是资本主义经济体系的终极秘密，那么依靠市场逻辑完成对生活政治的吞噬和消解，则是资本主义统治体系的终极秘密。"社区中国与基层善治"丛书就是在超越西方政治话语的基础上，试图把中国基层丰富多彩的生活场景、生活美学、生活艺术以及生活意义呈现在大家面前。

总之，有机统一的政治缔造了中国基层治理的理论原点，关联主义的政治提供了中国基层治理的运行轴线，良性互动的政治塑造了基层治理权、责、利相统一的制度安排，生活政治规定了基层治理的价值指向。一言以蔽之，社会治理是拯救现代性危机、克服现代性困境的最后一道底线。揭示这四重范式的理论魅力和实践智慧是这套丛书得以立足的基础。

目前，本丛书的所有作者要么是我的合作者，要么是我的学生。我感谢他们。感谢他们把如此精彩的成果列入本丛书之中。顺便说一句，我们这套丛书是开放的，不是封闭的。我们渴望有更高水平的成果能够进入这套丛书。

是为序！

刘建军

2020 年 5 月 1 日于复旦大学

前　言

20 世纪中国政治的主题是"乡村"，是"农村包围城市"，是"绿色崛起"。21 世纪，城市则充满勃勃生机，逐步成为中国政治的主题。同时，治理也取代统治，成为政治的主流。乡村治理的基本单元是"村庄"，城市则是"社区"。尽管同样是中国基层治理的基本单元，二者却相差甚远，乡村治理研究硕果累累，已经形成"村庄""宗族""市场网络""文化网络"等研究范式，社区治理却方兴未艾，尚处于发展之中。良好的秩序是政治学经久不衰的命题，与之相辅相成的是利益的分配，集中体现为制度安排。亚里士多德的制度安排是中产阶级国家原则，孔子的制度安排是贵族分封；奥古斯丁的制度安排是"双城论"，董仲舒的制度安排是"天人合一"；洛克的制度安排是"保护财产的政府"，顾炎武的制度安排是"寓天下于郡县"；西方国家的制度安排是资产阶级民主，中国的制度安排是人民民主专政。

社区是社会治理的基本单元，社区治理是国家治理的基础。乡村社会存在和发展的有机体是村庄，城市存在和发展的有机体则是社区。村庄是"面对面社会"，是"机械团结"的共同体，农民职业彼此相同，以耕作为生，其交往离不开血缘、地缘，形成"差序格局"。社区则是"陌生人社会"，是"有机团结"的共同体,居民从事不同的职业,其交往离不开市场,形成"蜂窝格局"①。20 世纪总体上是"农村包围城市",农村问题和农民革命贯穿始终。21 世纪则是"乡村城市化"②的世纪,城市治理成为中国政治的主线。社区是城市治理的基础,是"中国政治建设的战略性空间"③。社区担负着重要的政治职能和社会功能,是国家治理的起点。从城乡结构来看,国家治理体系和治理能力的现代化,核心是城市治理体系和治理能力的现代化,其落脚点也在社区。社会治理创新,最终也要落实到社区,表现为居民的获得感和幸福感。因此,社区是国家治理的基石,担负着基层"防震圈"的重要使命。

社区公共产品是城市治理的晴雨表,是国家治理能力的刻度尺。社区公共产品供给,代表着政府与市场之间的关系,承载着社会组织和社区之间的互动,展示着基层民主的活力,是社区居民利益诉求的载体。随着城市基础设施更新、人口结构变化和城市治理理念变革,居民对社区公共产品的需求数量会不断增长,类型也会更加多样。它是社会治理能力的集中体现,是国家治理能力的生动例证,是社会主义制度优越性的重要表现。利益分配是政治制度的核心,分配方式的不同决定了政治制度的不同,基层政治制度安排是利益分配的直接体现,社区公共产品则是利益分配鲜活的证明。以美国为代表的西方国家,其社区公共产品供给受到基层政治制度、城市治理理念、城市治理体制以及宗教的影响,具有鲜明的资本主义色彩;北欧城市社区治理则带有明显的福利国家特色。马克思和恩格斯在《资本论》和《英国工人阶级状况》中,批判资本家的贪婪。这些人对剩余价值的占有,使工人无法享受到社区公共产品,酗酒现象非常普遍,治安状况也比较差,甚至连生命也无

---

① 何金晖:《城市社区治理中的权力结构与运行机制研究》,华中师范大学出版社,2007 年,第 20 页。

② 《马克思恩格斯全集》(第 46 卷),人民出版社,1979 年,第 480 页。

③ 林尚立:《社区:中国政治建设的战略性空间》,《毛泽东邓小平理论研究》,2002 年第 2 期。

法保障。随着贫富分化加剧，以美国为首的城市社区明显分化为穷人社区和富人社区。为缓和矛盾，西方国家开展了一系列的"社区运动"，将资源以财政拨款、公益捐款的形式输送到社区，取得了一定效果。在本质上，这是利益分配的局部调整；在客观上为穷人带来了"社区公共产品"，增强了国家和社会秩序的稳定。由于我国国家性质是社会主义国家，实行人民民主专政，必然要求"社区公共产品"供给充足。

经济体制改革和城市治理变革是中国城市社区公共产品供给的"分水岭"。1949—1956年底，中国实行新民主主义经济，在此过程中，公有制经济逐渐占据主体地位。1956年底，"三大改造"的完成，标志着社会主义制度确立。此后，"社会主义工业化"成为经济建设的重要目标。城市主要服务于社会主义工业生产，生产功能被放到突出位置。为了实现这种功能，企业、商店、学校等被整合为"单位"，各个单位向着大而全的方向发展，单位宿舍、单位食堂、单位附属幼儿园、小学、中学等应有尽有，可谓"麻雀虽小，五脏俱全"。与之对应，城市管理体制也发生了变化，"居民委员会"取代"保甲"，成为城市管理的基本单元。因此，经济体制改革和城市治理变革之前，公共产品供给的主体是单位和居委会，这是社区公共产品的历史起点。20世纪80年代，随着农村经济改革的成功，城市经济改革逐步放开，农民逐步进入城市，外资企业、合资企业以及私营企业蓬勃发展，企业破产制度开始实行，社会保障制度逐步确立。同时，住房制度也逐步改革，打破了原有"产居合一"的城市布局。城市空间被重新塑造，治理产生重要转变。城市从生产功能突出，转向生产、销售、集散、消费、信贷、旅游多种功能显现。其治理格局，由单位与社区两重单元转变为企业、学校、商业、社区等多重单元。

社区公共产品是基层"防震圈"的重要内容，是社会稳定和国家安定的物质保障。住房改革以后，治理体制逐渐由"街居制"转变为"街社制"，居民区成员更加多元，组成地域相近、利益相关的"社区"。随着市场主体数量的增加和类型的丰富,社区公共产品的供给主体也发生变化。街道职能改革,各种社区服务中心相继建立;社会治理变革,政府购买公共服务项目增多;社会组织和专门的社区基金会也成为不可忽视的主体;居民自筹,自我供给特色公共产品;自治金项目和党建项目也不断涌现。因此,社区公共产品的供给主体发生了前所未有的变化。居委会和社区党组织作为基层制度的重要载体,一直发挥着重要作用。帕特南认为,源自于公民传统的社会资本,促进了社会治理和国家治理绩效的提升。然而并不是只有社会资本才有这样的功能。中国共产党的基层组织体系,以及遍布在每个社区的居委会,在一定条件下都能发挥重要作用,提升社会治理和国家治理绩效。

"组织资本"是打破"历史诅咒"和"血缘困境"的关键。在帕特南那里,历史塑造的公民传统可以转化为提升国家治理绩效的社会资本,那些缺乏公民传统的地区需要相当长的时期才能建立互信互惠机制,如同遭遇了"历史诅咒"。蔡晓莉则认为,中国农村中的血缘关系使村庄成为一个"连带群体",通过伦理责任为村民提供社区公共产品。那些血缘关系不强的村庄则缺乏这种机制,仿佛遇到了"血缘困境"。从他们的观点出发,中国城市社区既缺乏公民传统,又不能组成连带群体,其公共产品供给受到制约。事实上,中国城市社区不但拥有公共产品供给,而且还因社区的不同呈现出供给差异。层次化的治理景观是其集中体现。小部分社区拥有多元供给渠道,不仅能满足居民需求,而且实现了居民自治和多元共治的结合;大部分社区依靠制度化的供给主体,满足基层公共需求;此外,还有小部分社区由于利益纠纷、治理理念等原因,疲于转移压力。因此,社区治理形成"多元共治型""需求满足型"和"矛盾转移型"三种不同层次的治理景观。中国共产党民主集中制和下级组织服从上级组织的原则,以及"支部建到社区里"的做法,使党组织遍布到城市居民区,形成细密的组织网络,引领社会,延续着"党制国家"的制度传统。这种细密的组织网络,在一定程度上能够替代"历史传统",通过组织与组织的互动,建立起互信互惠机制。基层党组织是城市基层社会的"轴心结构"①,它为互惠机制的建立提供了便利条件。除此之外,居委会也遍布各个社区,加上居民区分布着党员,城市基层得到了制度传统的馈赠——组织资本。

组织资本是中国城市社区公共产品供给的关键变量,协商治理是其重要载体。每个国家的基层治理都有自己的历史起点和制度底色,美国拥有长期的"自治传统",中国拥有长久的"治理传统"。不同的是,美国的基层治理是以选举和责任制为主要特征,中国基层治理的鲜明特征则是协商治理。社区事务的解决,社区公共产品的供给,主要是通过协商治理的方式完成的。目前,基层呈现出"制度过密化"的现象,各种各样的制度创新层出不穷,但其最基础的政治组织是党支部和居委会,其解决问题的方式是协商民主。通过比较,我们发现城市治理的现代化和社区治理的现代化并不是只有一条道路,"历史诅咒"并不真正成立,在一定程度上,"制度传统"能够替代"公民传统"。换句话说,人与人之间的信任并不是只有通过"公民组织"才能建立,遍布城市的中国共产党的基层组织,也可以使人与人之间、组织与组织之间实现"承诺可置信"。实际上,"血缘困境"正是通过组织责任来解决的,中国农村中的"连带群体",通过"伦理责任"约束村民的行为,使他们为村庄公共产品贡献力量;在城市,党组织和居委会可以通过组织之间的互联互动,以"组织责任"的形式对党员产生约束,以组织为载体,与其他组织互动,获取相应的支持。中国城市基层治理,由此走上了协商治理的特色道路。

社区治理和社区公共产品供给是国家治理体系和治理能力现代化的重要组成部分。城市化和城市治理是当代中国政治的重要命题,人口和产业逐步往城市集中,国家治理体系和治理能力现代化离不开城市治理体系和城

---

① 林尚立:《轴心与外围:共产党的组织网络与社会整合》,《复旦政治学评论》,2008 年第 11 期。

市治理能力现代化。社区是城市治理的基本单元，从这个角度看，社区公共产品供给和社区治理不仅对社会治理现代化产生影响，还担负着国家体系和治理能力现代化底层探索的重要使命。

目　录

第一章 导 论

第一节　研究的问题和意义

一、研究的问题

公共产品是政治学永恒的话题。自帕特南(Robert D. Putnam)将"社会资本"的概念引入政治学领域以来,学者们对社会资本的作用有了更清晰的认识。蔡晓莉(LILY L. TSAI)经过长时间的观察,发现了中国农村社会资本的载体——"连带群体"(solidary groups)。它以自身特有的道德规则和责任来约束自己的成员,使成员为村庄公共产品的提供争取资源或贡献力量。这样一种道德约束和反馈,使村庄获得水泥路、自来水、路灯等公共产品。正如帕特南所说,"亲属关系在解决集体行动困境中具有特殊的作用"。蔡晓莉发现社会资本的载体是中国农村里比较普遍的"血缘关系",这正是"单姓村"比

"复姓村"公共产品提供比较好的前提。与其他类型的村庄相比,"单姓村"是一个相对封闭的"亲属关系网络"。在中国文化传统中,"单姓村"拥有一个共同的男性祖先,其宗族色彩非常明显。地缘是血缘的延伸,通过姻亲和干亲两种形式,亲属关系网络获得拓展。这是有些复姓村公共产品提供得比较好的重要原因。蔡晓莉将直系亲属网络和旁系亲属网络以及拓展的亲属网络(干亲)统称为"连带群体"。它是一个"道德共同体",成员间相互反馈,为村庄贡献力量会受到称赞、获得认同,否则会受到谴责。

"连带群体—伦理约束—村庄公共产品",该链条为揭示中国农村产品供给秘密提供了线索。城市社区公共产品供给与农村不同。借助教会、工会以及其他社团组织,欧美城市和乡村形成"公民参与网络""公民参与网络—责任制政府—城市社区公共产品"是欧美城市社区公共产品的"链条"。在中国城市社区,"连带群体"不可能普遍存在,"公民参与网络"尚未形成,那如何获得公共产品供给呢?

在上海基层调研的过程中,我们发现有些城市社区的治理景观或者治理绩效非常好,居民获得感非常强。经过比较分析,得以发现隐藏在治理景观背后的"社区公共产品"。与标准化供给不同,它们有多样化的供给形式。进一步研究发现,多样化的供给形式背后,存在着多元化的供给轨道,超出了传统的"政策轨道""市场轨道",出现了"公益轨道""合作轨道"等新形式。这些新的供给形式和供给轨道能够满足居民的多样化需求,呈现出"多元共治型"的治理特点。通过标准化配置获得公共产品的社区,属于"需求满足型"治理。除此之外,我们发现了另一种治理类型——"矛盾转移型治理"。在这种治理类型中,虽然它也能获得标准化的社区公共产品供给,但由于利益分配和治理理念落后等原因,它们采用矛盾转移策略治理社区。这类治理中,"流动摊贩"被反复驱逐,上级检查时消失得无影无踪,随后又奇迹般地出现;"上访分子"屡禁不绝,浪费大量的人力物力,政府投入越多,居民对其信任度反倒越低。同样的经济发展水平,同样的制度结构,为什么会产生社区公共产品供给差异?为什么会形成层次化的治理景观?治理景观层次化的根源是什么?

二、问题提出的背景

公共产品是政治制度安排的集中体现。随着社会演进和技术的进步,公共产品研究逐渐成为一门显学。不论是古希腊的政治思想家还是古代中国的统治者,都发现公共产品在平衡阶级利益中发挥着巨大作用。为了避免政治共同体沦为"穷人和富人相互对立的国家",亚里士多德提出了"中产阶级国家原则"的解决思路;为了实现"天下大同"的政治理念,秉承儒家思想的执政者一直向往"井田制"的时代。尽管在具体思路上有所差别,但在治理技术上中外政治思想家却是一致的:他们通过征税的办法,平衡贫富差距,尽可能地缓和直至消除阶级矛盾。当然,不可否认,公共产品具有社会属性,能够增进全社会利益,比如每个公民都必需的国防安全。公共产品成为社会科学领域的重要研究对象,离不开福利经济学和公共经济学的发展。福利经济学的开创者庇古(Arthur Cecil Pigou)运用数学方法,画出了著名的"庇古曲线"[①],以期找到合理的税率,使公共产品研究迈进了社会科学的领域。著名政治学家布坎南(James M. Buchanan)提出"公共选择理论"(public choice),使公共产品研究有了自己的理论视角,也正是从这一时期开始,公共产品研究成为了社会科学的重要研究对象。伴随着"政府失灵"和"私有化"的理论浪潮,出现了奥尔森(Mancur Lloyd Olson)"集体行动的逻辑"理论,为公共选择失灵提供了理论解释。相应地哈丁(Garrett Hardin)提出了"公地悲剧"的模

---

① Atkinson,*Pigou,Taxation and Public Goods*,Oxford Unviersity Press,1974,pp.119–28.

型,为政府的公共性提供理论支撑。随后,奥斯特罗姆(Elinor Ostrom)在哈丁和奥尔森的理论基础上,通过大量的案例调查,提出了"多中心治理"理论,为公共产品供给找到了更进一步的理论解释。除此之外,为应对市场和政府的双重失灵,志愿组织或社会组织的相关理论也蓬勃发展,比较有影响力的是社会资本理论。帕特南通过对意大利和美国的观察,发现了"公民传统"和"公民组织"在提升和塑造社会资本中的重要性。萨拉蒙(Lester M. Salamon)通过长期的观察,发现志愿组织并不像预想当中的那样,是治疗政府失灵和市场失灵的"万能药"。相反,"志愿失灵"大量存在,现实的治理情形是政府与志愿组织相互合作,志愿组织从政府那里获取资金支持,政府借助志愿组织供给公共产品。在此背景下,萨拉蒙提出了"合作治理"理论。

中国的城市基层治理并不是故步自封的,它在不断地借鉴和学习国外先进经验和做法,同时也在寻求理论支持。2015 年,上海市出台"1+6"文件,对城市基层进行机构改革和职能变革,以实现"创新社会治理,加强基层建设"的目的。我的导师在上海从事城市基层治理的研究,一直突出研究"现场感",他指导我们走出书斋,进行实地观察与研究。两年的调研经历,使我了解到上海不同的"区"(指区一级政府)之间,其社区治理的思路和理念是不同的,街道之间的治理模式存在着一定的差别,居民区之间的治理绩效也各不相同。从何处切入,解释这种差异产生的原因,具有不小的难度。在导师和同学们的帮助下,社区公共产品供给成为我关注的重点。

三、研究的意义

理论意义:公共产品是政治学不可或缺的领域,其研究历久弥新。从帕累托(Vilfredo Pareto)到林达尔(Lindahl),再到布坎南(James M. Buchanan)和奥斯特罗姆夫妇(Ostrom),公共选择理论体系日趋成熟。他们以经济理性人假设为前提，提出了"帕累托最优""林达尔均衡""多中心治理"等理论，对社会治理产生了深远影响。帕特南紧随其后，运用"社会资本"理论揭示了民主运行的社会基础，论证了社会信任和公民参与网络在公共产品供给和社会治理中的重要作用。蔡晓莉提出"连带群体"这一概念，解释中国农村公共产品提供。处在城镇化进程中的中国城市社区，有其独特的历史起点和制度底色。既有理论在解释中国公共产品供给时具有一定的局限，也无法解释供给差异。20 世纪，中国社会发展的主题是"绿色崛起"，乡村治理成为显学；21 世纪，这一主题将转变为"都市突破"，城市基层治理重要性日益突出。社区是城市基层治理的基本单元，是社会治理现代化的重要支撑。研究以社区公共产品供给为对象，探究中国城市基层治理的运作机制，尝试提出"制度传统"和"组织资本"两个概念，为中国城市社区公共产品供给寻求理论依据。同时，对社会资本理论进行补充，使其增添中国色彩。

实践意义："国家治理体系和治理能力现代化"的目标提出以来，城市基层治理越来越受到重视。为此，国家专门出台了《关于加强和完善城乡社区治理的意见》。需要指出的是，中国城市基层治理有其特殊性，既不同于欧美城市基层治理，也异于中国乡村治理。一方面，中国城市社区由"单位"转变而来，具有自己的历史起点。另一方面，中国是社会主义国家，政治结构和经济体制有自己的制度底色。城市基层治理的现实过程中，不少基层政府没有找到城市基层治理的"突破口"和"关键点"。它们投入到社区的资金很多，不但没有获得居民认同，反而引发了他们的不满。满足基层公共需求是城市基层治理的"突破口"和"关键点"。相较而言，重要的不是资金投入的多少，而是其使用的"精确性"。多元化的供给渠道和多样性的供给方式，使居民需求得到满足。它的建立，取决于城市基层治理体系的转变。科层制供给结构过于僵硬，其对资源的配置是标准化的，无法准确地了解社区居民的多样化需求，其治理绩效还有不少提升空间。

加强和改善基层党组织的领导,使驻区单位、社会组织等多元力量有序融入,构建"一核多元"的基层治理格局,通过"协商治理",实现居民自治和多元共治的结合。这个实践经验,能够为上海甚至是全国其他社区提供借鉴和启示,使它们取得基层治理绩效的成功。

第二节　核心概念、主要观点和分析路径

一、核心概念

社区公共产品是"在社区一地域范围内,与居民生活密切相关的公共产品,即居民在社区生活中所需公共产品的总和"[①]。公共产品的定义和特征,经由萨缪尔森、布坎南、奥尔森等人,基本上已经确定下来,非排他性、非竞争性是其主要特征;由集团或组织提供是其特点。

表 1　社区公共产品分类表[②]

类别	对象		主要内容
福利产品	特殊群体	老年人	日常生活照料、护理、安慰、医疗保健、文化娱乐等
		残疾人	生活保障、康复医疗、就业、合法权益保障、文化生活等
		优抚对象	社区优抚安置
		特困家庭	扶贫济困服务
便民利民产品	全体社区居民		社区环境:邮件投递、公交服务、通讯网络、自来水供应和下水道服务、电力供应、天然气供应、社区养老院安置、社区照明、社区道路建设、社区绿化、垃圾清运、社区安全、控制噪声、治理违章搭建、外来人口的管理等

---

①② 李雪萍:《城市社区公共产品供给研究》,华中师范大学出版社,2007 年,第 92 页。

类别	对象	主要内容
便民利民产品	全体社区居民	社区医疗卫生:疾病防控、医疗诊断、病人护理、健康咨询、卫生宣传和防疫等
		社区未成年人服务:婴儿、幼儿照料,少儿上下学接送,午餐制作和配送,课外看管,假期托管,智力开发,兴趣与特长的培养
		社区生活服务:文化、教育、科普、咨询、培训、体育、娱乐、健身活动设施及其服务、居民互助提供的邻里产品等

此外,它还可以分为社区共用产品和邻里产品。实际上,邻里产品指的是楼主产品或者是楼组服务,当然它也包括跨楼组的产品或服务,只是还没有达到社区层面。在广义上,它仍然可以看作是社区公共产品。

基层治理绩效:主要是指城市基层治理状况的综合考量。具体来说,以街道为单位,综合考察社区内的治安、环卫、文娱、自治等几个方面的状况,依靠上下互评的办法,综合得出居民区、街道的分数。当然,不同区域在具体的衡量指标上有一定差别,但总体上都是对街道和居民区治理的综合考量。

供给轨道:对社区公共产品而言,供给轨道指的是向社区(包括街道和居民区)提供一定资源或者公共产品的渠道。它主要包括政策、市场、公益、合作等几种轨道。

供给主体:它是社区公共产品的提供者,可以是政府、企业、社会组织,也可以是基金会,甚至是居民个人。区分供给主体的主要目的在于,它可以很好地体现出供给体系发生的变化。

治理景观:基层治理绩效的差别,会体现为不同的物质景观和人文风情。治理绩效比较好的社区,居民的公共需求得到满足,孕育出自治团队;治理绩效一般的社区,居民的公共需求也能得到满足,但是缺乏活力;治理绩效差的社区,居民的公共需求无法得到满足,经常转移矛盾。治理景观可以分为三个层次:矛盾转移型、需求满足型、多元共治型。

联动网络:它与"公民参与网络"相对应,是根据当代中国(上海)的实际情况提出的概念。具体来讲,主要是指中国共产党的基层组织、驻区单位、社会组织之间互联互动形成的组织网络。

维持网络:它由科层制供给主体组成,以标准化的方式为社区提供公共产品。由于财政资源相对充裕,它使上海绝大部分城市社区都处于需求满足型治理景观。

制度化供给:社区公共产品的制度化供给,指的是以基层党组织和基层政府为主导,其他主体为辅助,通过街道各中心、居委会以及楼组满足社区公共需求的供给方式。其最大特点是基层党组织和基层政府占绝对优势,其他力量参与较少。

多元供给:社区公共产品的多元供给,指的是社会力量、市场力量(政府购买公共服务)有序融入到社区公共产品供给当中,发挥重要作用,形成以基层党组织为核心,基层政府占主导,社会力量多元参与的供给方式,即"一核多元"的供给方式。

组织资本:它指的是组织与组织之间的联结。与"社会资本"和"连带群体"两个概念比较后,结合中国城市社区实际情况而提出的。中国城市基层当中,供给主体之间纷繁复杂的关系,最终可以归结为两种:党组织之间关系、党组织和非党组织之间关系。中国共产党的基层组织,在城市社区公共产品供给当中,发挥着枢纽功能。它将驻区单位、社会组织、志愿力量、居民自治组织等主体,通过党员和党组织之间的关系协商到一起,转化为上面两种关系。与"社会资本"和"连带群体"相比,党组织的作用明显,功能突出,因此将其称为"组织资本"。"组织资本"是对"社会资本"理论的一个补充,"社会资本"包含个人与组织之间的联结,但是作为中心枢纽的组织,尚未得到充分重视。从这个角度上看,"组织资本"是新的概念尝试和理论探索。

制度传统:指的是"党治国家"①这一制度的延续。组织资本的产生,不是人为设计的。很大程度上,它是党和国家领导制度不断调整的结果。新中国成立以来,尽管历经多次制度改革,但中国共产党的领导地位一直在巩固,"党治国家"的制度传统一直在延续。中国共产党的组织体系和其在国家与社会生活中的地位,并没有发生改变,变化的是其在城市基层治理当中的具体作用。"公民传统"是一种文化模式,其形成需要相当长的时间,正是因为如此,其影响更为深远。但是制度本身作为一种政治工具和治理技术,也可以塑造行为模式。在当代中国,"党治国家"的制度传统,使基层党组织成为"轴心结构"②,引领着城市基层治理,在社区公共产品供给当中发挥枢纽作用。从功能上来看,制度传统能够在一定程度上替代公民传统,使社会以组织化的方式运行。换句话说,制度传统的延续,社会治理现代化的背景,能够使基层党组织在一定程度上替代公民组织的功能,从而形成组织资本。

协商治理:基层党组织的领导地位,组织之间互联互动形成的"联动网络",使中国(上海)城市基层治理走上了一条特色的治理道路。欧美国家的城市基层,以民主选举的方式集中公民意见,表达政治。中国城市基层则注重从党内外收集、归纳意见,反馈到社区。这个不断沟通、不断协调的过程,就是协商民主,协商治理的过程。选举民主和协商民主都是城市基层治理中的一种政治工具,一种治理技术。从目前的情况来看,协商治理正在逐步完善。

二、主要观点

社区公共产品是衡量城市基层治理绩效的关键要素。理清了社区公共

---

① 陈明明:《在革命与现代化之间:关于党治国家的一个观察与讨论》,复旦大学出版社,2015年,第121页。

② 林尚立:《轴心与外围:共产党的组织网络与社会整合》,《复旦政治学评论》,2008年第11期。

产品供给思路，就找到了理解中国城市基层治理的一条线索。社区公共产品，即公共物品和公共服务，是社区治理信息化、专业化、现代化的晴雨表，是社会治理现代化的直接反映，是国家治理体系和治理能力现代化的基石。换句话说，对社区公共产品供给体系的研究，实际上就是对城市基层治理主体之间关系的梳理。当下的城市基层，从空间上看，由街道和居民区构成，大致呈现出蜂窝状结构；从参与者来看，包括党的基层组织、政府、驻区单位、两新组织（新经济组织和新社会组织）、社会组织、居民自治组织等。当然，党的上级组织和市区两级政府实际上也在发挥重要作用；从治理形式上看，基层治理体制改革以及"创新社会治理，加强基层建设"的要求，街道和居民区都做了积极的探索，涌现了不少优秀做法。城市基层治理的创新，很大程度上就是社区公共产品供给的创新。那么，基层治理创新是如何产生的？社区公共产品供给体系经历了怎样的变迁？为何会走上"协商治理"的特色道路？

　　社区公共产品供给深受历史起点和制度底色的影响。中国新民主主义革命胜利和社会主义建设的过程，也是国家制度、经济体制、社会生活不断改变的过程。1956 年底，社会主义制度正式确立，单位制进程加快，城市治理格局发生重大变化。经济上，企业转换为单位，统一由政府机关确定生产计划，来完成相应的经济任务。社会上，除了"工青妇"等群众组织之外，党组织高度整合社会，基层组织覆盖到城市居民区，并且发挥着重要作用。政治上，群众意见经过整合，成为政党主张，经过人民代表大会上升为国家意志。"党治国家"的制度传统在这一时期确立下来。"文化大革命"后，为进一步完善社会主义制度，更好地探索和建设社会主义，经济体制进行变革的同时，党和国家领导制度也进行了一系列改革。四十多年的改革开放，城市发生了翻天覆地的变化。首先是城市建筑、道路数量大大增加，城市人口越来越多；其次是市场主体的增多，外资企业、合资企业、民营企业、国有企业、集体企业都参与到城市经济当中；再次是政府职能的变革，政府从当初的既是"裁判员"又是"运动员",逐步过渡到"裁判员",在经济建设中的角色越来越清晰,功能越来越明确;最后是党的领导体制改革,确立了党在意识形态、大政方针、人事安排等方面的领导地位,党政分开,政党主张上升为国家意志的程序也越来越规范。尽管经历改革,但是社会主义制度、中国共产党在国家政治生活中的地位、党的基层组织体系依旧保持了下来。社区公共产品供给体系的变迁不可能离开历史起点和制度底色。

制度传统塑造了组织资本。人与人之间的交往、信任,被称作社会资本,组织与组织之间的交往和信任,自然也可以被称作组织资本。在西方,人与人之间组成公民组织,也叫作志愿组织。它们在城市社区公共产品供给当中,发挥重要作用。一般而言,它们是政府的重要助手。此外,公民组织的建立,提升了邻里之间的信任程度,为公民参与网络的形成提供了条件。社区生活中,公民组织的运转大大降低了社会交往成本和政府行政成本。按照帕特南的理解,公民相互之间存在"互惠规范"[①],使集体行动摆脱了困境,从而使得区域制度绩效取得成功。换句话说,人与人之间的信任,为公民相互之间的帮助提供了可能。反过来,公民组织的产生,又进一步拓展了人与人之间的交往和信任。就这样,社会资本不断累积,公民组织不断拓展,集体行动的困境得以摆脱,公民参与网络使制度绩效获得成功。为什么西方社会能够形成社会资本,并建立公民组织呢?帕特南的答案是几百年前的公民传统。他比较了意大利中北部地区和南部地区,中北部地区几百年来都存在公民传统,这一区域的人们积极参与公共事务,彼此之间相互信任,增进了社会交往,增加了社会资本,公民组织众多,形成了"强社会、强国家"的良性循环。南部地区几百年来一直缺乏公民传统,公民彼此之间隔阂很深,公民组织很少,社会交往成本很高,其制度绩效远不如北方。帕特南由果溯因,提出了"制度绩效-公民参与网络-社会资本-公民传统"的逻辑链条,找到了使民

---

① [美]罗伯特·D. 帕特南:《使民主运转起来》,王列等译,江西人民出版社,2001 年,第 201 页。

主运转起来的重要线索。蔡晓莉使社会资本更进一步,提出了解释中国农村社区公共产品的因果链,即"地方治理绩效–伦理约束–连带群体–无民主的责任制"。事实上,蔡晓莉认为血缘关系在农村公共产品供给,以及地方治理中发挥着重要作用。在当代中国城市,社区公共产品的供给实际上是由组织完成,更多的体现为两组关系:党组织之间关系、党组织与非党组织之间关系。换句话说,组织与组织之间交往和信任形成的是组织资本,塑造它的是制度传统,而不是公民传统。

联动网络是组织资本不断发挥影响的结果。新中国成立初期到社会主义改造,再到改革开放之前,党组织在国家和社会生活中一直都居于核心地位,形成了独具特色的"党治国家"。改革开放后,虽然政府职能变革、市场功能进一步显著,但党的组织体系并没有发生变化,党的领导地位也没有发生动摇,发生转变的是党的领导方式。它从党政不分过渡到今天的党政分开,而且也不再直接干预经济。在社会生活方面,从原来的"社会组织化"转变为"组织社会化",即党组织是政治组织,核心是发挥党在国家生活中的领导作用,其他各类专业组织的出现是对社会生活的重要补充。这样一来,城市基层当中的组织类型不断丰富,数量不断增长。社区公共产品供给,也从单位制时代的"单位办社会"转变为今天的多主体供给。街道和居民区党组织与其他组织以及居民之间互联互动,形成"联动网络"。它的形成不是由于几百年来的"公民传统",而是几十年来的"制度传统"。不可否认,长期思想浸润所带来的民主精神具有相当的优势,这也正是公民社会的魅力。但是这并不意味着没有公民传统,就如同遭受了"历史诅咒",思想可以改变人的行为模式,制度也能够改变人的行动方式。不同的是,思想历经几百年的传承,塑造的行为模式已经具有相当的稳定性,制度改变的行为却有反复的可能。另外,制度功能的发挥必须要通过组织来完成。"政治角色是政治体系的基本单位之一……结构(如立法机关)是由各种相互关联而又相互作用的角色组成的;政治体系则是由相互作用的结构(例如立法机关、选民、压力集团和法院等)构成的"①,阿尔蒙德关于政治角色、结构和体系的论断,指出了政治制度是由政治组织构成的事实,而政治组织正是由人及其行为模式构成。中国城市经历了一系列改革,释放出了其他类型的组织。党组织体系和党的领导地位,这一制度传统,在新的历史条件下并没有改变。因此,中国城市社区公共产品供给,由原来的党内关系,转变为组织与组织之间的关系,其核心和枢纽是党的基层组织。组织资本的增长和发展,使中国城市形成"联动网络"。

社区公共产品供给差异是联动网络造成的。很大程度上,城市基层治理绩效是由城市社区公共产品供给来衡量的。城市基层治理的效果,总是很直观地体现为不同层次的治理景观,即不同的物质景观和人文风情。从上海的情况来看,大致可以分为以下三种类型:多元共治型、需求满足型和矛盾转移型。多元共治型体现了联动网络的作用。这种景观的产生,是由基层党组织、其他组织之间的互动,再加上居民自治,实现了社区公共产品的多元供给。相比之下,处于"维持网络"之中的需求满足型和矛盾转移型治理景观,组织之间互联互动较少,社区公共产品供给渠道单一,它们的治理绩效还有很大的提升空间。同时,联动网络的建立,影响了中国城市基层治理的工具选择。在基层党组织的领导下,驻区单位、社会组织、居民等运用"联席会""协调会""委员会"等平台进行协商,汇集不同渠道的意见,形成了基层"协商治理"。由于街道和居民区的实际情形各有不同,协商平台的名称和形式也丰富多彩,社会治理创新的内容也各式各样。但其目的和效果是相同的,都是在加强基层建设,为国家治理现代化奠定坚实的基础。

总的来讲,制度传统在当下塑造了组织资本,组织资本的变化和发展形成了联动网络。联动网络的建立,造成了社区公共产品供给差异化。社区公

---

① [美]加布里埃尔·A.阿尔蒙德等:《比较政治学:体系、过程和政策》,曹沛霖等译,上海译文出版社,1987年,第14页。

共产品差异实际上是城市基层治理绩效的不同，集中体现为治理景观的不同。同时，制度传统、组织资本、联动网络等几种因素，使协商替代选举，成为中国城市基层的治理工具。因此，从城市基层来看，中国的国家治理体系和治理能力现代化在探索一条符合自身实际的特色道路。

三、分析路径

中国城市社区公共产品供给的现状是什么？为什么会形成这样的现状？为什么城市社区公共产品供给体系，既不同于欧美国家，也有别于中国农村？为什么联动网络能够使社区公共产品产生差异？为什么中国城市更多地体现为"组织资本"？为什么城市基层会形成组织资本，并且选用协商这样一种治理工具？

问题是分析的开始，研究社区公共产品，绕不开上面这些问题，本书的分析也正是从这些问题开始的。

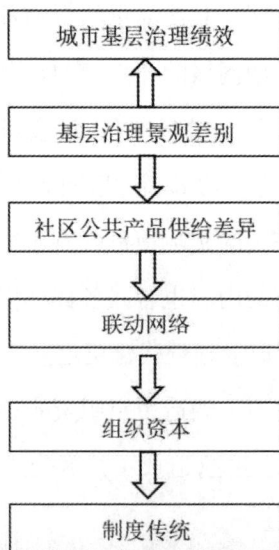

```
┌─────────────────────┐
│   城市基层治理绩效    │
└─────────────────────┘
          ⇧
┌─────────────────────┐
│   基层治理景观差别    │
└─────────────────────┘
          ⇧
┌─────────────────────┐
│  社区公共产品供给差异  │
└─────────────────────┘
          ⇧
┌─────────────────────┐
│      联动网络        │
└─────────────────────┘
          ⇧
┌─────────────────────┐
│      组织资本        │
└─────────────────────┘
          ⇧
┌─────────────────────┐
│      制度传统        │
└─────────────────────┘
```

图 1　简要分析过程

城市基层治理景观之间的差别,是研究的开始。马太·杜甘说过:"人类的思想在本质上是比较的。将一些人、观点或制度同其他人、观点或制度进行比较是再自然不过的事情。我们通过参照系获得知识。"①不管是在上海,还是在其他城市,居民区与居民区之间、街道与街道之间,其物质景观和人文风情都存在事实上的差别。街区整洁、文娱丰富、居民自治、多元共治的街区,让人感受到基层的稳定和发展,感受到居民的获得感和幸福感。相反,环境脏乱、缺乏活力、硬性管理、缺少参与的街区,问题多种多样,居民怨声载道,治理成本大大增加。当然,相当一部分街区实际上处于两者之间。为什么会形成治理景观的层次化? 或者说,为什么基层治理绩效会产生差别? 无论是市里和区里自上而下制定的考核指标,还是由街道和居民自行制定的考核指标,都涉及环境卫生、养老服务、居民生活以及居民自治等几个方面的内容。归纳、总结之后,我们发现城市社区公共产品是一个非常不错的视角。

马克思鲜明地指出过理论与现实的关系,他认为,"理论在一个国家实现的程度,总是取决于理论满足这个国家的需要的程度"②。帕特南在意大利长期的观察,使他获得了理解民主运转起来的重要线索。以制度绩效为切入点,他观察到了公民组织的作用,找到了造成南北差异的直接原因:公民参与网络。社会科学研究,不仅是找到因果,更重要的是探求"逻辑链"。或者说是在既定的研究视角下,寻找"因果链"。帕特南进一步追问公民参与网络形成的原因,最终找到了公民共同体之源:公民传统。而且,他有力地回应了当时集体行动困境和"强社会,弱国家"的理论。在公民传统发挥作用的地方,公民组织的形成,可以实现人与人之间信任,从而总体上摆脱"集体行动的困境"。而且,公民组织强大的社会,能更好地将自己的意志上升为国家法律。简而言之,公民传统是民主运转起来的重中之重。帕特南的分析涉及的

① [法]马太·杜甘:《国家的比较》,文强译,社会科学文献出版社,2010年,第7页。
② 《马克思恩格斯文集》(第一卷),人民出版社,2009年,第12页。

是制度绩效,上海城市基层治理实际上也是涉及制度绩效,只不过是基层治理绩效,两者有一定的共同之处。同时,蔡晓莉研究了中国农村公共产品供给,提出了"连带群体"和"无民主的责任制"理论。它实际上就是农村宗族共同体和道德约束的作用,蔡晓莉的创新之处在于,她发现中国农村村委会的运行,并不依靠民主选举来实现,而是依靠道德伦理。她区分了几种不同类型的村庄之后发现,单姓村(宗族共同体)的道德约束最强。但是中国城市显然并不遵循这样的逻辑。那么中国城市社区公共产品供给的特征是什么?谁在供给城市社区公共产品呢?

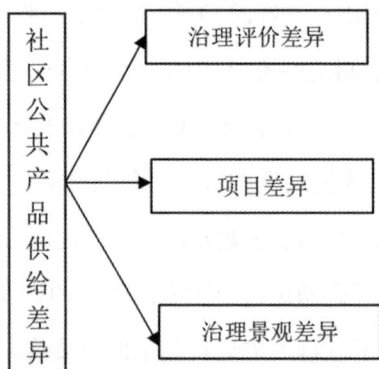

图2 社区公共产品供给差异化

实地调查研究发现,城市社区公共产品呈现差异化供给。经过归纳总结,可以将关系简要地归结为图2,即治理评价、项目、治理景观等三个方面的差异,其直接的解释是联动网络。研究发现,为中国城市社区提供公共产品的,不是帕特南所谓的"公民组织",也不同于费孝通笔下的"熟人社会",更有别于蔡晓莉提及的"连带群体",而是一个组织网络,一个以中国共产党基层组织为核心,其他类型组织以及居民参与其中的网络。这种互联互动的组织格局,不同于公民参与网络,我们将其称为"联动网络"。

那么联动网络是怎样形成的呢?它经历了哪些历史阶段?经过比较和分析,社区公共产品供给体系大致可以分为三个阶段:单位制供给时期、制度化供给(政府和市场占主导)时期、多元供给时期,图 3 是三个时期的简要过程。

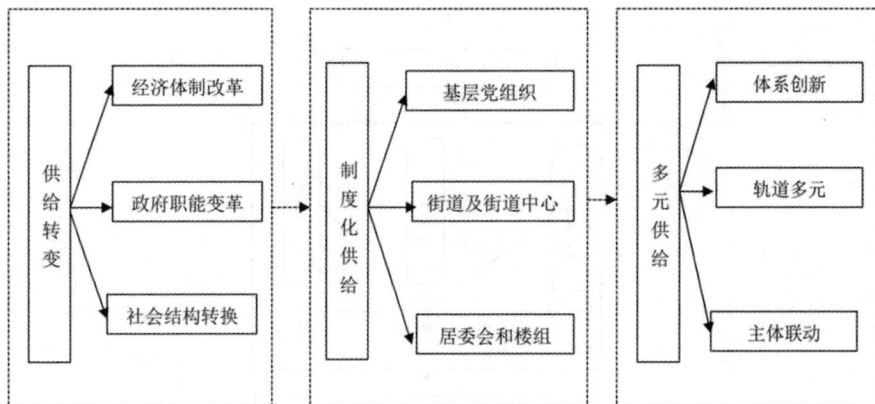

图 3　社区公共产品供给体制变迁简图

　　"党治国家"的制度传统,改革开放的新形势,孕育了"组织资本"。经济、政治、社会全方位的改革,新理念、新做法的涌现,使中国社会发生了重大变化。社区公共需求从"单位"释放到"政治与市场"体系当中,再进入到当下政府、市场、社会的格局中,所面临的情况已经大不相同。与此同时,党的核心领导地位,党的基层组织体系作为引领者的传统,没有发生变化。社会治理的过程,实际上就是理顺党组织与非党组织关系的过程,是发挥基层党组织领导功能和其他组织社会治理功能的过程。组织资本就是在这变与不变的过程中产生的。同时,由于党组织的地位和功能,协商民主成为城市基层治理的工具。总的来说,离开"党治国家""联动网络""组织资本"等这些中国元素,社会治理创新就成了无本之木,城市治理现代化也就成了无源之流,实现国家治理体系和治理能力现代化,就会缺乏坚实的基础。

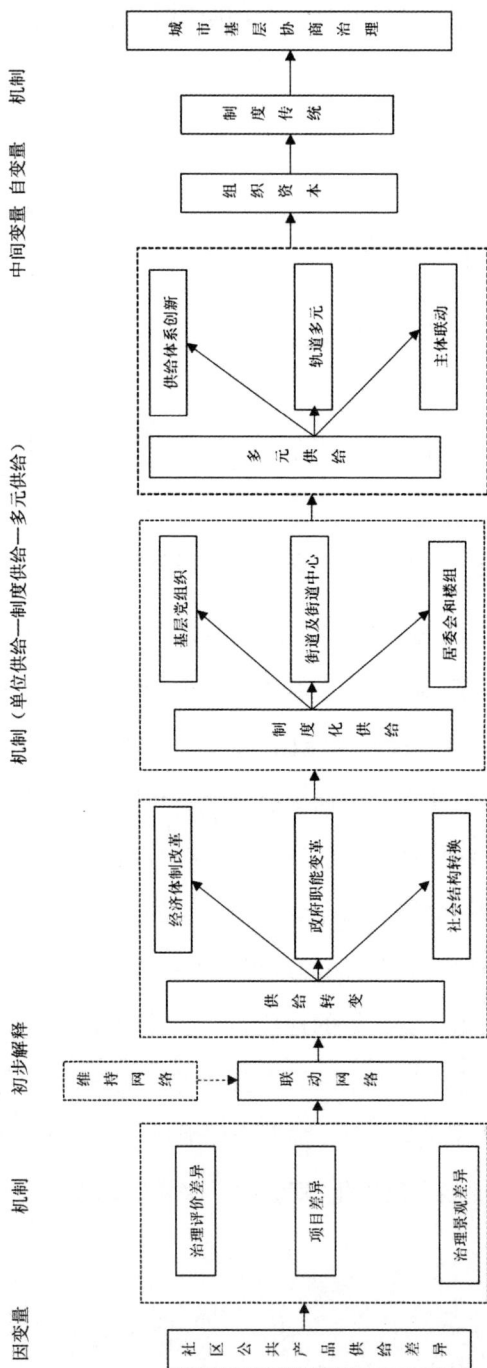

图4 逻辑示意图

第三节 章节安排、研究方法与创新

一、章节安排

研究总共有七章,可以分成四个部分:第一部分即第一章和第二章,其中第一章从总体上介绍社区公共产品供给问题、研究现状、研究方法等一系列问题;第二章是文献综述,包括结构性视角、行动者视角和组织资本视角三节内容。第二部分即第三章,提出问题,并进行初步解释,即社区公共产品供给的现状是怎样的,为什么会形成这样的现状;第三部分即第四、五、六三章内容,回答"为什么会形成联动网络"的问题,从历史的角度进行分析;第四部分即第七章,进行提炼总结和理论对话,阐明组织资本的功能和协商治理的作用,表明"制度传统"在一定条件下可以替代"公民传统",摆脱"历史诅咒",走出"血缘困境",探索一条党领导下的城市基层治理现代化道路。

具体的章节布局如下:

第一章是导论,主要讲述社区公共产品供给的研究现状。第一节是研究的问题和意义,包括研究的问题是什么,它的提出背景和研究意义。第二节主要是核心概念、主要观点和分析路径,介绍了文中的概念、主要观点,同时画出了简要的流程图,使逻辑线索更清晰。第三节是章节安排、研究方法和创新之处,对文章的章节安排进行描述,介绍研究使用的主要方法,同时点出文章的创新之处。

第二章是文献综述,主要是对社区公共产品供给研究进行梳理。第一节是结构性视角,包括国家和政府职能、经济和市场;第二节是行动者视角,由公共选择、共同体和社会资本构成;第三节提出本书的研究视角即组织资本。

第三章是社区公共产品的差异化供给。第一节是社区公共产品的供给差异,描述社区公共产品的供给差异及其表现。第二节是项目制,社区公共供给的新形式,社区公共产品的差异主要通过项目制表现出来。第三节是层次化的治理景观,是社区公共供给差异的集中体现。第四节是社区公共产品差异化供给的初步解释,即组织网络的差异,在这里提出联动网络的概念。

第四章是社区公共产品的供给转变,主要讲述单位制瓦解,社区公共产品的产生和发展。第一节是经济改革,由单位到企业、从计划到市场、社区公共需求三部分组成。第二节是职能变革,包括从全能政府到有限政府、从政企合一到政企分开、从单位到社会三部分内容。第三节是结构转换,讲述住房制度改革、社区的形成、社会组织的产生与发展。

第五章是社区公共产品的制度化供给。第一节是基层党组织,主要讲述中国共产党的基层组织体系,在社区公共产品供给中的地位和作用。第二节是街道及街道中心,讲述街道及各中心在社区公共产品供给中的功能,以及新的探索。第三节是居委会,阐明其在社区公共产品供给中的端口作用。总的来说,这一章主要讲述社区公共产品的制度化供给。

第六章是社区公共产品的多元供给。第一节是社区公共产品供给体系创新,从基层党组织、街道、居委会三个层面进行论述。第二节是供给轨道的多元化,主要介绍了政策、市场、公益、合作几种轨道。第三节是供给主体联动化,包括党群联动、政社联动、三社联动三个部分。概括来看,这一章主要讲述社区公共产品的多元供给。

第七章是组织资本与协商治理。第一节主要讲述什么是组织资本,由组织、公民组织与社会组织的比较、组织资本三部分构成。第二节是制度传统,讲述在社区公共产品供给体系变迁中,制度传统的延续。由革命传统、建设传统、制度传统组成。第三节是党组织引领城市基层治理,包括核心组织的引领功能、"再组织"的重要作用、"一核多元"城市基层治理体系的构建三部分内容。第四节是城市治理的新模式。包括竞争性治理的弊端,城市基层治理的新模式,使基层治理运转起来三部分内容。

二、研究方法

本书的研究方法主要采用了案例研究、深度访谈、文献研究等几种方法。

案例研究法。它选择一个或多个场景为对象,进行资料的搜集、整理和分析,以回答研究对象的变化过程和未来趋势。约翰·戈宁(John Gerring)详细探讨了案例研究方法,详细分类如下图:

Cases	Spatial Variation	Temporal Variation	
		No	Yes
One — None	1. [Logically impossible]	2. Single-case study (diachronic)	
One — Within-case	3. Single-case study (synchronic)	4. Single-case study (synchronic+diachronic)	
Several — Cross-case & within-case	5. Comparative method	6. Comparative-historical	
Many — Cross-case	7. Cross-sectional	8. Time-series cross-sectional	
Many — Cross-case & within-case	9. Hierarchical	10. Hierarchical time-series	

Note: Shaded cells are case study research designs.

图 5 案例研究方法分类[①]

本书采用的主要是第四种研究方法,即在单案例中进行子案例的横向

---

① John Gerring, *Case study research: Principles and Practices*, Cambridge University press, 2007, p.28.

和纵向的对比研究。上海的街道职能改革，全国瞩目，出台了知名的"1+6"文件。"创新社会治理，加强基层建设"作为一号课题在全上海推广，其产生了不小的影响。与以往不同，"1+6"文件只是宏观设计，具体到每个区、每个街道甚至每个居民区，没有像以往那样做出标准化的要求。实践是认识的来源，多次的社区调研之后，以街道和居民区为单位，对相关资料进行搜集、整理和分析，经过两年多的时间，共形成街道案例16个，居民区案例80个。这些案例分布在杨浦、嘉定、松江、浦东等10个区里面，具有一定的代表性。同时，这些案例中涉及到基层党建、街道各中心、社会组织、自治团队（居民区）等相关主体，除了市和区两级党政机关以外，囊括了诸多社区公共产品供给的主体，其完整性可以保证所需。以社区公共产品为研究对象，对案例进行总结、归纳、分类，发现社区公共产品供给呈橄榄型，即两端小、中间大。研究的过程，也是比较的过程，经过比较，提出这样的问题：为什么小部分社区的公共产品供给能力非常突出？带着这一问题，实地调查后发现，组织之间的联动程度、党员的活跃程度与此有明显关联。但是为什么大部分社区公共产品供给能够维持在中间状态呢？换句话说，为什么只有很小一部分社区比较差？对案例的进一步分析发现，基层党组织体系发挥着重要的功能，尽管不明显，但是党组织实际上在扮演"兜底"角色，这正是大部分社区公共产品维持在中间状态的重要原因。很小的那部分社区，因为市政建设、工作思路等原因，党组织工作无法正常开展，其社区公共产品不能满足社区公共需求。除此之外，研究还借助访谈资料和档案材料对案例进行历史分析。

深度访谈法。在研究中，为了搜集和补充相关资料，形成较为完整的案例，不得不通过深度访谈的方法来获得相关信息。在案例正式成为文本资料之前，很多街道和居民区的做法和机制只有简单的介绍，并不翔实。同时，缺乏居民参与的记录和完整的评价。"麻雀虽小，五脏俱全"，尽管街道和居民区看起来小，实际上其运行机理有着自己的逻辑。每个街道和居民区，其资源禀赋、领导者素质等因素不同,社区公共产品供给和基层治理绩效,就会有明显差别。组织与组织之间的联动,实际上最终是人与人之间的互动,这是绕不过去的事实。但是如果不进行大量、多次深入访谈,只会观察到人与人之间的互动,难以发现其背后的组织力量。正是在访谈中,发现社会资本理论不能有效解释组织与组织之间的联动现象,也无法解释组织与组织之间的关系靠什么维持。在此背景下从组织角度出发,提炼"组织资本"理论。同时,随着深入访谈的增多,发现"组织"扮演着重要角色,从而寻求更进一步的解释。

文献研究法。从事实上升为理论,将纷繁复杂的材料整理为简明的"逻辑链",是研究的必经阶段。这个过程,实际上也是阅读文献、分析文献、对话理论的过程。既有理论在解释当下事实具有一定的局限时,就需要尝试理论创新。帕特南的"社会资本"和蔡晓莉的"连带群体",都不能有效解释当下中国城市社区公共产品供给差异。亨廷顿关于现代政治体制的论述,即"现代政治体制与传统政治体制的差异在于权力总量的不同, 而不在于权力分配的不同"①,以及关于组织的重要判断,"问题不在于选举,而在建立组织"②;韦伯关于美国民主和社会构成的描述,"美国的民主制并非由毫不相干的个人所集拢的沙堆,而毋宁是由极度排他性的、但完全自由成长的教派、社团与俱乐部所集结成的一个混合体,以这类团体为中心,个人本身的生活在此中进行"③;国内学者陈明明关于"党治国家"的理论;刘建军关于城市基层治理的理论;当然,马克思、恩格斯、列宁、斯大林、毛泽东等人关于共产党建设和国家治理的相关内容,这些丰富的理论知识,使笔者认识到党组织和其他

---

① [美]塞缪尔·P. 亨廷顿:《变化社会中的政治秩序》,王冠华等译,上海人民出版社,2008 年,第 120 页。

② 同上,第 7 页。

③ [德]马克斯·韦伯:《支配社会学》,康乐等译,广西师范大学出版社,2010 年,第 423 页。

组织在中国社会当中的重要作用,从而去寻求"制度传统"。理论文献固然重要,文史资料、统计年鉴也不可或缺,没有它们,不可能了解社区公共产品供给体制变迁的过程。

三、创新之处

研究的创新之处可以归纳为以下三点:

第一,发现一个影响社区公共产品供给的重要变量:组织资本。既有的研究大多从公共选择、共同体、社会资本等角度,解释公共物品供给。对中国城市基层来说,这些理论并没有充分考虑到现实的治理结构。基层党组织的广泛性,居民委员会的双重色彩,驻区单位、社会组织、居民自治组织的融入,使城市基层治理带有明显的制度底色。此外历史起点的影响,也使得社区公共产品供给需要重新认识,找到影响它的关键变量。通过比较分析,研究认为组织资本影响社区公共产品供给。党的基层组织是城市基层的"轴心结构",它使其他力量有序融入,形成联动网络,增加公共产品供给数量,拓宽公共产品供给轨道。这种以基层党组织为核心的互联互动,我们将其称作"组织资本"。组织资本的建立和使用程度,影响着社区公共产品供给。

第二,提出了一个新的分析城市基层治理的框架:制度传统和组织资本。城市基层治理绩效受到诸多因素的影响,既有的分析框架主要围绕公民社会、集体行动、公共选择以及社会资本展开,忽视了中国城市基层治理的历史起点和制度底色。研究以社区公共产品供给为线索,寻求社区公共产品供给差异的深层原因,探索影响城市基层治理的重要变量。本书发现,"党治国家"这一制度传统的延续,使基层党组织在社会治理中发挥枢纽功能,驻区单位、社会组织、居民自治组织等多元力量得以有序融入。基层党组织的领导地位,使错综复杂的社会网络简化为两组关系:党组织之间关系、党组织与非党组织之间关系,组织资本得以形成。这种"一核多元"的治理格局,经过"协商治理",以联动网络的形式增加社区公共产品供给,实现居民自治和多元共治的结合,取得基层治理绩效的成功。

第三,提供了城市基层治理的新经验。上海的社区公共产品和城市基层治理,有不少值得借鉴的经验和做法。由于处在基层且数目众多,不少街道和居民区在社区治理中的经验和做法,难以总结和推广。研究的过程,也是梳理和总结这些经验的过程。当下的社区治理存在两种倾向:一种是制度的"过密化"[①],即街道和居民区都在推行各种"制度",牌子越挂越多;另一种是治理的"盆景化",即投入重金使一个街道和居民区成为关注的焦点,打造"明星社区"。与之对应,有两种作法和经验克服这两种倾向。一种是充分利用基层党组织和居委会的制度优势,孵化和培育居民自治组织。制度是手段而不是目的,基层党组织、居民委员会制度是基础性的,蕴藏着丰富的公益力量和志愿资源。适当借鉴其他社区的做法和经验值得鼓励,但绝不是制度越多,社区治理绩效就越容易取得成功。部分社区利用基层党组织和居民委员会的制度优势,依靠党员和居委会干部的带头作用,盘活了居民区内的党员公益力量和志愿资源,建立了居民自治团队和三级服务体系(居民区服务总站—小区服务分站—楼组服务驿站)。这个过程中,并没有形形色色的制度不断涌入。另一种是提升居委干部素质,建立"全岗通"工作机制。通过带教、轮岗、走访等工作方法,使居委会干部历经"办事能手""服务行家""治理达人"三个成长阶段,锻造出基层治理团队,最终使社区治理从"盆景"变为"苗圃"。

---

① [美]黄宗智:《长江三角洲的小农家庭与乡村发展》,法律出版社,2014年,第262~263页。

第二章 文献综述:社区公共产品供给研究的多样化视角

　　国内外政治学文献中,关于公共产品供给的研究比较多,大致可以分为以下几类:国家和政府职能视角,即国家和政府是公共产品的提供主体;经济和市场视角,即减少政府干预,以民营化的方式供给公共产品。国家与政府、经济与市场,事实上是不同的机制,不同的结构,因此,我们可以将其看作是结构性视角。除此之外,还有公共选择理论视角,即在政府、市场、社会三种方案之外,公共物品可以由"多中心"供给;共同体和社会资本视角,即在政府和市场之外,社会提供公共产品。通过比较分析,我们可以将它们归纳为行动者视角。本书则尝试结合结构性和行动者两种视角,从"组织资本"视角进行分析。

第一节 结构性视角

一、国家和政府职能视角

早在两千多年前,古希腊政治思想家亚里士多德就指出"凡是属于最多数人的公共事物常常是最少受人照顾的事物,人们关怀着自己的所有,而忽视公共的事物"①。他认为,公共产品的提供主体不可能是个人,只能是城邦。古罗马著名法学家西塞罗则干脆指出 "国家存在的目的就是为了把相互帮助的好处和正义之治的好处提供给其成员"②,到霍布斯时代,他更是主张由"利维坦"掌管秩序,提供公共产品,"这就是伟大的利维坦(Leviathan)的诞生,用更尊敬的方式来说,这就是活的上帝的诞生"③。值得注意的是,霍布斯首次运用"社会契约"④理论阐述了资产阶级国家的存在目的和原则,明确提出国家权力来源于公民权利的让渡, 国家的诞生平衡了人性当中的激情与恐惧,使人们从无秩序的"自然状态"进入到有秩序的"公民社会",政治秩序本身就是国家提供的重要公共产品。霍布斯关于"自然状态"的假设,具有一定的空想性,国家形成之前的统治形态多彩多样,但这并不影响他在国家理论当中的地位。在霍布斯那里,国家存在的目的就是为了提供公共产品,尤其是公共秩序。洛克关于政府提供公共产品的理论比霍布斯更进一步,他提

① [古希腊]亚里士多德:《政治学》,吴寿彭译,商务印书馆,1965 年,第 48~49 页。

② [美]乔治·萨拜因:《政治学说史》(上卷),邓正来译,上海人民出版社,2008 年,第 212 页。

③ [英]霍布斯:《利维坦》,黎思复等译,商务印书馆,1985 年,第 132 页。

④ Bell,C.R.,Between anarchy and Leviathan:A note on the design of federal states,*Journal of Public Economics*,39,1989,pp.207~222.

出了限制政府权力的思想,"有限政府"理论的源头正是源自洛克。他认为"人们联合成为国家和置身于政府之下重大的和主要的目的,是保护他们的财产"①,"而这一切没有别的目的,只是为了人民的和平、安全和公众福利"②。在洛克的观念里,公民的财产权是第一位的,为了更好地提供公共产品,政府间权力的制约与平衡是必要的。这一思想被孟德斯鸠阐述为"三权分立"学说,为美国政治体制的建立提供了一定的理论基础。从霍布斯开始,代表资产阶级利益的"自由主义"政治理论已经初见端倪,其发展的高峰是边沁和密尔的"功利自由主义"。从公共产品的角度来看,他们的理念是非常大胆和超前的。"最大多数人的最大幸福"③原则,"政府对社会福利的影响简直可以按照整个人类利益来考虑或估价"④的想法,使边沁和密尔成为资产阶级国家公共服务职能的理想代言人。在他们那里,"政府存在的目的"⑤已经不仅仅是保护财产,提供诸如国防安全和道路桥梁之类的公共产品,它还要增进全社会的福祉,增进最大多数人的利益。到密尔这里,资产阶级国家和政府公共职能的学说已经成熟,他关注到了"少数与多数"的问题,提出了自己的见解,为资本主义国家政府职能的实施提供了坚实的理论支撑,政府为公民和社会提供公共产品成为毫无疑问的事情。

国家性质决定了政府职能的广度和深度,影响着其提供公共产品的范围和程度。说到底,资本主义国家的政府主要是为资产阶级服务的,广大劳工阶层所享受的公共产品并不多。马克思发现,工人阶级的生活状况十分窘迫,"这也许是一座破落的茅屋,只有一间卧室,没有火炉,没有厕所,没有可

---

① [英]洛克:《政府论》(下篇),叶启芳等译,商务印书馆,1996年,第77页。
② 同上,第80页。
③ [美]乔治·萨拜因:《政治学说史》(下卷),邓正来译,上海人民出版社,2010年,第362页。
④ [英]J.S.密尔:《代议制政府》,汪瑄译,商务印书馆,2009年,第13页。
⑤ Engineer,Taxes,public goods,and the ruling class:An exploration of the territory between Brennan and Buchanan's Leviathan and conventional public finance,Public Finance,1989,pp.19-30.

以开关的窗户,除了水沟以外没有任何供水设备,没有园圃,但工人对这种虐待也无可奈何"①。事实上,圣西门、欧文和傅立叶也关注到了工人阶级缺乏公共产品,生活状况相当悲惨的事实,他们提出了"空想社会主义"的解决方案,企图通过改良的办法,找到一条理想的拯救工人阶级的道路。他们的一系列实验最终破产,证明了通过局部改良的办法来增加公共产品,提高工人阶级待遇的想法是不切实际的。"空想社会主义"的改良道路破产以后,出现了"无政府主义"和"马克思主义"。"无政府主义"主张通过人与人之间的互助和无息信贷,实现公共产品的自我供给,它关于公共产品和幸福生活的前景是美好的,却不符合社会现实。"马克思主义"则是对秉承"天赋人权"和"财产至上"的资产阶级"自由主义"的有力回击,它主张通过革命的办法,建立无产阶级专政,彻底改造社会制度,实行财产的公有制度,真正实现公共产品的供给。它明确主张,"对一切儿童实行公共的和免费的教育。取消现在这种工厂童工劳动。把教育同物质生产结合起来,等等"②。从公共产品的角度来看,马克思主义的国家观认为,国家最终会随着阶级的消失而消失,社会治理机构会为其成员提供公共产品,这是社会发展的高级形态,也是其最终目标。列宁是社会主义国家理论的集大成者,他精辟地论述了社会主义国家在提供公共产品方面的职能。列宁认为,"这个社会最初只能消灭私人占有生产资料这一'不公平'现象,却不能立即消灭另一不公平现象:'按劳动'(而不是按需要)分配消费品"③,他鲜明地指出了社会主义国家的分配原则,并且认为政府应当承担起供给公共产品的职能。恩格斯认为,"阶级不可避免地要消失,正如它们从前不可避免地产生一样。随着阶级的消失,国家也

---

① 《马克思恩格斯全集》(第23卷),人民出版社,1972年,第750页。

② 《马克思恩格斯全集》(第4卷),人民出版社,1958年,第490页。

③ 《列宁全集》(第31卷),人民出版社,1985年,第89页。

不可避免地要消失……同纺车和青铜斧陈列在一起"①,但是这里的"国家消失"指的是国家作为阶级压迫和阶级剥削工具而消失,那时将会有新的社会治理机构为"自由人的联合体"提供公共产品。

"天下大同"是中国人一直以来的梦想,其实现自然离不开公共产品的提供。早在战国时期,孟子就提出了"老吾老,以及人之老;幼吾幼,以及人之幼"②的做法,最终实现"老者衣帛食肉,黎民不饥不寒"③的王政理想。为了实现其主张,孟子希望实行上古时期的"井田制"。法家的集大成者,韩非则认为"圣人议多少、论薄厚之为政……故事因于世,而备适于事"④,也就是说政治措施的制定,要围绕着社会财富的多少和权势的轻重,政治措施必须要适应时代的变化。韩非主张适应财产私有制的时代,由政府制定相应的措施,为臣民提供公共产品。事实上,儒法两家政治思想上的分野"尊君与重民"⑤,体现在其不同的经济理念和治国手段当中,儒家主张充分利用血缘伦理来实现公共产品的自我供给,法家则主张通过政府手段进行有力的干预。这种争论集中体现到汉代的盐铁会议当中,桓宽详细记录了文学、贤良与御史大夫桑弘羊之间的争论,文学、贤良主张废除长期实行的"盐铁专营"制度,桑弘羊则主张继续推行盐铁等重要物资的专营,将其作为公共产品由政府垄断。汉代之后,公共产品供给的思想基本上徘徊在两者之间,一方主张由政府提供,另一方主张充分利用血缘共同体。明末清初著名思想家顾炎武在总结明亡的教训时指出"封建之失,其专在下;郡县之失,其专在上"⑥,实际上他也指出了两种公共产品供给方式的弊端,过于依赖民间力量,就会出现秩

---

① 《马克思恩格斯全集》(第21卷),人民出版社,2003年,第198页。

② 孟子:《孟子》,方勇译注,中华书局,2010年,第12页。

③ 同上,第14页。

④ 韩非:《韩非子》,高华平等译注,中华书局,2015年,第700页。

⑤ 萧公权:《中国政治思想史》,辽宁教育出版社,2001年,第24页。

⑥ 顾炎武:《顾亭林诗文集》,中华书局,1959年,第12页。

序的混乱，过于依赖政府力量，就会使地方毫无生机。

天下大同的传统理念和社会主义的国家性质，使中国政府天然地成为公共产品的供给主体。早在抗日战争时期，中国共产党就主张，"最重要的是动员全体人民从事粮食和日用品的生产，并使一切机关、学校，除有特殊情形者外，一律于工作或学习之暇，从事生产自给，以配合人民和军队的生产自给，造成伟大的生产热潮"①，实际上它是主张政府尽可能地减轻人民负担，从而更好地产出公共产品。在《论联合政府》当中，毛泽东提出了具体的措施，"要求救济难民和救济灾荒；要求设立大量的救济基金，在国土收复后，广泛地救济沦陷区的受难人民"②。这表明，在新中国成立之前，中国共产党就主张由政府提供公共产品，改善人民生活，提升其幸福感和获得感。1956年底进入社会主义阶段以后，中国共产党和中国政府在农村实行"合作社"制度，在城市实行"单位"制度，经济上实行较为严格的管制政策，公社与单位也是比较重要的公共产品提供者。20世纪80年代以后，伴随着经济政策调整，城市改革，政府职能也不断转变，其公共产品供给也不断发生变化。

政党是当代政治的重要主体，国家和政府职能的实施离不开政党参与。事实上，国家和政府提供公共产品的职能是政党意志上升为国家法律的结果。亨廷顿认为，"一个拥有高度制度化的统治机构和程序的社会，能更好地阐明和实现其公共利益"③，也就是说，经过政党整合的社会，其国家能保持高度稳定，政府能够更好地提供公共产品。当然，亨廷顿为发展中国家指明的出路是充分利用传统的权威，进行权力的集中而不是分散。蒲岛郁夫发现，"日本的支持性参与模式是政治参与扩大、经济高速增长、经济公平分配

---

① 《毛泽东选集》(第四卷)，人民出版社，1991年，第1041页。

② 同上，第1064页。

③ [美]塞缪尔·P.亨廷顿：《变化社会中的政治秩序》，王冠华等译，上海世纪出版集团，2008年，第19页。

等方面同时实现的非常好的一种模式"①,这意味着日本自民党通过向农村地区倾斜,为农村提供公共产品,获得了农民的支持,反过来农民的支持使自民党的执政时间不断延长,形成"自民党体制"。李普塞特认为,"一个国家有两个政党,一个党与较富裕的阶层关系密切,另一个党与较穷的阶层有联系"②,在他看来,一个国家的政党政策会体现出偏向不同阶层的倾向,从而在制定公共政策,提供公共产品的时候也会出现这种偏向。事实上,公共产品是政党政治倾向的"试金石",从公共产品的偏向中能够明显地看出政党的阶级倾向。直接来看,公共产品的提供者是国家和政府,实际上在当代官僚制中,其提供者是政党。在韦伯看来,这实际上是一种政治经营,"由于政治的基础根本上是个自愿的结合,因此法制型政党的存在意味着政治经营乃是一种利益的经营"③,当然,这种政治经营离不开政治领袖,离不开意识形态领域的宣传和社会动员技术,从政党与社会关系来看,公共产品是政党活动的结果,是一种分配。拉斯韦尔认为,"在正规的等级社会中,尊重的分配是比较清楚的"④,他把政治活动看作是精英活动,公共产品是精英运用宣传技术和动员技术进行活动的结果。总之,公共产品供给,既是国家活动和政府职能的体现,更是政党活动的集中表现。

无论从哪个角度来看,政府都是必不可少的公共产品供给主体。不论是为了结束霍布斯笔下的"自然状态",还是出于避免"公地悲剧(Tragedy of the

---

① [日]蒲岛郁夫:《战后日本政治的轨迹:自民党体制的形成与变迁》,郭定平等译,上海人民出版社,2014年,第19页。
② [美]西摩·马丁·李普塞特:《政治人:政治的社会基础》,上海世纪出版集团,2011年,第221页。
③ [德]马克斯·韦伯:《经济与历史;支配的类型》,康乐等译,广西师范大学出版社,2010年,第431页。
④ [美]哈罗德·D.拉斯韦尔:《政治学:谁得到什么? 何时和如何得到? 》,杨昌裕译,商务印书馆,1992年,第3页。

commons)"①的考虑。从国家诞生以来，政府就是解决公共事务的重要机构，其作用和地位无法取代。不同的是，因为国家性质和"延展性技术(intensive and extensive technology)"②的差异，政府提供公共产品的方式因历史时期的不同而有所差别。在古代的城邦或城邑国家中，政府直接组织其成员来完成国家防卫，兴建基础设施；到了帝国(秦汉帝国或罗马帝国)时代，政府能够获得大量的财政收入，运用招募的方式获得兵源，通过公共工程的方式兴建基础设施；资本主义时代，除了依靠"技术官僚"来提供公共产品之外，其手段已经是纷繁复杂，例如美国的各种公共工程，食物兑换券，购买社会组织服务等等。处于社会主义初级阶段的中国，除了以社会主义(公有制)的方式提供公共产品之外，也在不断地学习和借鉴国外先进经验。需要强调的是，当前"项目制"③已经成为我国基层政府供给公共产品的重要模式，与"常规制"④供给模式互为补充。

二、经济和市场视角

政府尽管是极其重要的公共产品供给主体，却总是饱受非议。韦伯就曾指出"官僚制扼杀了古代世界私营企业，这并不奇怪，也不是只发生在古代世界……今天资本主义制度本身则铺平了经济通往官僚化之路"⑤。在韦伯那里，官僚制或科层制的政府结构，会将现代社会引入"理性的牢笼"，更不用说它在公共产品提供方面的弊端了。托克维尔也曾对官僚制表达过极度

① Hardin G, *The Tragedy of the Commons Science 162*, Journal of Natural Resources Policy Research, 1968, pp.243–253.

② [英]塞缪尔·E.芬纳《统治史》(卷一)，马百亮、王震译，华东师范大学出版社，2010年，序第2页。

③④ 周雪光：《项目制：一个"控制权"理论视角》，《开放时代》，2015年第2期。

⑤ [德]马克斯·韦伯：《经济与历史；支配的类型》，康乐等译，广西师范大学出版社，2010年，第256页。

的担忧，"同样可以说，在各三级会议省之外，所有公共工程，甚至那些任务最特殊的公共工程，也都是由中央政权的代理人决定和领导"①，城市里一座桥梁的修建和一处教堂的修缮，都要得到中央政府的批准才能进行，官僚制度几乎掌握了公共事务的全部进程。他认为，尽管贵族制度存在一定的弊端，却是抵御官僚制度走向专制的重要手段。但是贵族制度毕竟随着时代的发展而衰落了，"它一步步地褫夺着贵族权贵的政治特权，一点点地削弱着大地产制……真正的衰落"②，大地产制是贵族的天然温床，当迈入衰落进程时候，贵族制度也就无可避免地衰落。在现实生活中，为防止官僚制走入歧途，保持民意实施的是"代议制政府"制度。但由于其是代表资产阶级利益的，列宁形象的将其称为"清谈馆"，"每隔几年决定一次究竟由统治阶级中的什么人在议会里镇压人民、压迫人民，这就是资产阶级议会制的真正本质"③。为了应对可能发生的社会危机，资本主义国家向底层公民提供公共产品，甚至还关注到城市社区层面，比如美国历次的"社区运动"。政治制度和性质上的优越性不能替代治理技术和程度上的缺陷，尽管苏联的制度是社会主义的，但它在公共产品提供方面有很多缺陷和不足，忽视了很多正常的社会需求。当代世界，政府除了要向社会提供稳定的政治秩序之外，还必须关注公民需求，优化其公共产品方面的职能，避免"公共悖论"④的出现。

公共产品供给，说到底依旧是经济问题。政府在公共产品提供方面的效率和质量受到质疑的时候，人们经常主张回归到市场，借用市场手段来提供公共产品。这其中包含着政府职能限制与私有化或民营化两个方面的问题。

---

① ［法］托克维尔：《旧制度与大革命》，冯棠译，商务印书馆，1997 年，第 79 页。

② 阎照祥：《英国贵族史》，人民出版社，2000 年，第 295 页。

③ 《列宁全集》（第 31 卷），人民出版社，1985 年，第 43 页。

④ 周志忍：《英国公共服务中的竞争机制》，《中国行政管理》，1999 年第 5 期。

(一)"守夜人"政府视角

市场是社会运行的重要机制,在资源配置中起基础性作用,政府应当为社会提供公共产品,为市场机制的顺利运转提供便利条件,其职能应当受到严格的限制,这是"自由主义"理念的经典信条。在他们看来,市场本身能够建立起一种"自生自发秩序",政府干涉得越少,自由越是能够创造价值,为社会提供的福利也就越多。在市场机制里,人与人之间"彼此分工",生产各自的产品,通过市场进行交换,实现"相互满足";政府在此过程中扮演的角色是补充性的,它的角色更像一个"守夜人"。古典自由主义的集大成者亚当·斯密认为,"他所考虑的不是社会的利益,而是他自身的利益,但他对自身利益的研究……必然会引导他选定最有利于社会的用途"[①],斯密主张自由经营、自由竞争和自由贸易,政府提供公共产品的目的是为了让市场更好地运行,同时负担起市场无法完成的任务,比如国防以及公共工程。斯密最早区分了市场和政府的职能,明确地提出了政府要负担起国防、司法和公共工程的任务,其目的是弥补市场不足,增进全社会的利益,也正是在斯密这里,"守夜人"政府的理念开始出现。

到了大卫·李嘉图那里,他更是明确地提出,社会财富的来源是由于土地和劳动,政府本身并不从事劳动生产,其赋税来自于社会财富,"如果没有赋税,资本这种增加还会更多得多……赋税的巨大危害倒不在课税的目的的选择,而在于整个来说的总效果"[②]。李嘉图主张,政府提供公共产品是必不可少的,但其是依靠征收赋税进行的,这种行为会对社会财富造成不小的冲击,会影响经济增长,因此,赋税征收应保持在最小限度。换句话说,政府提供公共产品的限度应该保持在最低需求上,这是对亚当·斯密理念的继承

---

① [英]亚当·斯密:《国富论》,郭大力等译,商务印书馆,2015年,第426页。

② [英]大卫·李嘉图:《政治经济学及赋税原理》,郭大力译,商务印书馆,1962年,第128页。

和发展,在李嘉图这里,"守夜人"政府的理念更进一步。

到密尔(John Stuart Mill)那里,则认为,"财富分配的方式均取决于那里通行的法规或者习俗。不过,尽管政府或者国家有权决定应该建立什么样的制度,但是它们却不能随意决定这些制度应该如何实施"①。与亚当·斯密和大卫·李嘉图相比,密尔关于赋税制度和政府提供公共产品的职能已经趋于成熟,他非常明确地提出了避免过度征收赋税的制度设计,从治理手段上践行"守夜人"政府的理念。密尔的主张是代议制政府,为了防止多数人的暴政,设计出否决机制,同时,政府也要服从"最大多数人的最大幸福"原则,为社会提供公共产品。密尔认为,通过代议制政府,自由主义的经济理念和政治主张能够得到较为彻底的贯彻,既能保护少数人的利益不受侵犯,又能保障多数人的自由。代议制政府标志着"守夜人"政府理念成熟,它表明资产阶级一方面承认政府在提供公共产品方面的重要职能,另一方面也在进行制度设计,用以防范过多的赋税,以保护财产。

事实上,在约翰·洛克那里,资产阶级思想已经具备了保守主义的萌芽,他们以自由的名义捍卫财产,在承认政府提供公共产品职能的同时,又主张政府不能侵犯财产自由。发展到马歇尔(Alfred Marshall)这里,已经提炼出"边际效用"的概念,用数学的方法来测量公共产品的满足状况,这为后来论证"政府失灵"提供了有力的武器。"借助图表,我们对许多重要原理就能够得到更为明确的理解,而且对于许多纯理论的问题,一旦知道运用图表的方法就不必再用其他方法解决",马歇尔用数学方法论证公共产品"效用",使政府提供公共产品有了更加明确的指向,同时也为监督政府职能,使其更好地成为"守夜人"政府提供了数学工具。我们发现在资产阶级思想家那里,普遍存在这样一种张力:他们既主张政府提供公共产品是必要的,又害怕政府

---

① [英]约翰·斯图亚特·穆勒:《政治经济学原理》,金镝等译,华夏出版社,2009年,绪第27~28页。

征收过多的赋税。也正是因为如此,他们主张"天赋人权""三权分立",把政府称为"必要的祸害"。

(二)政府干预市场视角

市场失灵开辟了政府干预市场的理论空间,为政府提供公共产品提供了新的理论解释。19世纪,伴随着资本主义工业化大生产的发展,资本主义市场在全球范围内占据了绝对的优势,但是其弊端也开始显露出来,在奉行自由主义的老牌资本主义国家英国,爆发周期性的经济危机,也就是"市场失灵"。它的范围不断拓展,波及时间也不断延长,终于在1929—1933年爆发了全世界范围内的资本主义危机。市场失灵带来的失业和社会危机影响巨大,使资本主义制度陷入深深的危机当中,资本主义道路发展不同的国家选择了不同的解决方式。

巴林顿·摩尔认为,这三种解决方式分别是"资本主义和议会民主携手并进的道路;缺乏革命冲击波的震撼,从资本主义发展为法西斯主义的道路;共产主义的道路"①,以上三条道路的代表者分别是:资产阶级革命比较彻底的英、法、美,资产阶级革命不彻底的德、日,以及工农革命的俄、中。解决"市场失灵"方式的不同,使其对待政府提供公共产品的职能也是不同的。面对经济危机,英、法、美等国采取了"凯恩斯主义"的做法,由政府干预市场,推行"以工代赈",为社会提供公共产品。因此,在一定程度上可以说凯恩斯是资本主义的拯救者,他认为"国家多负起直接投资之责"②,政府应当承担起经济振兴和增加公共产品供给的职责。他认为,市场失灵的直接原因在于资本边际效率的突然崩溃,也就是大家不再相信资本的回报率进而挤兑银行。"有效需求不足"则是凯恩斯解释市场失灵的重要线索,他坚信市场机

① [美]巴林顿·摩尔:《民主和专制的社会起源》,拓夫等译,华夏出版社,1987年,第334页。
② [英]凯恩斯:《就业利息和货币通论》,徐毓枬译,商务印书馆,1963年,第321页。

制虽然存在问题,却不是致命性的,只需要由政府进行干预,对经济进行调节,经济就会复苏。与亚当·斯密的"守夜人"政府相比,凯恩斯的主张具有积极意义,他认识到了市场的不足,认识到政府在干预市场经济,提供公共产品方面具有无法替代的作用,换句话说,政府也是重要的市场参与主体。

法西斯主义的解决办法则是破坏市场,严格限制公共产品的供给,甚至提出了"要大炮不要黄油"的反动口号。以俄、中为代表的共产主义,则进行了社会主义革命,因为各种原因,分别走上了高度集中的政治经济体制和中国特色社会主义道路。查尔斯·林德布洛姆认为"'自由的'市场有时如同政府权威一般强制"[①],他把"政治-市场"看作是提供公共产品的一种要素。在他这里,政府与市场合二为一,是公共产品提供的关键,这意味着政府干预理论的日趋成熟。著名经济学家熊彼特更是大胆地指出社会主义会在未来取得胜利,为全社会提供公共产品,"社会主义的真正开路人不是宣扬社会主义的知识分子和煽动家,而是范德比尔特、卡内基、洛克菲勒这类人"[②],在熊彼特看来,巨型工业的官僚化会吞噬掉中小企业,使其丧失活力,为社会主义开辟道路;社会主义能够更好地组织生产,更好地提供公共产品。当然,在熊彼特的观念里,社会主义和民主是一体两面,没有民主就没有社会主义,服务群众导向的社会主义生产就无法真正建立起来。除此之外,熊彼特还认为,"创新"和"企业家精神"在经济发展中具有重要作用,它们能促使政府提供更多更优质的公共产品。新制度经济学派的代表者诺思认为"制度是理解政治与经济之间的关系以及这种相互关系对经济成长之影响的关键"[③],他认为制度是理解政府和市场关系的关键变量,产权清晰和宪政保护的制度

---

① [美]查尔斯·林德布洛姆:《政治与市场:世界的政治与经济制度》,王逸舟,上海三联书店,1992年,序第3页。

② [美]约瑟夫·熊彼特:《资本主义、社会主义、民主》,吴良健译,商务印书馆,2014年,第214页。

③ [美]道格拉斯·C.诺思:《制度、制度变迁与经济绩效》,杭行译,格致出版社,2014年,序第14页。

能够促进经济增长,也能防止政府的过分专断,使其在提供公共产品时保持其公共属性。诺斯为政府提供什么样的公共产品、如何提供公共产品才能促进经济增长,提供了理论支持。

政府干预市场,提供公共产品,不仅在资本主义国家盛行,也适用于社会主义国家。不同的是,资本主义的所有制是私有制,其政府干预力度并不彻底,提供公共产品也具有一定的局限性。事实上,马克思在发现"市场失灵"之初,就主张用革命的办法,改变所有制,建立新的国家和政府,更好地提供公共产品。"使实际的资产者最深切地感到资本主义社会充满矛盾的运动的,是现代工业所经历的周期循环的变动,而这种变动的顶点就是普遍危机"①,马克思认为经历资本主义工业大发展以后,社会生产能力大大提升,公共产品供给能力大大增强,这时候应该建立起无产阶级政权,挣脱"死人抓住活人"②的束缚,为全社会提供公共产品,这是解决市场危机的根本办法。真实的历史当中,俄国和中国都是在资本主义发展不充分的情况下,爆发了社会主义革命。"一个社会即使探索到了本身运动的自然规律……它还是既不能跳过也不能用法令取消自然的发展阶段"③,因此,社会主义的早产使俄、中必须要经历资本主义工业生产的阶段,实现社会化大生产,这必须要借助市场经济手段。为此,列宁提出了"新经济政策",他认为"恢复资本主义也就是恢复无产阶级,使他们在大机器工厂里生产有利于社会的物质财富,而不去投机做生意"④,在列宁那里,为了顺利实现向共产主义的过渡,市场手段是可以使用的,也是必须的。从这里可以看出,列宁主张政府和市场都是公共产品的提供者,但是市场的运行离不开政府的干预。然而随着列宁的继任者斯大林和苏共经济政策的转变,苏联建立起了高度集中的"政治

---

① 《马克思恩格斯全集》(第23卷),人民出版社,1972年,第24页。

②③ 同上,序第11页。

④ 《列宁全集》(第42卷),人民出版社,1987年,第186页。

经济体制",忽视了市场在社会主义生产中的作用,也忽视了市场机制提供公共产品的作用。1956年底,中国进入社会主义阶段,借鉴和学习苏联的"经验",也走上了苏联道路,随后进行经济改革,建立社会主义市场经济体制。在此之前,顾准已经探讨了社会主义经济制度下商品生产和市场调节的重要作用,"社会主义只要是'社会化的生产',价值规律仍然有它的作用,运用它为劳动人民造福是必要的"①。可以说,顾准为社会主义市场经济体制的建立提供了理论准备。改革开放以后,市场机制在提供公共产品方面的重要作用显现出来。

(三)"企业家政府"和"服务型政府"视角

在凯恩斯主义指引之下,英、法、美、德等资本主义国家采取积极干预的措施,为社会提供公共产品,经济获得了飞速发展。但是在20世纪70年代之后,以美国为代表的资本主义出现严重的经济滞胀现象,使学者们开始反思凯恩斯的"政府干预主义",并且反思"大政府模式",限制政府规模,主张建立精简高效的小政府取缔部分公共产品的供给,为了与早期亚当·斯密的"守夜人"政府理念相区别,这种理念被称为"新自由主义"。在这种理念指导之下,撒切尔和里根发起了"新公共管理运动",收缩政府职能,减少公共产品供给,主张打造一个"企业家政府"。萨瓦斯率先提出"民营化"的理念,用以缩减政府职能,减少国有企业,进而减少公共产品供给。在萨瓦斯看来,"大政府"模式使得政府和国有企业膨胀臃肿,提供公共产品的效率和质量均不高,为了提升效率,必须改革政府,减少公共企业。"政府的任务是掌舵,而不是划桨"②,在萨瓦斯看来,政府尽管是重要的市场主体,却不能替代企业,其提供公共产品的职能应有严格的限制,并且要遵循"成本–收益"规则。

---

① 顾准:《顾准文集》,民主与建设出版社,2015年,第465页。
② 竺乾威:《公共行政理论》,复旦大学出版社,2012年,第375页。

孙学玉从企业家和企业家精神的角度,对企业家政府的概念进行了阐释,他认为,企业家政府就是"将企业家精神和企业管理的一些机制、方法移植运用于传统政府,使之具有致力于'顾客'服务,不断降低成本,勇于变革、善于创新之精神"[①]。丁煌认为,"问题不在于政府中工作的人,而在于他们工作所在的体制"[②]。归结到一点上,那就是政府应该像企业一样,注重"顾客至上",以企业的理念为社会提供公共产品。值得一提的是,萨瓦斯在关注改造政府的同时,较早的关注到了政府与私营企业之间的伙伴关系。登哈特(Robert B. Denhardt)则反思了"企业家政府",提出了"服务,而不是掌舵"[③]的理念,主张以"新公共服务"为社会提供公共产品。政府是不同于企业的,其追求的是政治价值,而不仅仅是"成本-收益",政府活动的目的在于保证公共价值的实现,提供公共产品的目的也是为了实现公共精神。因此,政府不应以企业的价值来考量,应当建立"服务型政府",以服务的理念提供公共产品。

守夜人政府 ▶ 干预式政府 ▶ 企业家政府 ▶ 服务型政府

图6 公共产品供给的四种视角

公共产品,是为了解决公共问题和公共需求而诞生的,政府和市场都是重要的提供主体。不同之处在于,政府提供公共产品更多的是讲求公共价值,在效率方面不如市场机制。市场机制提供公共产品讲求的是"成本-收益",尽管效率较高,却容易忽视公共价值。因此,政府手段和市场手段之间存在着互补。除此之外,共同体和社会也是公共产品供给当中不容忽视的主体。

---

① 孙学玉:《企业型政府的语义阐释及其界说》,《江苏行政学院学报》,2003 年第 2 期。

② 丁煌:《当代西方公共行政理论的新发展:从新公共管理到新公共服务》,《广东行政学院学报》,2005 年第 17 卷第 6 期。

③ Janet V. Denhardt & Robert B. Denhardt, *The New Public Service:Serving*, not Steering, M. E. Sharpe,Inc. 2003,p.2.

第二节　行动者视角

一、公共选择理论视角

公共选择理论以"经济理性人"为基本假设,来解释公民和政府的公共活动,从而为公共产品供给,提供了一种崭新的理论视角,为"循环投票""集体行动的困境""寻租""财政膨胀"找到了理论支撑,其代表人物有詹姆斯·布坎南、戈登·图洛克、肯尼斯·阿罗、奥尔森、奥斯特罗姆夫妇等。布坎南认为,"集体行动(collective action)必定是由个体行动(individual action)组成的"[①],诸如公共物品提供、政治选举这样的社会选择,在实际生活当中是由理性的个体——"经济人"共同完成的。因此,在社会选择当中,理性的个体会按照他自己的偏好进行投票,来决定公共产品是否提供,以及提供什么。"从市场组织到政治组织的转换,无论如何都没有消除让特殊的个人和群体把外部成本强加给他人的机会"[②],在布坎南看来,由于社会选择,尤其是公共产品提供以及重大的政治选举当中,每个人都不可能充分地掌握信息,这样一来,就会有人跟着他人投票,以完成多数同意规则,因为在大型的公共选择当中,一致同意的原则几乎是不可能的。布坎南找到了"多数同意规则"之下,民意表达依然是不充分的理由,按照"多数人意志"供给的公共产品,实际上有可能依旧仅仅是少数人的意志。立法过程中如此,在政府执行活动

①　[美]詹姆斯·M.布坎南等:《同意的计算:立宪民主的逻辑基础》,陈光金译,上海人民出版社,2014年,第3页。
②　同上,第297页。

中也会出现偏差，因为组成政府的官僚也是"经济理性人"，他们也有自己的利益，甚至有自己的"部门利益"，实际的公共产品提供过程中会出现"寻租"现象。除此之外，政府部门的利益会增加公共产品的供给成本，出现公共财政不断膨胀的现象。需要指出的是，戈登·图洛克同布坎南一起，共同完成了这些理论观点的论证。肯尼斯·阿罗更进一步，提出了"民主瘫痪"的论断，"缺乏一致采取正确行动的能力所引起的失败，被称为'民主失败'"①。在阿罗看来，运用民主投票的方式来决定公共产品供给和重大政治活动，几乎是不可能的，他运用数学演绎的方法，提出了著名的"阿罗不可能定理"。作为一种公共选择的民主投票，它假设每个人都是理性的，都充分掌握了信息，通过投票的方式可以使公众的意志得到准确的表达。但是在实际生活当中，根本没有任何一种方法能够保证选民具备这种能力，"民主瘫痪"是真实的。在阿罗这里，运用民主手段进行公共产品提供始终代表的是部分人的意志。

当然，运用公共选择理论解释社会选择的学者有很多，但是以上几位代表人物提出的观点已经奠定了公共选择理论的大致格局，随后的解释是对公共选择理论的进一步发展和完善，奥尔森和奥斯特罗姆夫妇是其中的代表人物。奥尔森关注的主要是"集团理论"，他认为在大集团当中，"个人的努力不会对他的组织产生显著的影响，而且不管他是否为组织出过力，他都能够享受其他人带来的好处"②，这就是著名的"搭便车"理论。搭便车现象的存在，使得大集团供给物品比较困难，换句话说，由于每个人都是"理性人"，都渴望降低成本而获得收益，那么在参与大集团的活动中，自己可以不用付出很多，而得到的公共产品并不会减少。每个人都坚持这样的行为，就会使集体行动遭遇困境，从而使公共产品供给失败。在小集团里，参与者可以明确

看到成本与收益,集体行动就相对容易成功,这一理论解释了很多地方公共产品供给失败的原因。

奥尔森将"集团理论"应用到国家领域里,他认为"当分利集团发展到足以取得成功的规模时,它必然采取排他性的政策,并力图使其成员限制在收入相近与贡献相近的范围内"①。在奥尔森那里,分利集团的存在,使他们成为技术进步和创新的阻碍,使国家出现经济增长停滞、通货膨胀的现象,影响着国家的兴衰。从奥尔森的角度来看,分利集团提供的公共物品是属于小集团内部的,是排斥性的,是以牺牲更多数人的公共产品供给为前提的。这种排他性集团的存在,严重地影响着国家的崛起。这种观点在米格代尔那里得到了明确的体现,他认为"身居要位的强人们……规定了很大一部分人的行为规则……这种社会控制碎片化分布的社会结构,阻碍了国家在政治上动员这些被庇护者的能力"②,社会控制的碎片化使得国家的强大仅仅是表面上的,实际上国家的政策和提供公共产品的能力,被碎片化的社会结构严重地消解了。"组织是通向政治权力之路,也是政治稳定的基础,因而也就是政治自由的前提"③,正如亨廷顿所指出的,政治组织是组织群众,实现国家建构的桥梁。只有这样,才能真正的把社会动员起来,使其成为公共物品的提供者和国家意志的贯彻者。

奥斯特罗姆夫妇,则使"公共选择"理论发展进入了一个新的阶段,他们认为,公共产品的供给实际上包含着三个难题:"(1)新制度的供给问题,(2)可信承诺的问题,(3)相互监督的问题"④。在实践当中,公共选择问题并不是

---

① [美]曼瑟尔·奥尔森:《国家兴衰探源》,吕应中等译,商务印书馆,1999年,第79~80页。

② [美]乔尔·S.米格代尔:《强社会与弱国家:第三世界的国家社会关系及国家能力》,张长东等译,江苏人民出版社,第268页。

③ [美]塞缪尔·P.亨廷顿:《变化社会中的政治秩序》,王冠华等译,上海人民出版社,2008年,第382页。

④ [美]埃莉诺·奥斯特罗姆:《公共事物的治理之道:集体行动制度的演进》,余逊达等译,上海译文出版社,2012年,第49页。

只有政府、市场和社会三种提供主体，相反还存在"自主组织"，在众多的实践当中，自主治理有不少成功的案例，自主组织依靠自己，有效地解决了以上三个问题，从而实现了公共产品的自主治理。但是事实上也有自主组织失败的例子，他们都没能很好地解决以上三个问题，从而导致制度失败。"大多数成功案例中的制度安排都是公共体制与私人体制多方面的结合"①，在中央集权政府和市场私有化方案之外，公共物品的供给实际上可以实现"多中心"供给。

莱斯特·萨拉蒙提出了流行的"第三方治理"理论，"一般来说，有两种理论被用于解释志愿部门的存在，但它们都没有预料到政府-非营利部门的广泛合作"②。

萨拉蒙认为，市场失灵、政府失灵和契约失灵三种理论，都没能很好地解释志愿部门的存在及其与政府之间的合作。为此，他提出了"志愿失灵"理论，"志愿失灵包括四个内容：慈善不足；慈善的特殊主义；慈善的家长式作风；慈善的业余主义"③，在萨拉蒙看来，"志愿失灵"要求政府必须成为公共物品的提供者，其主要的方式是提供资金和政策支持。但是政府在公共产品的精准化需求方面，则明显有自己的不足，而非营利组织则弥补了这一缺憾，两者之间的关系是合作伙伴的关系，它们共同为民众提供公共产品。

---

① ［美］埃莉诺·奥斯特罗姆：《公共事物的治理之道：集体行动制度的演进》，余逊达等译，上海译文出版社，2012年，第213页。

② ［美］莱斯特·M.萨拉蒙：《公共服务中的伙伴：现代福利国家中的政府与非营利组织的关系》，田凯译，商务印书馆，2008年，第40页。

③ 同上，第47页。

二、共同体和社会资本视角

(一)共同体视角

"共同体"由知名社会学家滕尼斯提出,他认为"共同体的类型主要是建立在自然的基础之上的群体(家庭、宗族)里实现的,此外,它也可能在小的、历史形成的联合体(村庄、城市)以及在思想的联合体(友谊、师徒关系等)里实现"①。滕尼斯看来,共同体是工业社会之前人类相互联合的群体,其链接纽带可以是血缘、地缘和精神三种形式,换句话说,在前工业社会之中,人类的交往规模大部分都发生在共同体内,也正是因为这样,古代社会是一个"面对面社会"或者说是"熟人社会"。共同体成员之间相互帮忙,相互救助,彼此之间提供公共产品。在涂尔干看来"毋庸置疑,尽管我们每个人都归属于某个公社或省份,但连结我们的纽带却一天天地变得脆弱松弛了"②。工业生产和现代城市破坏了原有的联合形式,人与人之间通过职业群体相互联合起来,从"机械团结"走向"有机团结",市场交换在社会生活中发挥越来越重要的作用,原来相互之间的公共产品被商品取代,共同体的功能被弱化。这与古代城市当中行会的联合是不同的,古代行会内部是一个共同体,担负着提供公共产品的重要职责。

在韦伯看来,古代行会与现在的职业群体是不同的,古代行会主要有"不自由的行会;宗教习惯的行会;自由行会"③,当代职业群体的联合更多的

① [德]裴迪南·滕尼斯:《共同体与社会》,林荣远译,商务印书馆,1999年,序第2页。
② [法]涂尔干:《社会分工论》,渠东译,生活·读书·新知三联书店,2000年,序第41页。
③ [德]马克斯·韦伯:《经济与历史;支配的类型》,康乐等译,广西师范大学出版社,2010年,第105页。

是依靠知识和技术，他们之间的联合是松散的，提供公共产品的能力远不能跟过去的行会相比。恩格斯指出"工业生产的制度也侵入到这里了……摧毁了宗法关系，这种关系正是在这里才具有巨大的意义"[1]，他认为乡村共同体能够为农民提供公共产品，使他们免于陷入到彻底的贫困。斯科特也认为，乡村社会是一个道德共同体，对乡村共同体的破坏使农民们在遇到困难时，无法从道义上提供公共产品，渡过难关，最终只能以叛乱的方式求得生存，"剥削和反叛问题就不仅仅是食物和收入问题，而且是农民的社会公正观念、权利义务观念和互惠观念问题"[2]。事实上，尽管是商业的发展催生了现代工业生产，但是商人本身也是共同体的成员，"商人来到了这个世界，他应当是这个世界发生变革的起点。但是他并不是自觉的革命者；相反，他与这个世界骨肉相连。中世纪的商人决不是个人主义者；他像他的所有同时代人一样，本质上是共同体的成员"，

在恩格斯看来，古代城市当中的手工业行会不过是乡村共同体迁徙到了城市而已，其成员之间的互助，本质上也是在提供公共产品。当然，从这个角度看，共同体成员之间互相满足，提供公共产品是一种传统，同时也是道义和责任。这与当代市场调节的观念是完全不同的，卡尔·波兰尼在反思市场经济时，认为社会具有自动调节的功能，市场机制越是通过理性创造贫富分化，社会就越会对其反抗，社会成员之间的互助，会以公共产品的方式进行，"工业革命导致了社会的解体，而贫穷问题只不过是这一个事件之经济面而已"[3]，这是与市场截然不同的理念。换句话说，社会成员之间的互惠本身就是一种公共产品供给方式，它以道义或责任为基础，形成公共产品的共同体供给。

---

① 《马克思恩格斯全集》(第2卷)，人民出版社，2002年，第550页。

② [美]詹姆斯·C.斯科特：《农民的道义经济学：东南亚的反叛与生存》，译林出版社，2001年，序第1页。

③ [英]卡尔·波兰尼：《巨变：当代政治与经济的起源》，社会科学文献出版社，2013年，第237页。

共同体供给公共产品,已经成为一种重要的研究视角,海外学者研究中国时经常应用,比较有影响力的有科大卫、弗里曼等人的宗族共同体视角,施坚雅、黄宗智等人的市场共同体视角,以及杜赞奇的"文化网络"视角。

在科大卫看来,宗族不仅存在于中国乡村,华南的城市也是由宗族构成,整个华南本质上是一个"宗族社会",它能够为其成员提供保护,甚至与国家权力分庭抗礼,在宗族内部,其成员享有"祖赋人权",获得公共产品供给。在宗族与宗族之间,存在着竞争、合作甚至是冲突,但是其相互之间也能够提供公共产品,帮对方摆脱极度贫穷带来的束缚。"一个社区会发展为市镇还是乡村,取决于外来者是否被轻易接纳,轻易给予入住权,及轻易获允成立家室。凡是对于外来人口采取开放策略的社区,就会发展为市镇"①,他从宗族与公共产品的角度提出了自己的城市形成理念。科大卫认为,提供公共产品与否影响着社区的发展规模和前景。在华南,宗族势力相当庞大,能够发动其成员的力量对抗官僚制政府。因此,在科大卫那里,共同体供给公共产品与否影响着华南的城市发展。这对当代中国的城市化和城市基层治理,具有重要的借鉴意义。

在城市基层治理当中,政府提供公共产品往往是普遍的,标准化的,无法实现需求的精准化;市场提供公共产品讲求的是成本-收益,无法实现公共精神和公共价值;城市社区作为一种"地域共同体",自身具备一定的提供公共产品的能力,进行充分挖掘,能够促进城市化,提升城市基层治理绩效。由此可见,共同体也是重要的公共产品供给主体。实际上,最先从共同体角度理解中国,认为共同体为其成员提供公共产品的学者是弗里曼。"前社会主义时代的长期衰落,它摧毁了社会约束力量;接着在取得团结和成功的喜气洋洋的蜜月年代,革命修复了人们之间的关系"②,弗里曼认为,官僚国家

---

① 科大卫:《皇帝与祖宗:华南的国家与宗族》,江苏人民出版社,2009年,第5~6页。
② [美]弗里曼等:《中国乡村,社会主义国家》,陶鹤山译,社会科学文献出版社,2002年,第1页。

的强力介入,对华北的村庄共同体施加了强有力的社会约束力量,弱化了其共同体色彩,当郡县的力量减弱以后,村民之间通过相互合作,重新建立起共同体,为其成员提供公共产品。弗里曼关注到了官僚制和共同体之间的关系,事实上官僚制国家出于自己的赋税、人口考虑,要求的是"家户传统"①,而不是村社共同体。相比于家户传统,村社共同体在提供公共产品,促进成员生存方面,具有更强的能力,使其在一定条件下能够成为一个自给自足的联合体。马克思就曾指出"这些自给自足的公社不断地按照同一形式把自己再生产出来,当它们偶然遭到破坏时,会在同一地点以同一名称再建立起来"②,在马克思看来,共同体提供的公共产品使村庄的生命力非常持久,尽管国家层面风云变幻,经常发生改朝换代,但是其基层却保持了强有力的稳定。因此,公共产品对于基层稳定和基层治理具有重要意义。

施坚雅拓展了宗族共同体的理论视角,将共同体扩大到了"市场网络",并且提出了"中心地"理论;杜赞奇则进一步拓展了施坚雅的"市场体系",他将共同体的范围扩大到了文化圈,提出了著名的"权力的文化网络"理论。当然,他们的一致性还在于共同体是重要的公共产品提供者。在施坚雅看来,公共产品的提供者可以扩大到由 18 个村庄共同组成的"市场共同体",当然在城市之中城市共同体也是存在的,只是乡村共同体的边界更加明显。"市场结构必然会形成地方性的社会组织,并为使大量农民社区结合成单一的社会体系,即完整的社会,提供一种重要模式"③,在施坚雅这里,农村共同体不是孤立的,村庄并不是一个自给自足的共同体,其真正的范围应该是围绕"中心地"组织起来的"市场共同体",这样的市场共同体既是市场网络,又是

---

①　徐勇:《中国家户制传统与农村发展道路:以俄国、印度的村社传统为参照》,《中国社会科学》,2013 年第 8 期。

②　《马克思恩格斯文集》(第五卷),人民出版社,2009 年,第 414 页。

③　[美]施坚雅:《中国农村的市场和社会结构》,史建云等译,中国社会科学出版社,1998 年,序第 1 页。

一种社会结构。这个社会机构为其成员提供公共产品，诸如跨区域的"钱会"，供其成员使用无息的贷款。"每一个本地和区域体系均是一个有连接点的、有地区范围的、而又有内部差异的人类相互作用体制"①，在这里，施坚雅提出了"区域体系理论"，将公共产品共享者的范围扩大到了一个更广大的层面，事实上施坚雅试图解释一个更广大的区域内，公共产品的供给，相互作用的机制等等，一定程度上他为研究城市与城市之间的区域共同体，提供了一种更广阔的视角。

杜赞奇则从国家政权建设和"文化网络"两个角度，对施坚雅的"市场体系"和"区域体系"理论进行了回应，他发现在市场交换机制方面，的确存在着"中心地"和"层级体系"，但是乡村共同体更直接的连接载体是"文化网络"，而不是"市场体系"。换句话说，公共产品的提供者不是市场共同体，而是文化共同体。杜赞奇用"经纪模型"②来阐释文化网络的运作，实际上他指的是国家和共同体之间的中介人，"保护型经纪"维护其所在的共同体的利益，使共同体尽量免遭政权的侵犯；"营利型经纪"则既服务于国家政权建设，也掠夺自身所在的共同体，有时也被称为"掠夺型经纪"。杜赞奇认为，乡村共同体的边界就是"文化网络"的边界，在华北普遍存在的"看青会、水利协会"，与市场组织一同融合为文化网络，在边界之内，其成员共享共同体提供的公共产品。费孝通则把中国看作是一个熟人社会，在熟人之间，可以相互之间提供公共产品，其边界相对宽泛一点，强调的是人与人之间的联系，"每个人都是他社会影响所推出去的圈子的中心。被圈子的波纹所推及的就发生联系"③，他把这种模式称为"差序格局"。

共同体提供公共产品的视角，从本质上讲是社会在提供公共产品。不论

---

① ［美］施坚雅：《中华帝国晚期的城市》，叶光庭等译，中华书局，2000年，序第3页。
② ［美］杜赞奇：《文化、权力与国家》，王福明译，江苏人民出版社，2010年，序第2页。
③ 费孝通：《乡土中国 生育制度 乡土重建》，商务印书馆，2011年，第27页。

是滕尼斯还是波兰尼,或者是费孝通实际上都发现了在政府和市场机制之外,社会本身就具有解决公共事务,提供公共产品的能力。由此,政府、市场、社会共同构成了公共产品供给的三大主体。

表2　共同体视角比较

代表人物	理论观点
恩格斯、韦伯、科大卫	宗族共同体
卡尔·波兰尼	社会(教区、社区)
施坚雅	市场体系　区域体系
杜赞奇	文化网络
费孝通	差序格局

(二)社会资本视角

在共同体提供公共产品之后,一些学者尝试从理论的高度进行阐释,社会资本就是在这样的背景下诞生的,它是共同体视角的进一步发展。布迪厄对社会资本进行了提炼和解释,他认为社会资本,"是以社会义务('联系')组成的,这种资本在一定条件下也可以转换成经济资本,它是以某种高贵头衔的形式被制度化的"[①]。布迪厄看来,通过既定的社会联系,尤其是义务,社会资本可以转换为经济资本,为其成员提供公共产品。"社会资本是实际的或潜在的资源的集合体,那些资源对某种持久性的网络的占有密不可分,这一网络是大家共同熟悉的、得到公认的,而且是一种体制化关系的网络"[②],从他对社会资本的定义可以看出,布迪厄是把社会资本当作一种资源来看待的,社会成员构成一定的关系网络,这种关系网络为其成员提供公共产品。我们发现,社会资本供给其成员公共产品,是从关系网络的角度来进行解读的,它所依凭的是每个成员都共享这个关系网络中的资源,比如权威、

① ［法］布迪厄:《文化资本与炼金术》,包亚明译,上海人民出版社,1997年,第191页。

② 同上,第202页。

信任等,从而为其提供公共产品。从布迪厄的理论出发,我们会发现这种社会网络是普遍存在的,最典型的如亲属网络以及各种公民团体,他们通过常态化的社会联系,组成一个体制化网络,通过信息的分享或者礼物的交换维持关系,为成员提供公共物品。同时,当某个成员遇到困难的时候,也会提供救助。

到了林南这里,他更是明确的指出,"社会资本是通过社会关系获得的资本。在这个理论中,资本是一种社会财产,它借助于行动者所在网络或所在群体中的联系和资源而起作用"①。在林南的理念中,社会资本本身就是一种资产,它借助成员之间的关系和他们各自占有的资源,为成员提供公共物品。这个观点,比布迪厄更进一步,社会资本本身就是社会财产,或者说它本身就是一种公共产品,只是在为某个成员提供帮助的时候,使用的物质资本。更明确的说法是,相对于公共产品来讲,社会资本是一个平台,借助这个平台,成员可以获得相应的物质帮助或精神慰藉。与经济资本不同,社会资本的使用不会使其损耗,相反能够使其拓展,因为社会资本存在的前提是成员之间的相互需要。

美国社会学家科尔曼则认为,"本书把上述社会结构资源作为个人拥有的资本财产,即社会资本……它不是某种单独的实体,而是具有各种形式的不同实体。其共同特征有两个:它们由构成社会结构的各个要素所组成;它们为结构内部的个人行动提供便利"②。科尔曼对社会资本的理解是,社会资本是一种财产,它以社会结构实体的形式表现出来,比如社区、教会以及公民团体。它为团体成员提供公共产品的方式是提供便利的行动,也就是说为提供物质产品或者精神慰藉提供便利的条件,更为明确的说法是,社会资本

---

① [美]林南:《社会资本:关于社会结构与行动的理论》,张磊译,上海人民出版社,2005年,第19页。

② [美]詹姆斯·S.科尔曼:《社会理论的基础》,邓方译,社会科学文献出版社,1999年,第354页。

为公共产品的提供，搭建了一个非常便利的平台。因此，在科尔曼的理念中，社会关系维持得越紧密，社会资本的数量也就越多，它为成员搭建互助平台，提供公共产品的可能性也就越大。需要指出的是，科尔曼明确地提出了社会资本的衰落和消失，"富裕、政府资助等因素使人们相互需要的程度越低，所创造的社会资本越少"[①]。从这个角度看，社会资本得以存在和发展的一个重要前提是相互需要的维持，没有了相互需要的支撑，社会资本的数量就会减少，甚至消失，其公共产品的作用也就随之消失。因此，维持社会资本需要维持社会交往，塑造相互需要，这样才能发挥其公共产品平台的重要作用。布迪厄、林南、科尔曼提出的社会资本理论，使社会解决公共事务，提供公共产品得到了理论支持，并且也阐明了其提供的机制，指出了信任、公民传统、公民参与的价值和作用。

社会资本理论逐渐被引入到政治学当中，其在国家和社会治理以及经济增长方面的重要价值被发掘出来。社会资本在国家和社会治理当中扮演着重要角色，它以公民参与、社会信任为纽带，为成员提供公共产品，大大降低了国家的治理成本和社会的交易成本。福山认为，"群体是以相互信任为基础而产生的，没有这个条件，它不可能自发产生"[②]，相互之间的信任塑造了群体，群体之间能够共享信息，解决公共事务，提供公共产品，为国家治理带来一定的便利性，也为经济增长创造条件。"尽管产权和其他现代经济制度是建立现代企业必不可少的核心条件，但是我们往往忽略了后者依赖坚实的社会和文化习俗基础这一事实"，在福山看来，作为群体成长环境的社会和文化习俗，具有重要的作用。正是这些习俗使群体凝聚起来，借助相互之间的信任，建立起大企业，为经济繁荣创造了条件。这意味着，信任作为一

①　[美]詹姆斯·S.科尔曼：《社会理论的基础》，邓方译，社会科学文献出版社，1999年，第376页。

②　[美]弗郎西斯·福山：《信任：社会美德与创造经济繁荣》，彭志华译，海南出版社，2001年，第29页。

种美德,为成员提供公共产品,使他们凝聚成具有创造力的现代企业,从而使得经济繁荣。这个过程,也是公民参与提升,政治进入现代化的进程。

事实上,托克维尔很早就注意到了社会团体或者说公民团体,这些团体成员之间相互帮助,共同完成公共事务,共同供给公共产品。"新英格兰的乡镇组织是一个完整而有秩序的整体,建立得最早。它由于得到民情的支持,使它变得更强而有力。它对全社会起着异常巨大的影响"①,托克维尔认为,这些活跃的基层自治团体,是构成美国民主的重要基础,也正是这些自治团体,美国的民主才得以顺利实施。换句话说,自治团体是对贵族团体的替代,过去由贵族提供公共产品的功能,现在是团体成员自行负责,他们之间通过民主的办法来解决。托克维尔观察到了美国基层自治团体在提供公共产品,提升基层治理方面的能力。当然,托克维尔并没有明确地提出社会资本理论,但是他的确较早注意到,在民主政体之下,公民团体在提供公共物品,提升基层治理方面的重要作用。基层自治团体及其提供的公共产品的重要性还具有国家意义。不论任何国家,都需要向民众征收赋税,用以提供国防安全和重大基础设施等方面的公共物品;但是对民众来说,身边的公共物品需求常常更迫切,比如治安、桥梁、路灯。倘若由政府集中审批这些公共产品,往往过程复杂、时间冗长,并且常常忽视地方的特殊需求。自治团体提供公共物品则能实现需求的精准化,而且节省时间,并且能够获得基层人民的认同感。除此之外,公民相互之间也能够产生新的联系,建立新的社会关系,拓展社会资本,从而进入一个良性的自治循环。

美国政治学者帕特南在考察意大利的时候,从社会资本理论视角出发,追随托克维尔的公民团体观点,发现意大利南部和北部的治理绩效,以及基层公共产品的供给,存在非常大的差异。"公民共同体的特征是积极的、有公

---

① [法]托克维尔:《论美国的民主》(上卷),董果良译,商务印书馆,1995年,第76页。

共精神的市民,是平等的政治关系,是信任和合作的社会网络"[①],帕特南从制度绩效出发,比较了两个地区的制度绩效差异,经过一步步地检验,发现社团,即公民社会的结构扮演着非常重要的角色,决定两个地区差异的,不是别的,正是这两个地区的公民社会结构,也就是说是两个地方的公民团体的数量。

帕特南进行深入挖掘后发现,造成公民团体数量差异的是两地长久以来不同的传统,意大利北部是公民传统,南部却没有这种传统。北部的公民传统是一种非常重要的社会资本,通过均衡互惠和非均衡互惠两种形式,彼此信任,相互提供公共产品,大大降低了相互之间的交易成本和交易费用,并且产生了非常强大的公民精神,使他们在参与公共事务方面也积极热情,整个社会充满了信任和互助。在南部,由于长期的君主制度影响,加上自治传统的缺乏,使得人与人之间互相充满了不信任,其社会关系依旧是垂直的,充满了等级结构,社会资本困乏,没有形成公民网络,无论是在自治精神,还是在相互帮助,提供公共产品方面,都无法与北方相比,由公民传统塑造的公民参与网络,造成了南北之间重大的差距。

除此之外,帕特南通过对美国社区的研究,发现了社会资本在美国的衰落过程。"社会资本指的是社会上个人之间的相互联系——社会关系网络和由此产生的互利互惠和互相依赖的规范"[②],在帕特南看来,美国社会的变化,诸如人口流动性的增加、工作时间的变化以及交通工具的改善,使得美国社区内外的公民团体在不断减少,社区公共参与也在不断的降低,相互之间提供的公共产品也越来越少,降低了社会资本存量,这对美国社会非常不

---

① ［美］罗伯特·D. 帕特南:《使民主运转起来:现代意大利的公民传统》,赖海榕译,中国人民大学出版社,2015 年,第 15 页。

② ［美］罗伯特·D. 帕特南:《独自打保龄球:美国社区的衰落与复兴》,刘波等译,北京大学出版社,2011 年,序第 2 页。

利,它背离了托克维尔观察到的那种"自治传统"。但是事实上社会资本却在个人生活和公共生活当中发挥着重要作用。社会关系的建立,可以增进相互之间的联系,建立起社会资本,提升个人生活品质;另外,对公共生活而言,公共活动的参与,提升公共精神,锻炼公共技能,能发现相互之间的需要,促进公民参与网络的拓展,从而提升国家治理绩效。为了实现美国社区的复兴,提升公民参与网络,增加公共产品的供给,帕特南主张美国公民应减少旅行,多与邻居相互帮助,多参与社区志愿活动,多参加公民组织,提升社会资本。

事实上,亨廷顿早就指出,"政治现代化最基本的方面就是要使全社会性的社团得以参政,并且还需形成诸如政党一类的政治机构来组织这种参政,以便人民参政能超越村落和城镇范围"①。在亨廷顿看来,进入社团参与政治是迈入现代政治进程的重要标志,事实上,在进入政党组织之前,社区当中的公民生活参与,公共产品提供,是在为进入政党政治提供训练场,政党是一个全国性的社团,其提供的公共产品已经涉及到全国公民,倘若没有之前社区或地方公共生活的参与,决策的盲目性会大大增加,不利于政治现代化。

蔡晓莉通过对中国农村的研究发现,在中国农村当中存在着"连带群体(solidary groups)"②,这些连带群体的成员之间共同分享公共产品,并且依靠"非正式约束(informal rules and norms)"③,使村庄居民遵守规则。蔡晓莉区分了不同的村庄类型,包括单姓村、复姓村等等,她发现单姓村中的社会资本明显高于其他几种类型,这是因为单姓村一般都是同一个祖先,其亲缘关

---

① [美]塞缪尔·P.亨廷顿:《变化社会中的政治秩序》,王冠华等译,上海人民出版社,2008年,第28页。

② Lily L. Tsai, *Accountability without democracy:solidary groups and public goods provision in rural China*, Cambridge University Press, 2007, p.4.

③ Ibid., pp.1.

系相对较近,非正式约束的效力也较强,其成员更愿意共同分享硬化道路、自来水这些村庄公共物品。与帕特南相比,蔡晓莉首次运用社会资本理论来研究中国农村,并且关注的是公共物品,当然,蔡晓莉背后的理论关怀还是国家政权建设和责任制政府建设,她认为中国村庄公共物品的提供,需要的不是一个按照西方选举理论搭建的责任制政府,而是符合中国自身特色的基层自治团队和基层政府,增强社会联系,建立起社会资本,从而增加农村公共物品供给。翟学伟则从关系学的角度来研究公共产品的供给,"因此,对中国人来说,即使两人彼此之间没有交往,但只要有天然的血缘和地缘关系存在,就可以义务性和复制性地确保他们之间的亲密和信任关系"①。当然,翟学伟认为,严格意义来说,这种关系并不属于社会资本,但是它属于社会资本建立之前的一种社会联系,加以引导和培育,就能使其成为现代社会当中的公民组织,增强其公共精神,为成员提供更好的公共产品。此外,孙立平、燕继荣、黄荣贵和桂勇等,从社会资本的角度研究了中国社区发展以及公共产品提供之间的关系②。

以上四种理论视角,为公共产品供给的多样化实践提供了学理上的支持。当然,还有不少研究文献涉及公共产品供给,这里就不再赘述。我们发现,不论是政府也好,市场也罢,甚至是社会,包括由它们组成的合作伙伴和多中心,都离不开"经济理性人"假设,都是以个人主义的角度来理解公共产品提供的;早期的社会主义理论,在论述公共产品的时候,几乎是不考虑市场机制的,在当下的中国,经济体制上,实行的是社会主义市场经济体制,既有公有制占主体的社会主义经济,也有其他所有制组成的市场经济,经济调

---

① 翟学伟:《人情、面子与权力的再生产》,北京大学出版社,2005 年,第 135 页。

② 参见孙立平:《社区、社会资本与社会发育》,《学术界》,2001 年第 4 期;燕继荣:《社区治理与社会资本投资——中国社区治理创新的理论解释》,《天津社会科学》,2010 年第 3 期;黄荣贵、桂勇:《集体性社会资本对社区参与的影响》,《社会》,2011 年第 6 期。

节手段上既有社会主义宏观调控,又有市场在资源配置方面的决定性作用;在政治体制上,是人民民主专政的社会主义国家,在基层实行的是基层群众自治制度,有专门的法律保障基层民主;在行政上,也有专门指导基层机构的规章条例;社会方面,随着改革的不断深化和对外开放程度的增加,"两新组织",即新经济组织和新社会组织不断增加。除此之外,改革开放之前的单位制度、户籍制度,以及 20 世纪 90 年代之前的住房制度,加上自新中国成立以来的政治传统,构成了中国国家治理的独特治理背景。因此,这些解释公共产品供给的理论视角,在解释中国城市社区公共产品方面需要进一步探讨。

第三节　本书的研究视角——组织资本

一、结构性和行动者视角的局限

国家治理体系和治理能力现代化以及社会治理的命题提出以后,城市基层治理,尤其是社区治理得到越来越多的社会科学工作者的重视,研究视角也丰富多彩,彼此之间相互借鉴,相互学习。"麻雀虽小,五脏俱全",这句话同样适用于社区,社区是社会治理的基本单元,无论是从地理空间、人口结构还是从基础设施、文化要素来看,它都应有尽有,从一定角度看,它是社会的缩影。中国城市社区有自己的历史起点和制度背景,经济体制的复杂性、政治制度的层次性、社会生活的变化性,使社区和基层治理的研究难以切入。在不断的从事社区和基层治理的探索和研究中,我们发现,社区公共产品是一个不错的研究视角。从上海和全国其他城市的观察发现,社区公共产品的背后是各种力量的汇聚,并且这些力量不是杂乱无章的组合,就像是经过巧妙的设计一般,被有效地组织起来。经过进一步的挖掘之后发现,社区公共产品的背后,不仅有居民、居民自治组织、社会工作者、社会组织、企业、政府的派驻机构、专门的社区服务中心等,当然还包括党的基层组织,也就是说,这些组织共同在提供公共产品。当然,并不是所有这些组织在每个社区都是如此,而是呈现出一定的层次性。部分社区的公共产品供给主体比较单一,仅限于专门的社区服务中心和政府派驻机构;部分社区的公共产品供给主体不仅包括政府的派驻机构、专门的社区服务中心,还能充分发动居民,通过居民和居民自治组织来提供。总之,社区公共产品供给主体呈现出层次性。不仅如此,我们发现那些公共产品供给较多的社区,其社区治理绩效也非常好。这是在现实当中发现的问题,既有的国家和政府视角、经济和市场视角、社会资本视角、公共选择理论视角,都不能给出理论解释。我们不能否认,国家和政府在社区方面的投入;也不能否认某些公共产品的确是依靠私有化的企业完成的;更不能否认,社会资本没有在社区当中发挥其作用;也不能否认,自组织治理和多中心治理没有发挥作用。但是一个关键的问题是,为什么它是以组织的方式提供的呢?尽管居民是社区公共产品的最终消费者,但是几乎无一例外,这些公共产品供给主体都是首先建立组织与组织之间的联系,不论有无隶属关系,都是如此。为什么会有社区公共产品获取方面的差异?为什么会产生社区治理绩效方面的重大差异?既有的四种理论视角给出的解释都是不充分的。

二、组织资本视角

中国城市基层治理有独特的历史起点和制度背景。列宁说过,"在社会科学问题上有一种最可靠的方法……那就是不要忘记基本的历史联系,考察每个问题都要看某个现象在历史上怎样产生、在发展中经过了哪些阶段,并根据它的这种发展去考察这一事物现在是怎样的"①。中国城市治理的格局,并不是一下子变成今天这个样子的,它的背后是一系列制度改革的发展和演变。从经济体制改革到户籍制度改革,再到住房制度改革,当然,也离不开城市治理理念的变化。改革之前,城市居民在单位上班,户籍严格管制,农民进城是比较困难的,住房、医疗等是由单位提供的,社区公共需求的问题由单位解决了。后来,这些都发生了改变,大部分单位改制成了企业,实行破产制度;户籍制度有所放开,农民可以进城务工,经营商业;住房制度也发生改革,从公房制度改革为商品房制度;失业问题产生了,社会救助,医疗保障由新的社会保障制度来承担;城市基层治理结构,也发生了改变,从街道-居委会变化为街道-社区,各种社区中心在全国绝大部分城市都出现了,并且在不断增加;新的经济组织,新的社会组织也在不断出现。城市发生了前所未有的变化,不过几十年的光景而已。在这样的背景下,城市基层应如何治理,成了一个迫切的现实问题。社区公共产品供给体系,正是在这样的背景下不断的形成。对过程的回顾,会使我们提出一系列关于社区公共产品的问题,最重要的莫过于"为什么社区公共产品会产生? 为什么会出现社区公共产品供给差异? 为什么社区公共产品以组织的方式提供? 为什么会出现社区治理绩效差异? "

　　政治学的宝库里,有丰富的理论资源,关于公共产品供给的主要是国家和政府职能视角、经济和市场视角、共同体和社会资本视角、公共选择理论视角,这些理论视角为解释公共产品供给,包括社区公共产品供给提供了有力的支持。但是在回答以上四个问题时,这些理论解释并不是很充分。社区调研的实践和老师们的指导,使我认识到中国城市基层治理的一个重要背景:"党治国家",尽管城市发生了纷繁复杂的变化,党的组织体系始终都在,

---

① 《列宁全集》(第 37 卷),人民出版社,1985 年,第 61 页。

并且不断完善。城市基层治理的现代化，是在"党治国家"的大背景下展开的。作为国家治理体系和治理能力现代化的组成部分，城市基层治理是在党的组织体系里展开的。"无产阶级在夺取政权时，除了组织以外，没有别的武器……无产阶级只有通过这一点才能成为不可战胜的力量"[①]，新中国成立以来党和国家长期坚持马列主义，党组织的地位和作用在不断加强。亨廷顿也认为，"身处正在实现现代化之中的当今世界，谁能组织政治，谁就能掌握未来"[②]。在这个过程中，党组织之间的联系和互动是社区公共产品供给的重要因素。换句话说，党组织之间的联系和互动是社区公共产品供给的自变量。个人与个人之间社会关系的维持和建立，被称为"社会资本"，我们将组织与组织之间的联系称为"组织资本"。因此，"组织资本"是本书解释中国城市社区公共产品供给的理论视角，是理解中国城市基层治理的关键。

---

① 《列宁全集》(第8卷)，人民出版社，1986年，第415页。
② [美]塞缪尔·P.亨廷顿：《变化社会中的政治秩序》，王冠华等译，上海人民出版社，2008年，第382页。

第三章　社区公共产品的供给差异

马克思说过,"问题就是公开的、无畏的、左右一切个人的时代声音。问题就是时代的口号……"①。政治科学研究当中,发现问题并不容易,发现一个好问题更是难上加难。研究经历和知识范围,深刻地影响着一个人的问题意识。尽管没有国家治理研究那样宏观,城市基层治理研究也有不小的难度,方方面面的事务,想获得全部信息同样不可能。如果研究是一场旅行,那国家治理研究就像在飞机上,它可以清楚地看出地面的轮廓,却无法看到更细微的景物。城市基层治理则如同街区漫步,它可以清楚地了解更细致的风景和人情,却看不到宏观的架构。"每一个模式或地图都是一种抽象,而且对于一些目的比另一些目的更有用……如果没有地图,我们将会迷路。一份地图越详细,就越能充分的反映现实。"②了解一个国家,宏观和微观都不可或缺。

"为什么会产生社区公共产品的供给差异",换句话说,同一个城市,同一个区域,大致相同的经济发展水平下,为什么社区之间获取公共产品的能

---

① 《马克思恩格斯全集》(第40卷),人民出版社,1982年,第289~290页。
② [美]塞缪尔·P.亨廷顿等:《文明的冲突和世界秩序的重建》,周琪等译,新华出版社,2009年,第12页。

力会产生差异？其影响因素有哪些？城市基层治理的实际过程中,上海市每个区都有基层治理绩效特别突出的街道,这些街道的社区公共产品供给同样突出,每个街道也都有自己的"明星居委会"。我们不能否认,出于各种需要,进行超常规投入,专门打造"明星街道"和"明星居委会"是必要的。但是在这之外,我们观察到街道之间、居委会之间,其社区公共产品的供给能力并不相同,存在着供给差异。

社区公共产品供给差异,主要表现在以下几个方面:数量和内容差异;广度和深度差异;供给方式差异。城市基层治理绩效考量中,社区公共产品占据着相当大的比重,在一定程度上,可以把治理绩效简化为供给差异。因此,社区公共产品供给差异实际上代表着社区治理绩效差异。项目化在城市基层治理当中扮演着重要角色,供给差异得以体现。

供给差异的集中体现是层次化的治理景观,即矛盾转移型、需求满足型、多元共治型三种治理景观。三个层次从低到高,代表了不同层次的社区公共产品供给能力,也代表着不同层次的社区治理绩效。研究过程中,我们发现"联动网络"是导致社区公共产品差异化供给的直接原因。财政资源的充裕,使上海城市社区处于"维持网络"当中,依靠科层制的供给主体,公共产品以标准化的形式分配到居民区。因此大部分社区处于需求满足型景观中。小部分社区能够建立起联动网络,拓展公共产品供给渠道,增加公共产品供给,通过协商实现了居民自治和多元共治的结合。除了这两部分之外,一小部分社区由于利益纠纷、治理理念落后等原因,积压了一定的矛盾,加上策略失当,处于矛盾转移型景观当中。图7是本章的逻辑概要,简单地介绍了本章的行文思路。

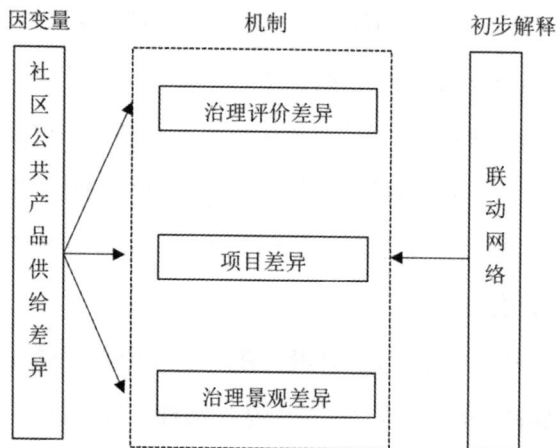

图 7　社区公共产品差异化的初步解释

第一节　社区公共产品供给

一、社区公共产品的特征

整体上看,城市基层公共需求的阶段性差异,使社区公共产品也呈现出阶段性特征。总的来看,社区公共产品具有多样性、复杂性和层次性三个特征。

社区公共产品的多样性受到社区类型的影响。以住房产权和建筑类型为依据,上海的社区大致可以划分为如下几种类型:

表 3　上海市社区类型

社区类型	简要特征	社区类型	简要特征
1.旧里小区	旧里弄	5.涉外小区	外商、外资住房
2.售后公房小区	公房出售	6.别墅区	别墅小区
3.商品房小区	自由交易	7.混合型小区	两种以上类型
4.保障房小区	政策性住房	8.其他	

　　社区类型不同,其公共需求自然也就有所差异,社区公共产品供给就会有所侧重。在上海,广义的社区指的是由居民区和驻区单位组成的街道辖区,狭义的社区则与居民区相同。另外需要注意的是,居民区也是由不同板块的小区组成的,再往下,小区则由楼组组成,其次就是居民家庭。值得一提的是,在上海居民区内部也被划分为网格,由部分楼组构成。

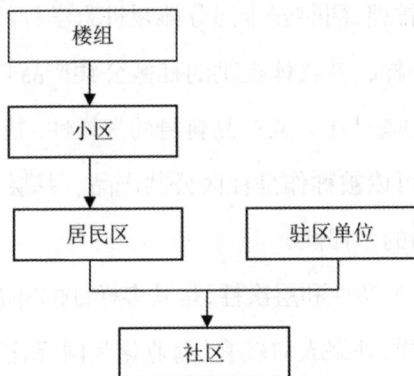

```
              ┌──────────┐
              │   楼组   │
              └────┬─────┘
                   ↓
              ┌──────────┐
              │   小区   │
              └────┬─────┘
                   ↓
   ┌──────────┐        ┌──────────┐
   │  居民区  │        │ 驻区单位 │
   └────┬─────┘        └────┬─────┘
        └──────────┬─────────┘
                   ↓
              ┌──────────┐
              │   社区   │
              └──────────┘
```

图 8　上海市社区结构简图

居委会网格公示
工作内容
治安消防　道路交通　市容环境
生产经营　食品安全　社区管理

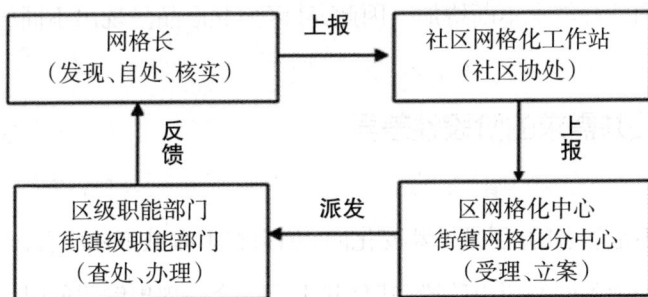

```
┌──────────────────┐   上报   ┌──────────────────┐
│     网格长       │ ──────→ │ 社区网格化工作站 │
│ (发现、自处、核实)│          │   (社区协处)     │
└──────────────────┘          └──────────────────┘
        ↑                              │ 上报
     反馈│                             ↓
┌──────────────────┐   派发   ┌──────────────────┐
│  区级职能部门    │ ←────── │  区网格化中心    │
│ 街镇级职能部门   │          │ 街镇网格化分中心 │
│  (查处、办理)    │          │   (受理、立案)   │
└──────────────────┘          └──────────────────┘
```

图 9　社区网格图

　　从以上两图可以看出社区的组成部分和组织架构并不简单。其中,驻区单位还可以划分为商业楼宇、个体工商户、工厂、学校等不同单位。除了共同的社区公共产品之外,驻区单位不同,公共产品的类型也会有所差别。以驻区单位为学校的S街道为例，由于毗邻学校,S街道的道路上有不少占道经营的小摊贩,难以管理,给居民生活带来诸多困扰,干净舒适的环境是S街道居民迫切需求的社区公共产品。按照原有的解决办法，驱赶摊贩费时费力,是一种"矛盾转移型"治理。但是在充分调研和协商之后,学校食堂主动配合,为学生开放大排档,同时安排部分摊贩进入学校经营。每个街道和居民区的实际情况不一样，其具体提供的社区公共产品自然也就呈现出多样性。此外,最为重要的是社区公共产品自身的多样性。社区内部,从公共设施到特殊家庭需求,都可以被称作是社区公共产品。基层公共需求的多样性,决定了社区公共产品的多样性。

社区公共产品的复杂性和层次性,是其多样性的补充。大都市治理的上海,社区类型多种多样、外来人口较多、商业化和国际化程度较高,增加了治理难度。从公共安全到特殊人群照顾,再到国外人群的社区公共参与,大大增加了社区公共产品的复杂性。另一个是层次性,它取决于社区发育程度。在上海,新社区正在形成,老社区正在不断变化,社区呈现出一定的层次性。发展成熟,居住成员相对稳定的社区,其在解决居住环境和公共设施之后,参与需求和精神需求不断增加。因此,社区公共产品呈现出不同的层次性。

二、基层公共需求的阶段性差异

社区不是静态的,而是不断变化的。如果将上海城市社区看作一个整体,它可以划分为不同的历史阶段,其公共需求也会呈现出鲜明的时代特征。正如列宁所说,"在社会科学问题上有一种最可靠的方法……那就是不要忘记基本的历史联系,考察每个问题都要看某个现象在历史上怎样产生、在发展中经过了哪些阶段,并根据它的这种发展去考察这一事物现在是怎样的"①。上海经济改革、政府职能变革、社会结构转变的大背景,使社区公共需求呈现出阶段性差异的特点。从整体上看,社区公共需求大致可以分为三个阶段:经济需求为主阶段,环境需求为主阶段,参与需求为主阶段。

单位制的消解,使人们追求经济财富的愿望越来越强烈。知识青年的返城,首先要解决的也是经济问题,没有温饱和住所,城市的稳定就无从谈起。获得允许进入城市的农民,其择业的目的则在于获得更多的经济收入。因此,在这一阶段,社区的公共需求集中表现为职业的变动和就业的需求。在单位制时代,为了赶超欧美国家的工业化,中国实行的是指令性的计划经济,"备战备荒"的色彩也比较突出,经济发展追求的是钢铁的产量、重工业和军工设备的数量,轻工业发展没有引起足够的关注。上海的国有经济单位和集体经济单位,其产品也大多围绕重工业产品,只有小部分企业生产生活用品。

> 现在衡量经济发展的标准是人民币,用你们学理化一点的话说,叫作货币化收入。我们那时候不是这样的,生产生活用品的企业比较少,自行车、手表、缝纫机、服装,不能说没有,但是少得可怜。为什么那个年代的品牌大家耳熟能详呢? 其实是太少,就那么几家。当时隔几年提一次打仗什么的,大家的思维也有点紧绷。生活用品少得可怜,就业都是比较稳定的,单位招工的名额并不多。印象当中,农民是不能随便进城的,好像要有一个证明。改革初期,大家的就业还是大多集中在国有和集体单位,只有极个别的人到外资企业、合资企业上班。印象当中,农民进城、轻工业发展大概是 1994 年左右的事情,正是那时候,城市里允许私人做企业了,用工的地方多了起来,越来越多的外地人到上海。②

---

① 《列宁全集》(第 37 卷),人民出版社,1985 年,第 61 页。
② 根据 H 区 Q 街道办事处副主任谈话录音整理。

单位制原有的各种社会福利并没有一瞬间全部取消。从单位生活区到社区的过渡有一个过程，这时候整个上海的社区尚处于发育阶段。城市当中，绝大部分居民还是居住在政府直管公房或单位公房，整个城市的"邻里空间"①依旧是熟人构成的空间，相互之间依旧能解决不少小问题，如为老人服务、婴幼儿照顾等等。返乡的知青大部分被重新安排工作，也有部分加入到个体工商户的行列，抓住机遇，生活条件大为改善。进城务工的农民，则因为户籍各方面的限制，多是流动人口，改善经济条件是第一位的，其他需求并不多，也很少受到关注。总的来说，这一时期的社区依旧是熟人为主的"小型共同体"，经济需求，尤其择业需求是第一位的，其他基层公共需求并不突出。

第二个阶段是环境需求。与前一个阶段相比，这一时期，上海各单位之间劳动力自由流动，住房制度改革，工商企业数量迅速增长，外来人口融入。从居住形态上来看，城市已经从"熟人共同体"转变为"陌生人的社区"。同时，这一时期经济已经获得迅猛发展，大部分城市居民已经享受到改革开放带来的巨大物质成果。整体而言原有的社区中，择业的需求已经得到极大的缓解，劳动力市场已经形成，政府、市场和社会（社区）分立的格局已经显现。然而政府是有限政府，其职责有一定的范围；市场发挥配置的作用，更多地集中于经济领域。原有的生产生活一体化的格局，演变为相互分立的家庭，由它们构成社区。与"熟人共同体"相比，当代城市社区更大程度上是地理意义上的，其连接的纽带是"关联物权"，即共同的环境。但是也正是这一阶段，居民区内外的社区环境受到重视，城市管理综合执法队伍成立，城市环境卫生的地位提升。当然，不可否认，社区内部的基础设施这时已经得到重视，但是这一时期更侧重的是街区环境，即街道的干净与整洁。

第三个阶段则是参与需求。从整体上看，上海的大部分社区已经进入到

---

① 桂勇：《邻里空间：城市基层的行动、组织与互动》，上海书店出版社，2008年，第3页。

这个阶段,居民们不仅注重社区需求的满足,也关注社区需求的满足方式。从本质上讲,这一阶段的社区需求已经超越前两个阶段,进入到参与需求阶段。但是参与需求并不是自发的,它是随着社区公共议题而产生的。社会治理当中,公共议题的形成并不复杂,它往往伴随着居民区议论而起,解决的甚至是一块小型的公共用地。如果没有亲身参与或者是实地调查,不可能理解到它在居民日常生活中的价值和意义,从某种程度上讲,社会治理更多的是一种"日常生活的政治"。

> 明显的感觉到有不同,我做了将近30年的社区党支部书记……那时候户数少,党员不多,是党支部。现在党员多,每个小区都有一个党支部,我就成了党总支书记……最初的时候,居民都是邮电系统的,我们更多的是帮忙,传递工作和就业的信息,有时候也会帮助街道做些事情,忙的最多的就是工作。再后来,街道给我们的钱多了,我们就能拿着钱,做点事情,帮帮贫困户,做一点社区环境的改善,居民们也很高兴。现在确实有不同了,更多的时候,居民的需求得不断地去倾听,不断地观察,他们事实上是有参与需求的,特别想发出自己的声音……从居民区到街道,我们的联席会议等等,实际上就是声音的渠道……①

社区的形成和发展,带有深刻的时代烙印和城市变迁痕迹,社区公共需求自然会呈现出阶段性差异。

---

① 根据H区O街道Y社区党总支书记谈话录音整理。

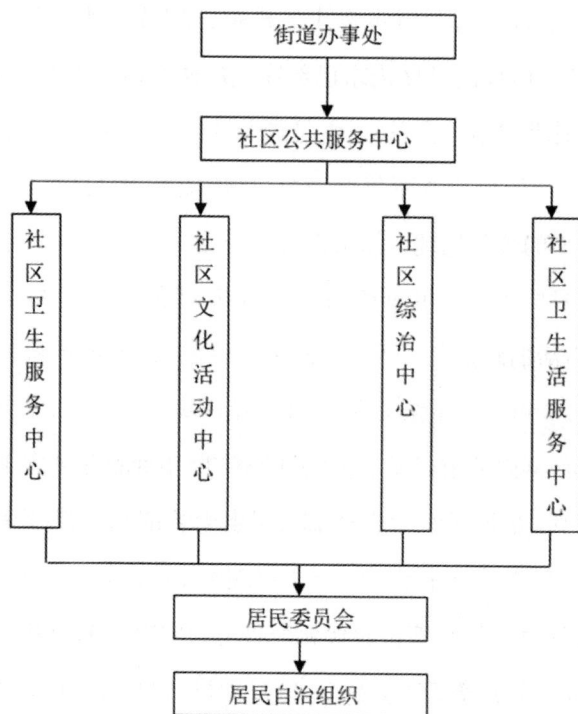

图 10　社区公共产品供给体系（部分）

三、供给差异的三个维度

社区公共产品供给差异，主要有以下三个维度：数量和内容差异；广度和深度差异；供给方式差异。

首先是数量和内容差异。不同的街道和居民区，其社区公共产品在数量上存在一定的差别。有的街道和居民区仅重视基本的公共服务和基础设施更新，其社区公共产品的种类和数量都相对单一，居民其他方面的公共需求并没有受到重视。但是有的街道和居民区，在重视基本公共服务和基础设施更新的同时，既注重居民的精神文化需求，也重视其参与诉求。居民自治和社区自治团队的组建，满足了居民在日常生活中的多样化需求。

其次是广度和深度差异。从广度上来看,部分街道仅能满足几个居民区的公共需求,利用超常规投入增加社区公共产品,忽视居民自治和社会力量的参与。部分包含若干小区的居委会也存在类似的情形。就深度方面而言,部分街道和居民区社区公共产品仅仅覆盖到部分群体,或者是比较大的一些方面,忽视其他群体和细微的需求。举例来说,一小部分居民区发动居民力量自己在楼道内进行绿化,设置一些方便设施,增加了楼道的温馨感。

最后是供给方式差异。在供给方式上,部分街道和居民区已经开始社会治理创新,重视居民自治和社会力量,能够充分借助社会组织和居民自治组织,以深入居民当中的方式来满足基层公共需求。另一部分街道和居民区,则继续沿用传统的供给渠道,利用财政资源进行基础设施的更新,没有起到培育居民自治、动员社会力量参与的作用。

第二节　项目制的角色与功能

一、科层制供给的补充

项目化是社区公共产品的重要供给方式,是"常规制"①供给方式的补充。在实践中越来越普遍。公共支出是区别两种供给方式的主要依据,常规化强调的是依据科层制的规则,进行持续地支出,在预算和决算当中,多指一般公共支出,最典型的如公务员工资。项目化则是对常规化的重要补充,它强调专款专用,打破了科层制的条块分割,突出了事项的作用。从当前的

---

① 周雪光:《项目制:一个"控制权"理论视角》,《开放时代》,2015 年第 2 期。

社区公共产品供给方式来看,项目化成了主要的供给方式,并且部分项目化支出已经变成经常性的支出,考核的时候突出其项目的专款专用性质。

项目化供给是"科层制供给"①的重要补充和发展。街道、街道中心以及作为街道助手的居委会,共同组成了一个科层制的供给平台。街道是城市基层治理的直接负责人,其治理范围覆盖众多方面,是社区公共产品的重要提供主体。同时,作为政府的派出机构,它也是政策执行的底层单位,直接影响到居民对政府形象的评价。因此,街道是城市基层治理的重要载体,是社区公共产品供给的重要平台。街道各中心和居委会是社区公共产品的供给平台,直接面向居民。街道各中心的设置,可以直接为居民提供公共服务,实现社区公共产品的平台化供给。以社区党建服务中心为例,除了办理党员相关的事项之外,社区党建服务中心也对居民开放。它为居民提供活动场地以及图书阅览、家庭纠纷调解等服务。居委会是社区公共产品的最前端,它既是居民自治的重要平台,也是街道办事处的行政助手。居委会直接与居民保持日常接触,最先了解到居民的公共需求,可以直接为他们提供相关的服务和产品。场地支持、社区活动、家庭事务处理等方式,是居委会直接为居民提供社区公共产品的手段。有条件的居委会为居民提供了活动室,为他们营造公共活动的空间;组织社区活动,满足居民的交往需求和精神需求,也大多由居委会承担;家庭事务的处理,更是居委会的工作职责之一。社区公共产品形式多种多样,是居民日常琐碎生活的直接反映,由街道、街道各中心和居委会组成的科层化供给,自然难以应对。科层化需要一套标准的流程,程序繁琐,层层审批,很难符合社区公共需求迅速变化的实际情况。对居民来说,社区公共产品是一种日常化的需求。复杂的办理程序、漫长的办理周期,是一种障碍。在这样的背景下,项目化的灵活性和考评的便捷性自然就会快速

---

① 陈家建:《项目制与基层政府动员——对社会管理项目化运作的社会学考察》,《中国社会科学》,2013 年第 2 期。

发展,成为科层制的重要补充。

项目支出和项目招标是街道供给社区公共产品的重要渠道。项目制灵活的操作和便捷的考核,使它受到街道的青睐,成为重要的供给渠道。在上海,各个街道的支出,都区分了基本支出和项目支出,并且项目支出呈现不断增长的趋势。目前,基本公共服务、社会管理性服务、行业管理与协调性服务、技术性服务、政府履职所需的辅助性事项等五个大类,都已经有项目化的操作,覆盖了社区公共产品的众多范围。从流程上来看,项目化操作包括"发包—竞标—承接—评估"四个操作环节。以 J 区 J 街道开展的"商圈白领课堂"为例,由街道提出为辖区内白领提供公共产品的构想,编制计划,由相关部门制作相应的采购计划,由街道负责发布,相应的社会组织负责竞标,由中标的社会组织负责承接。它按照一定的流程提供相应的社区公共产品,具体内容在中标之前已经确定。整个项目完成后,会由专门的机构进行评估。

表4　2014 年 Y 区 K 街道财政拨款支出预算表(部分)

支出 科技 科目名称	财政拨款支出		
	项目支出	基本支出	合计
一般公共服务	6700000	370000	7070000
城乡社区	4350000	54729660	59079660

单位:元

项目支出和项目招标的扩大,主要是有两方面的原因:基层治理技术的进步和街道职能改革。项目制本身就是一种"治理技术"[1],与常规制的治理模式相比,它的好处显而易见。常规制的财政支出是普遍的,经常性的,其治理绩效难以评估。加上各地的特殊性,基本上无法有效体现公共财政的价

---

① 郭琳琳、段钢:《项目制:一种新的公共治理逻辑》,《学海》,2014 年第 5 期。

值。但是项目制支出则比较灵活,它可以根据地方的实际情况进行调整。上海市基础设施的完善和更新,区与区不同,街道与街道有差别,每个居民区也有自己的实际情况,如果运用常规的治理技术,采用层层审批的办法,程序繁琐,周期太长,因此能够快速应对的项目制"治理技术",就因其灵活性备受青睐。城市社区其他公共产品的供给更是如此,公共需求多种多样,如果将审批权放在区一级人民政府,将会大大延长办事周期。街道职能改革之前,部分财政资金比较宽裕的街道,已经开始探索运用项目制来为居民区提供社区公共产品。J区S街道早在2012年就已经开始设立"两小项目",即"小小项目惠民生,小小项目显文明"。由居委会根据自己的实际情况向街道提出申请。街道职能改革以后,随着社区建设办、社区自治办的成立,项目化供给越来越普遍,成为社区公共产品供给的重要方式。

项目是居委会提供社区公共产品的重要手段。长期以来,居委会都兼具行政和自治双重色彩,它既是街道办事处的重要助手,也是居民自治的重要平台。"小微项目"是居委会改善居民区基础设施,提供社区公共产品的重要手段。街道职能改革以前,部分居委会已经能获得街道拨款,用以改善居民区的基础设施,提供相应的公共服务。街道职能改革以后,绝大部分居委会都能获得自治项目10万元和党建项目10万元的经费保障,有了自己的财权。公共财政是社区公共产品的重要支撑,居委会经费保障使其社区公共产品的供给能力大大增加。"小微项目"因其灵活性和速效性,成为改善小区基础设施的重要手段。不论是居委会干部按照自己的设想去改造居民区环境,增加公共空间,还是征求居民意见,满足紧迫性的公共需求,都是按照项目的流程来运转的。居委会自主掌握项目流程,自主设计,由居民进行评估。由于目前实施的"居财街管",自治项目和党建项目经费的使用需要由街道来审批,既是出于财务制度规范化的考虑,也是为了防止居委会干部滥用经费。当然,这也给居委会使用经费带来了一些不便。公共活动和自治团队的背后,也是项目化的运作逻辑。居民区公共活动的开展,需要有场地支持和相关的材料费用。活动精彩纷呈,从居民区文化节到小型的娱乐活动,几乎都离不开项目经费的支持。尽管大多数居委会都没有明确地列出支出目录,但实际上这些公共活动背后都是项目化运作的。社区自治团队也是如此,它的成长当然离不开社区骨干,但是倘若没有相应的场地支持和一定的费用保障,也难以运转。以 S 区 Y 街道 R 居委会洗衣队为例,它的成立是由居民区志愿者发起的,在运作上也几乎全是由成员自主管理,自主承担相应费用。但是不论是从老年居民那里收取衣物,还是利用居委会场地,实际上它都是以项目化的逻辑在运作。作为一种"治理技术",项目化治理并不同先前认为的那样产生种种弊端,相反,以项目为契机,精准满足居民的公共需求,反而成为提升居民自治的契机。基础设施改善、公共活动开展、自治团队培育,项目的灵活性和适应性发挥了重要作用。

项目是社会组织提供社区公共产品的重要机制。无论是政府孵化和培育的社会组织,还是志愿组织,他们提供社区公共产品都是通过项目。评估的便捷性和服务的精准性是政府和社会组织选择项目的重要原因。尽管政府规模是一个饱受诟病的话题,面对社会中复杂的公共需求,政府依然无力应对,它无法获悉精准的公共需求。这恰恰是社会组织的长处,它们都是从既定的环境中成长起来的,能够敏锐地感知公共需求,甚至了如指掌。资金来源问题,一直是社会组织发挥其功能的掣肘,而这恰恰是政府的长处,借助国家权威,政府能够建立起庞大的征税系统,获得公共财政。在现实当中,政府与社会组织之间是"合作治理"[①]。以 P 区 C 街道为例,该街道管辖的居民区大多属于混合型社区,治理难度很大,社区公共需求更是复杂多样,如何满足多元化的需求,成为街道和居委会开展社会治理的一大难题。C 街道

---

① [美]莱斯特·M.萨拉蒙:《公共服务中的伙伴:现代福利国家中的政府与非营利组织的关系》,田凯译,商务印书馆,2008 年,第 45 页。

与 S 大学开展合作,由 S 大学组成调研团队,负责摸排街道社会组织和居民区社会组织的实际情况,并对街道和居委会的供给能力进行评估。调研完成后,C 街道决定成立社会组织服务中心,充分利用原有的社会组织优势,精准满足居民的公共需求。C 街道原有的志愿组织和居民区自治团队尽管缺乏资金,却非常了解街道和居民区的需求,志愿服务能力非常强。与之相对应,C 街道及管辖的 35 个居委会尽管掌握不少公共资金,却因人员配备和专业性等原因,无法及时回应居民诉求。S 大学建议孵化和培育 C 街道的社会组织,增强街道社会组织的专业性,拓展居民区社会组织的范围,并且帮助其他居民区建立社会组织。这样一来,街道和居委会通过购买服务的方式,向居民提供社区公共产品。社会组织在获得财政资金支持后,其专业性也进一步增强,志愿能力也有所提升,居民区社会组织也成为重要的基层治理助手。项目连接了街道、居委会和社会组织,成为社区公共产品的重要手段,成为基层治理的重要技术。

当然,我们不能否认,在街道、居委会、社会组织(街道层面和居民自治组织)之外,居民、驻区单位、其他类型的社会组织也在提供社区公共产品,它们也不断地被融合进项目当中,在居民区产生社会救助、社会交往功能,成为城市基层治理当中不容忽视的力量。总之,项目作为一种"治理技术",在社区公共产品供给方面,地位越来越重要。

二、社区治理的新技术

社区公共产品的项目化供给拓展了政府的社会管理职能,是社会治理创新的重要手段。作为一种治理技术,项目化在城市基层治理,尤其是社区公共产品供给当中,显示出灵活性和适应性的特征。城市基层治理,本质上就是在满足居民不同层次、不同类型的公共需求,建立起现代化的治理体系,孕育出现代化的治理能力,为国家治理体系和治理能力现代化奠定坚实的基础。经历几次变动,上海市已经确立起"三级政府,四级网络"的城市治理体制,社会组织(区、街道、居委会孵化和培育)的治理功能也已经充分显现,快速、准确地回应居民诉求,满足居民的公共需求,需要一种新办法和新方式。项目制的灵活性和适应性,使它迅速成为城市基层治理的重要技术。对政府来说,它能有效弥补科层制的缺陷;对社会组织来说,它能弥补志愿失灵的不足,使社会组织获得充足的资金,进一步提升其专业性,扩大其服务范围。很大程度上,项目制催生了政府与社会组织之间的合作伙伴关系。

项目制也是城市基层政府转变职能,提升社会治理能力的重要手段。街道作为政府的派出机构,需要管辖几万甚至是十几万人口,其中包括企业、居民、学校等其他事业单位,其社会治理的难度自然不容小觑,快速满足居民需求的回应机制必不可少。以项目的方式,将资源下沉到居民区和社会组织是一种不错的办法。众多研究指出,城市基层政府规模很大,这与其治理下的人口和工作内容是分不开的,倘若没有有效的资源分配体系,城市社区公共产品很难到达居民区,到达有特殊需求的居民家中,社会治理将会留下众多矛盾。官僚制将资源集中到政府手中,再经由审批到达基层,这是现代政府通用的做法。托克维尔曾明确指出过这种体制的弊病,"我们看到政府实际上控制着城市一切事务,无论巨细。所有事务都须征询总督的意见,他对每件事情都有坚定意见,他一直管到节日庆祝问题"①。街道及街道各中心、居委会构成的科层制供给体系,尽管没有当时法国政府那样严密,但是其烦琐的程序、漫长的周期也足以使居民望而却步。资源必须下沉,"权力导致腐败,绝对权力导致绝对腐败"②,不受监督的资源下沉会产生灾难性的社

---

① ［法］托克维尔:《旧制度与大革命》,冯棠译,商务印书馆,1997年,第87页。

② Dalberg-Acton, John Emerich Edward, *Essays on Freedom and Power*, Beacon Press, 1949, p. 364.

会后果。项目制,既符合资源必须下沉的趋势,也符合监督要求,顺理成章地成为重要的基层治理技术,成为社区公共产品供给的重要模式。

项目制成为城市基层治理的重要技术,成为基层治理的突破点。一开始,项目制是中央政府与政府之间的一种治理模式,后来逐步扩展到众多领域,呈现出"项目治国"①的趋势。一个国家的社会治理,离不开其制度底色和历史背景。中国长期以来都是中央集权制国家,中央与地方关系的处理一直都是重要问题。毛泽东指出,"在巩固中央统一领导的前提下,扩大一点地方的权力,给地方更多的独立性,让地方办更多的事情"②。新中国成立以来,历经几次央地关系调整之后,项目制成为一种新的治理技术,它既能保证中央对地方的控制,也能充分发挥地方的积极性。这种治理技术被广泛地应用到绝大部分领域,城市基层治理自然也不例外。从社区公共产品供给的角度来看,街道除了依靠自身各中心之外,社会组织和居委会是必不可少的。街道与居委会(居民自治组织)和社会组织之间的关系是政府与社会,或者说是国家与社会之间的关系。"政治权力的过度使用,必然带来了政治权力结构和运作方式的畸形发展"③,如果对社会管理得过死过严,进行全面整合,全面动员,其革命化色彩过于浓重。但是事实上,进入执政阶段以后,国家的社会整合功能在于实现现代化。因此,在这样的背景下,如何处理政府与社会之间关系,成为当代中国国家治理体系和治理能力现代化的重要一步。因此,城市基层治理当中,项目制作为一种有效的社会治理手段,获得了广泛运用。

项目制是城市基层治理的突破点。新中国成立后,借助中国共产党的组织网络,中国完成了一系列重大转变,"在中国,组织化和社会整合是在党的直接领导和作用下实现的,组织的改造和再建是组织化和社会整合的基础,

---

① 参见渠敬东:《项目制:一种新的国家治理体制》,《中国社会科学》,2012 年第 5 期;周飞舟:《财政资金的专项化及其问题兼论"项目治国"》,《社会》,2012 年第 1 期。

② 《毛泽东文集》(第七卷),人民出版社,1999 年,第 31 页。

③ 林尚立:《当代中国政治形态研究》,天津人民出版社,2000 年,第 287 页。

而党领导社会的组织网络的形成是组织化和社会整合的关键，是根本之所在"①。因此，当代中国的城市基层治理离不开党的组织网络，也离不开政府、居委会和社会组织，实际上社会治理现代化就是理顺基层党组织、基层政府、社会(包括居委会和社会组织)之间的关系，重塑社区公共产品的供给机制，实现基层治理体系和治理能力的现代化。在上海市，这一目标被表述为"党委领导，政府主导，多元共治，居民自治"②。能有效完成这一目标的"延展技术"③，包括大众动员、代议制民主等技术。在迈向社会治理目标的过程中，项目制因其效率而迅速兴起。

项目制保证了"党委领导，政府主导"的治理格局。在中国，民主集中制政党——中国共产党，组织和整合社会，成为全社会的引领者。从革命战争时期开始，中国共产党在农村就建立起动员型的体制，将党支部发展到村庄层面。这种体制有效地满足了农民的需求，为革命提供了充足的资源。新中国成立后，为满足现代工业生产的要求，城市在生产上被组织为"单位制"，在生活方面建立起居民委员会。因此，从革命战争时期到现代化建设时期，党的领导是一贯性的。"中国共产党在革命斗争中的伟大历史成就，使得今天处在民族敌人侵入的紧急关头的中国有了救亡图存的条件，这个条件就是有了一个为大多数人民所信任的、被人民在长时间内考验过因此选中了的领导者"④，毛泽东这段话明确地指出了中国共产党在革命战争中的领导地位。政府主导，既是为了更好地体现其社会管理职能，也是为了更好地满足居民公共需求。没有政府的支持，城市基层治理不可能顺利运转，社区公共产品供给也不可能实现。政府以法律法规的形式，保障社区公共产品的供

①　林尚立：《当代中国政治形态研究》，天津人民出版社，2000年，第157页。

②　《中共上海市委上海市人民政府关于进一步创新社会治理加强基层建设的意见》，(沪委发〔2014〕14号)。

③　[英]塞缪尔·E.芬纳：《统治史》(卷一)，马百亮、王震译，华东师范大学出版社，2010年，序第2页。

④　《毛泽东选集》(第一卷)，人民出版社，1991年，第185页。

给,为城市基层治理提供物质基础;同时以行政的方式,准许或鼓励社会力量参与,为城市基层治理提供人员保证。项目制,直接适应现有的社会结构,并且符合社会整合的思路,能够在党的组织网络中顺利运行,并将其他社会力量逐步整合到党的组织当中,巩固了党执政的社会基础,保证了其领导地位。项目制本身就是政府掌握的资源向下分配的一种方式,它能监管资金的使用方向和使用范围,保证公共资源转换为社区公共产品,而不是流向其他领域,用作它途。这样一来,政府的主导地位也能够得到有效保证。

三、社会治理的新工具

项目制有助于实现"多元共治,居民自治"的治理局面。社会治理,不同于社会管理或社会调控。社会管理或社会调控强调政党对社会的整合和动员,强调国家和政府对社会的调控,服务于社会主义生产,增加"社会资源总量"①。社会治理,既强调"社会资源总量"的增加,也强调个人、社会组织与国家、政府、政党之间的互动,不同于以往借助公共权威直接进行社会调节。社会治理强调的是"党委领导,政府主导"之下的多元共治和居民自治,不再是简单的社会调控。因此,引导社会力量参与社会治理,引领居民自治,自主参与社区公共事务,是社会治理创新,加强基层建设的重点。这种情况下,政治权力不宜过度使用,科层制也无法有效引领社会治理,长时间大规模地投入也不现实,项目制则成为一个重要的突破口。街道层面设立的"社区基金会",就是以项目化的方式运作的,它不再像以前一样,给每个居民区都配置同样的资金,用于提供无差别的社区公共产品。每个居民区根据自己的实际情况,采用不同的办法,汇集居民的意见,提供真正符合居民需求的公共产

---

① 王沪宁:《社会资源总量与社会调控:中国意义》,《复旦大学学报(社会科学版)》,1990年第4期。

品。有的居民区需要改造垃圾厢房,有的居民区需要为老人提供爬楼的辅助设施,有的居民想成立"暖心角"(楼组自治),项目制能够快速地满足个性化的需求。当然,街道各中心的项目,居委会的党建项目经费、自治项目经费,部分居委会成立的"社区发展基金会",甚至是楼道成立的"暖心角",都在促进居民自治的实现。在这个过程中,社会组织、驻区单位也不断介入,相互联动,为多元共治创造条件。

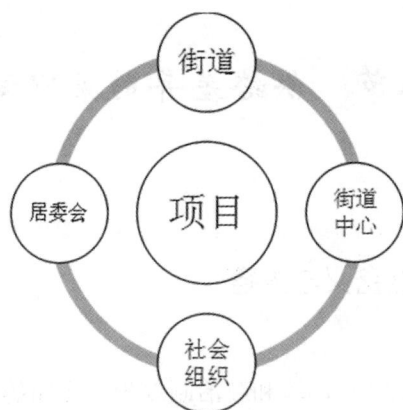

图 11　社区公共产品的项目化供给

当然,我们不能否认,项目制在城市基层治理当中也存在一定问题,比如它的监督问题、公共产品和服务边界问题等。因为是将项目资金下放,社会组织和居委会自主掌握经费使用,他们的负责人才更清楚公共产品的成本和作用,会有意识地选择对自己有利的社区公共产品。这个过程有可能会变成简单的公共产品输送,错失引导社会力量进入的机会,错过引领居民自治的重要时机。项目制是一种治理技术,其本身并无价值判断,关键在使用者自身,以及相应的配套技术。部分街道、街道各中心及居委会借助项目,已经走向了多元共治和居民自治的道路,社区公共产品供给充足,基层治理绩效取得显著成果。另一部分则将项目看作是拨款的渠道,尽管有社区公共产品供给,却得不到居民认同,基层治理绩效没有明显改观。除此之外,目前的城市基层治理以街道为边界,街道与街道之间、居民区与居民区之间、商圈与商圈之间则存在一定的缝隙,这也是目前项目制无力解决的。总之,项目制在城市社区公共产品供给当中发挥着举足轻重的作用。它使科层制供给体系得到改善,直接将公共产品延伸到居民区,大大增强了基层治理能力;以项目制的方式将驻区单位、社会组织、居民自治组织等力量进行有机融合,提升了居民的公共参与能力。

第三节 供给差异的集中体现

一、社区治理景观的含义与内容

社区治理景观是历史、环境和政治制度相互作用的结果,体现着国家和社会的关系。社区是城市空间的细胞,是居民生活的中心,是评价城市治理的直接载体,其治理成绩首先表现为"治理景观"①。这里的治理景观,指的是城市基层治理景观,不仅包括社区基础设施,也包含社区的人文风情。事实上,托克维尔在考察美国民主的时候,就注意到了基层治理景观,不同的是他观察的是乡镇,"乡镇是自然界中只要有人集聚,就能自行组织起来的唯一联合体……所有的国家,不管其惯例和法律如何,都有乡镇组织的存在。建立君主政体和创造共和政体的是人,而乡镇却似乎直接出于上帝之手"②。事实上,在现代国家,不论乡镇和城市街道,都会受到政府、政党的影响。亨

---

① 刘建军、孙杨程:《使基层治理运转起来:联动网络与中国社区公共物品提供》,《江苏行政学院学报》,2017 年第 5 期。

② [法]托克维尔:《论美国的民主》(上卷),董果良译,商务印书馆,1988 年,第 66 页。

廷顿就明确指出，"在大多数处于现代化之中的国家里……农村人口占大多数和城市人口的增长，这两个条件结合在一起，就给处于现代化之中的国家造成了一种特殊的政治格局"①。前面已经多次提到，"党治国家"，尤其是党的基层组织网络，是中国城市基层治理的制度底色和历史背景。与此同时，中国城市经历了独特的单位制时期，从"单位办社会"②不断发展到社区。即便到了今天，依旧有很多单位制时期的遗产，比如公房社区。市场经济推行的大环境，使城市基层不断发生变化。因为"市场能力"的不同，社区与社区之间，在基础设施和公共服务方面，已经产生了差距。从政治制度的角度来看，我国推行"基层群众自治"，让居民充分发挥自己的聪明才智，自己管理自己，城市基层推行的是"居民自治"，由居民自发成立居民委员会，"随着改革开放的深入，尤其是社会主义市场经济的建设发展，发展城市基层群众自治对中国政治发展所具有的意义将更加深刻"③。因此，中国城市基层治理景观是由历史、政党、国家、市场等几种力量相互塑造的，尽管处于底层，却是"中国政治建设的战略性空间"④。

社区治理景观体现了社区治理绩效，代表着社区公共需求的满足程度。城市的街道规划、景观布置以及居民区内部的公共花园、私家阳台等硬件设施，是社区景观的直接载体。街区规划和景观布置主要是由政府做出的，从它的外观和便民程度可以很直观地观察到城市治理逻辑。斯科特指出，过于注重几何规则的城市规划，"失去了使人们觉得安逸的空间随意性，失去了非正式群体娱乐的场所和邻里的感觉"⑤。如果城市治理充分考虑到民众需求，那么街道规划一定会预留出相应的空间，留给行人，也会适当地保留街

---

① ［美］塞缪尔·P.亨廷顿：《变化社会中的政治秩序》，王冠华等译，上海人民出版社，2008年，第382页。

② 刘建军：《单位中国》，天津人民出版社，2000年，第187页。

③ 王邦佐：《居委会与社区治理》，上海人民出版社，2003年，第15页。

④ 林尚立：《社区民主与治理》，社会科学文献出版社，2003年，第312页。

角,为居民提供公共活动的空间。景观布置也是如此,尤其是在上海,其中心城区土地价格偏高,多以高层建筑为主,城市景观难以布局,必须要别出心裁,这样就为城市治理研究者提供了有效的鉴别工具。部分街道在布置景观时,会对居民进行相关调查,了解其需求,为居民活动预留相应的空间。因此,在上海街边的绿化带、街区内的小路、甚至是一面墙壁,都直接体现了城市治理的思路和绩效。

> 我们街道的规划具体是怎样来的,并不是很清楚。记得在道路整修的时候,负责园林和绿化的,专门找到我们,征求我们的意见。原来的道路是没有绿化的,行人通道也非常窄,两个人碰面走过来,几乎都过不去。现在好多了,我们提的建议他们还是采纳了的,现在的绿化已经不仅仅是绿化带了,也是散步的地方。我们这边是上海的老街区,人文气息很不错,新道路的整修带来了很多便民的东西。让人欣慰的是,我们有了自己的街边小花园。你知道的,这边房价是上海最贵的,真的是"寸土寸金",高层居民楼占大多数,居民们几乎没有活动的地方。街边小花园的修建,给了一个不错的活动空间。②

街区公共设施体现了政府供给社区公共产品的需求导向,居民区内部公共设施则体现了居民自治的成效,是社区公共需求自我满足的重要体现。在上海的部分街道,常常存在这样一种奇怪的现象,政府出资将某项基础设施修改或完善,不仅没有得到居民的赞同和欣赏,反而招来了居民的厌恶甚至是憎恨。世博会期间,H区政府为了美化社区环境,出资为居民购置了铁

---

① [美]詹姆斯·C.斯科特:《国家的视角:那些试图改善人类状况的项目是如何失败的》,王晓毅译,社会科学文献出版社,2004年,第73页。

② 根据H区J街道居民谈话录音整理。

制的"空调框",几年过去了,"空调框"已经老化,从高空坠落的话,后果不堪设想。街道主张居民运用自治的办法更新换代,却一再行不通。究其原因,就在于设计之初,没有考虑居民意见,换句话说,并没有将其转换为社区公共需求。与之相反,有的居民区则充分借助"社区骨干"的力量,将个人行动转化为社区公共活动。Y区Y街道G居民区的景观改造和环境改善,就经历了这样一个过程。G居民区的一户居民房屋面前有一棵大树,并且堆放有几个垃圾桶,墙壁旁边则有窨井盖。垃圾乱扔乱放,墙壁下堆放着废旧自行车,加上窨井盖的味道,影响了他家的生活质量。与其他居民家庭不同,经过家庭商议,他们决定自己改造居住环境。于是,通过家庭劳动,他们将大树下的建筑垃圾逐步清理出去,给窨井盖上面放了盖板,既不耽误市政维修,也拓展了活动空间。这户家庭没有满足于垃圾的清理,他们在大树下种上草坪,买来方便老人休息的板凳,修建了一个"树荫花园"。在阳台上安装了花篮,阳台下买来了遮阳伞和桌椅,为楼组居民打造了一个"安心驿站"。居委会发现这些事情以后,也主动加入到改善居民区环境的队伍当中来,号召大家保持环境卫生,设计小花园,社区景观有了不小的改善。因此,居民自治是改造社区景观不容忽视的力量。

社区治理景观,不仅包括硬件的基础设施和生活环境,更重要的是社区民情,主要包括社区公共需求的满足状况、居民的满意度、对社区的认同等。我们不能理所当然地否认经济因素对城市基层治理的影响,从整体上看,大部分街道都具有相似性,其差异性并不是特别显著。这为我们寻找社区治理景观差异背后的原因提供了有益的条件。马太·杜甘认为,"人类的思想在本质是比较的。将一些人、观点和制度同其他人、观点和制度进行比较是再自然不过的事情。我们通过参照系获得知识。科学比较也是如此,尽管它要求更加复杂的知识工具"①。社区治理景观的比较是最直接的。外在景观的差异

---

① ［法］马太·杜甘:《国家的比较》,文强译,社会科学文献出版社,2010年,第7页。

可以直接观察,内在民情的差别,在掌握城市基层治理的相关知识后,也可以被感受。相邻的两个街道,处理同一件社区事务,这种比较更直接。Y 区 W 街道和 S 街道解决流动摊贩问题的不同做法,产生了两种不同的社区治理景观,为我们提供了非常不错的案例。两个街道的驻区单位内都有一所国内知名大学,为学校周边带来了市场经营的契机。但是流动摊贩占道经营,再加上食品安全难以保证,成为两个街道的难题。S 街道主动与 T 大学合作,经过充分调查后发现,学生需求无法满足是流动摊贩问题屡禁不止的根源。因此,S 街道与 T 大学合作,在校内开辟经营空间,满足学生需求。值得一提的是,对流动商贩,街道充分考虑了其就业前景,为一些流动摊贩提供就业培训机会,提升其职业技能,促进其再就业。这样一来,S 街道的流动摊贩就得到了圆满解决。与之相反,W 街道所在的 F 大学附近,经常采用驱赶追离的办法,在临近的两条路上来回转移。换句话说,学生需求无法得到满足之前,流动摊贩就一直有存在的空间。实际上,这就是两种具有不同风情的治理景观,一种满足了社区公共需求,另一种则不能提供相应的社区公共产品;前者代表的是需求满足型治理景观,后者体现的是矛盾转移型治理景观。

二、治理景观的三个层次

社区公共产品的供给差异直观表现为治理景观的层次化。所谓治理景观层次化,实际上就是社区治理阶段之间的差异。大体上,根据社区公共需求的满足程度,可以将社区治理景观划分为三个层次:矛盾转移型、需求满足型、多元共治型。

矛盾转移型治理景观是社区治理低级阶段的产物。毛泽东认为,"矛盾存在于一切事物的发展过程中,矛盾贯串于每一事物发展过程的始终,这是矛盾的普遍性和绝对性"①,社区治理的过程也充满矛盾。通过对居民的走访和了解,社区公共产品的供给主体能够获得相应的信息,使社区公共需求得到满足,这是社区治理当中正常的治理过程。然而并不是所有的街道和社区都已经完整地具备了社区公共产品供给主体。由于各种原因,部分街道和居民区仅有原有的组织架构,其社区公共产品严重依赖街道工作人员和居委会干部。一般来说,矛盾转移型景观主要有以下表现:社区基础设施破旧、缺乏居民自治组织、邻里交往不多、居委会展开工作比较被动、容易激发矛盾。矛盾转移型景观容易出现在人口密度大、人员结构比较复杂的社区。在核心城区,如果不注重居民需求,又缺乏社会组织和居民自治组织,很容易演变为矛盾转移型社区。

邻里交往和公共活动匮乏,是矛盾转移型社区形成的社会土壤。彼德·布劳认为,"社会关系不仅把个体团结成群体,而且也把群体团结成社区和社会。个体之间的交往势必被组成复杂的社会结构,社会结构又常常变成制度化,从而使组织的形式持久存在下去,远远超过了人的一生"②,公共活动在社会关系形成中非常关键。人口密集意味着社区公共需求众多,超过社区公共产品供给能力,但同时也意味着众多的社会交往关系。生产和生活的分离,是当代城市生活的重要特征,住房商品化更是强化了这种特征。也正是在这个意义上,社会学家认为现代社会是"原子化的个人社会"。的确,在中国乡村,共同的农业生产是天然的公共活动,加上血缘关系的作用,使乡村成为一个彼此熟悉的社区,正如费孝通所言,"乡土社会在地方性的限制下成了生于斯、死于斯的社会,常态的生活是终老是乡……这是一个'熟悉'的社会,没有陌生人的社会"③。当代中国城市则不是这样的,尤其是新型商品房

---

① 《毛泽东选集》(第一卷),人民出版社,1991 年,第 308 页。

② [美]彼德·布劳:《社会生活中的交换与权力》,孙非等译,华夏出版社,第 14 页。

③ 费孝通:《乡土中国 生育制度 乡土重建》,商务印书馆,2011 年,第 9 页。

社区，彼此之间是互不相识的，仅仅有"关联物权"这样的连接纽带，缺乏社会交往的条件。街道和居委会干部常常疲于应付分散的、个性化的家庭甚至个人需求，始终意识不到邻里交往和公共活动的重要性。事实上，正是通过邻里交往和公共活动，社区的社会交往逐步建立起来，他们彼此之间可以满足小的需求，在交往的过程中涌现出"社区骨干"，为居民自治组织的形成提供前提和基础。也正是这样的过程，使社区治理当中的小矛盾逐步化解，进入良性循环当中。现实的情况却是，街道和居委会不注重公共活动的开展，越来越顾不上社区公共需求，使社区在硬件和民情上出现"双重失败"。来自政府的压力和居民的需求，使社区治理者选择矛盾转移的策略。于是，我们可以看到这样的景观：居民区基础设施缺乏维护；几乎没有自治团队；社区工作者卖力工作，居民却依旧怨声载道；社区问题常常被转移到别的时间段或空间内。

需求满足型社区治理景观，是当前城市基层治理的主流。事实上，由于财政资源的下沉，仅有极少数的社区还处在矛盾转移型阶段，大部分社区都已经进入到需求满足型阶段。在这类社区里，社区公共需求，通过居民区调查或"社区诊断"的方法，已经有了大致清晰的认识。与上一类社区相比，需求满足型社区已经注重"治理技术"[①]的运用，有了大大的提升。事实上，"国家治理体系和治理能力现代化"当中，社会治理和社区治理是基础性的，其重要性并不亚于政府和政党治理。"麻雀虽小，五脏俱全"，目前城市社区的党组织和社会组织的大致情况如表5：

---

① ［英］塞缪尔·E.芬纳：《统治史》（卷一），马百亮、王震译，华东师范大学出版社，2010年，序第2页。

表 5　社区党组织和社会组织构成

名称	机构	管辖单位	成员
党组织	街道党工委	街道办事处党组	
		社区党委	区域化党建
			两新组织党建
			社区党建
社会组织	自治理事会	理事会各专委会	居民区团队
			街道各类社会组织

　　需求满足型治理景观的实质,就是借助现代信息技术和"治理技术",实现社区公共需求和社区公共产品的对接。对上海的大部分街道来说,社区公共产品的供给已经初步实现,但是离城市基层治理的目标还是有差距。社区公共产品的供给过程,不仅仅是财政资源的下沉,更重要的是社会力量的参与,使其通过"制度化参与"进入到城市治理当中。正如亨廷顿所言"现代政治体制与传统政治体制的差异在于权力总量的不同,而不在于权力分配的不同……而共产党人则强调权力'集合的'或'可扩张'一面。权力是一种必须被动员、发展和组织起来的东西,它必须被创造出来"[①]。事实上,需求满足型景观已经初步满足了居民的物质性诉求。但是正如人不可能只有肉体而没有精神那样,社区也有自己的公共诉求,它必须被纳入到现代政治体系当中,通过居民自治实现人民当家作主,即实现人民民主的目标。这也正是城市基层治理或社会治理,支撑国家治理体系和治理能力现代化的重要体现。经济发展水平较高,基础设施完善,使上海城市基层治理总体上进入社区公共需求满足阶段。目前,通过街道体制改革和职能变革,街道将工作重心放到社会治理方面,即社区、社会组织、社会工作者、驻区单位等主体上来,其核心是社区。由于城市规划和产业布局等方面的原因,街道与街道之间存在

---

　　① ［美］塞缪尔·P. 亨廷顿:《变化社会中的政治秩序》,王冠华等译,上海世纪出版集团,2008年,第120页。

着事实上的差异。有的街道毗邻商圈，商圈面积较大，几乎与居民区面积持平；有的街道毗邻众多生产企业，有着独特的资源优势；有的街道商铺众多，形成独特的治理经验。通过对他们满足社区公共需求的共同点进行总结，可以发现以下三个特点：

一是财政资源充裕；这个与上海的经济发展水平是分不开的，每个街道和居民区，依据自己的常住人口数量都会得到相应的财政支持。比较富裕的街道，除了常规的财政拨款以外，还形成了独具特色的资金使用方法，比如J区S街道就形成了"两小项目"，即"小小项目惠民生，小小项目显文明"，由居委会根据自己的实际情况申请。

二是注重单位之间的互动；不论是商圈比例较大的街道，还是生产企业比较多的街道，都注重相互之间的互联互动，通过"集资捐助"或者"党员认领公益"的办法，满足社区公共需求。

三是普遍采用现代信息技术；在上海，微信、手机应用程序已经成为社区治理的重要工具，借助这些手段，社区公共需求可以及时汇总，使街道、居委会、社会组织的行动更有针对性。H区甚至在全区层面建立起"基层治理数据库"，将社区信息全面整合，通过"工作日志"进行决策。

多元共治型社区治理景观，是城市基层治理的高级阶段。目前，在上海，仅有一小部分街道达到这种水平。2017年，《中共中央和国务院关于加强和完善城乡社区治理的意见》明确指出，要形成"基层党组织领导、基层政府主导的多方参与、共同治理"[①]的社区治理体系。在社区公共需求当中，社区公共服务占据了较大比重，并不是社区公共产品的全部内容。参与居民自治和社会治理，在这个过程中锻炼政治参与能力，并且形成制度化的参与体系，也是社区的公共需求。另外，"党委领导、政府主导、群众自治、多元协同"的

---

① 《中共中央国务院关于加强和完善城乡社区治理的意见》，http://www.mca.gov.cn/article/zwgk/topnew/201706/20170600004773.shtml。

社区治理体系,是社区公共产品供给能力形成的真正标志。城市基层治理,不仅仅是被动地满足居民公共需求,更重要的是通过基层党组织、街道、自治团队、社会组织、驻区单位等主体,创造性地解决新问题,提升解决问题的能力,实现"创新社会治理,加强基层建设"的目标。目前,已经有部分街道和居民区达到了多元共治的水平,为其他街道和居民区提供了学习和借鉴的经验。H区W街道在"多元共治"方面,有两个做法值得借鉴。

一个是成立了专门的"社区委员会",作为"社区代表大会"的常设机构,决策社区相关事务。需要指出的是,它是一个共治平台,是一个议事协调机构。社区代表涵盖了街道工作人员、驻区单位代表、居民代表、社会组织代表等,具有广泛的群众基础,为社区治理提供了一种新的治理技术。

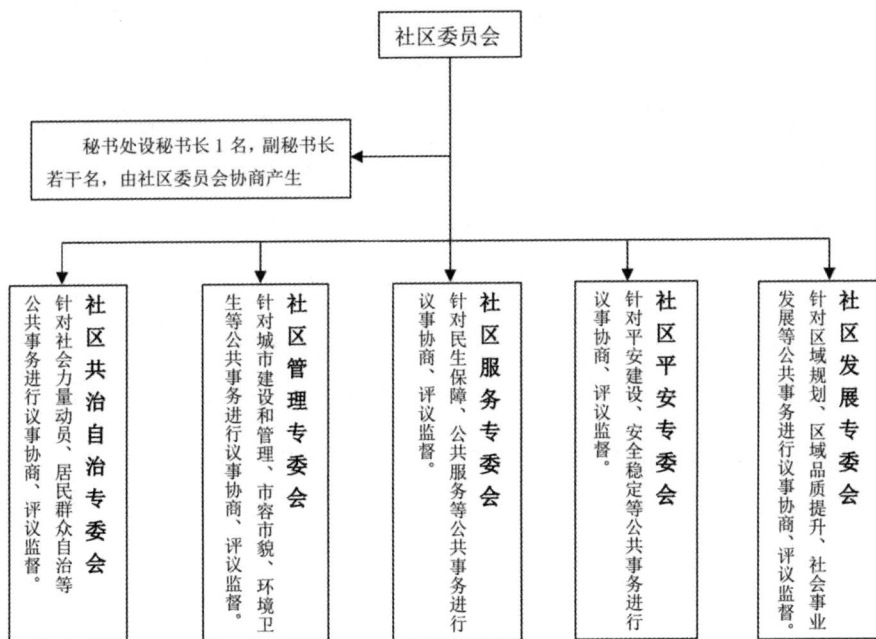

图12 H区W街道社区委员会结构图

另一个是街道层面成立了社区志愿服务中心,拓展了社会组织功能。根据上海市要求,以"枢纽型社会组织"①为先导,推动街道社会组织的发展。部分街道根据自己的实际情况,成立了"社会组织服务中心"。与之前相比,这是一个很大的进步。但是它忽略了居民区自治组织以及志愿者。事实上,社区志愿者的作用并不比社会志愿者小,在社区公共产品供给方面,他们还具有天然的优势。H区W街道的部分居民区,结合自己的实际情况,探索出了志愿工作办法。

> 我们街道情况比较复杂,有大学、中学和几所小学,还有众多商铺,分散在几个居民区。刚开始,我们并没有注意到这笔宝贵的社会资源,没有考虑到驻区单位和我们居民的志愿服务功能。后来,一些居民区将几个商铺结合起来,为我们的居民做些志愿服务,比如每个月免费为经济困难的老人理发,为他们送去一笔慰问金。我们的居民也会适当地为他们提供一些帮助,在居民区开展活动的时候,居民区也邀请他们一起参加。另外,我们也注意到大学生和中学生志愿者的作用,他们尽管不像社会组织那样,有大段的时间,但是可以"随手做公益"。当然,还有一部分社区志愿者,有的尽管没有注册,但实际上也发挥了不少作用。我们聘请了F大学的专业团队,对我们街道的社区力量进行了摸排和分析,也征求了居民的意愿,最后决定在街道成立社区志愿服务中心,整合志愿力量。这样一来,居民需求能够被更好地满足。在最近的测评中,居民总体上的满意度都非常好②。

---

① 《中共上海市委上海市人民政府关于进一步创新社会治理加强基层建设的意见》,(沪委发〔2014〕14号)。

② 根据H区W街道党工委书记谈话录音整理。

社区治理景观的三个层次,实际上是社区公共产品供给的差异,是满足社区公共需求的不同阶段。矛盾转移型社区当中,其社区公共产品的供给是严重依赖街道和居委会的,是相当被动的,忽视居民力量和社会组织的力量,遇到压力时,采取"转移"的策略;需求满足型社区当中,其社区公共产品的供给,已经注重采用新技术和新方法,搜集社情民意,适当地借助居民、社会组织、居民自治组织等力量,来满足居民的公共需求;多元共治型社区当中,基层党组织、政府、社会力量已经形成了一个良性循环,形成了"党委领导、政府主导、社会协同、公众参与"的治理格局。社区的多样性,使得社区治理也是多类型、多层次,社区治理景观也必然带有相应印记,过于细密的划分是不必要的。正如罗斯金所言,"没有一个指导原则而收集事实只会导致大量毫无意义的事实的堆积。理论固然会变得太复杂、太脱离实际,但如果没有哪怕一丝的理论视角,我们甚至不知道该问什么问题"[①]。总之,社区治理景观的三个层次,是社区治理绩效的直接体现。

三、社区治理绩效的考量

社区治理绩效是城市基层治理的综合考量,是社区治理的全面评价,是社区治理景观的深层次体现。社区公共产品供给差异,最终就是社区治理绩效的差异。社区治理的三个层次,也就是不同的社区治理绩效。帕特南认为,"好政府不仅仅是各种观点相互竞争的论坛,也不仅仅是人民不满情绪的回音壁;它是要实际解决问题的。一个好的民主政府不仅要考虑它的公民需求(即它是回应性的),而且要对这些要求采取有效的行动(即它是有效率的)"[②],

---

① [美]迈克尔·罗斯金:《政治科学》,林震等译,中国人民大学出版社,2009年,第22页。
② [美]罗伯特·D.帕特南:《使民主运转起来:现代意大利的公民传统》,赖海榕译,中国人民大学出版社,2015年,第15页。

他指明了制度绩效的实质,那就是更好地回应公共需求。社区治理绩效,实际上就是对社区公共需求的回应。因此,社区公共产品的供给差异实际上可以大致等同于社区治理绩效的差异。需要指出的是,回应上海城市社区公共需求的,不仅仅有政府,还包括政党、社会、居民。事实上,社区治理是国家治理的缩影。国家治理体系和治理能力现代化,就是要不断地理顺政党、政府、社会和居民之间的关系,形成"党的领导、政府主导、社会协同、群众参与"的治理格局。

社区治理绩效的考量,大致与社区公共产品的考量相同。首先是政党的领导作用。目前,上海开展了区域化党建和两新组织党建,即充分发挥党组织和党员在城市基层治理当中的作用。这与国外的城市基层治理有着明显的不同,正如斯考切波认为的,"负责行政管理的政府与负责决策、协调,以及监督的政党一起形成了一种有区别但是密不可分的组织层次体系。这一体系以北京为中心,中间经过许多层次,深入到每一个村庄、工程、学校和居民区"①。中国共产党的基层组织在城市基层治理当中发挥着重要作用。需要指出的是,斯考切波认为共产党组织体系的建立使得国家更加官僚化,并渗透到社会当中。不可否认,在改革开放前,政党几乎管辖了全社会。改革开放之后,政党作为政治性组织,其核心领导作用是不容忽视的。长期以来,西方社会科学研究者都将党的基层组织的建立,看作是对社会的侵蚀,认为党组织的建立对社会的控制更加深入。黄宗智认为,"皇权时代的国家政权虽曾企图,但从未成为像党政机构那样直接伸入自然村和每家每户的政权"②。但是同样不能否认的是,改革开放以来,党的基层组织是理解城市基层治理的关键线索。亨廷顿认为,"对于许多现代化之中的国家来说,这个公式是无济于事的。进行有意义选举的前提是要有一定水准的政治组织。问题不在于选

---

① [美]西达·斯考切波:《国家与社会革命》,何俊志等译,上海世纪出版集团,2015年,第314页。
② [美]黄宗智:《长江三角洲的小农家庭与乡村发展》,法律出版社,2014年,第165页。

举,而在建立组织⋯⋯但有一件事情共产党政府确实能做得到,那就是,它们能统治得住,它们的确提供了有效的权威⋯⋯对那些深受冲突和动乱之祸的处于现代化之中的国家,共产党人能够提供某些保持政治秩序的定心丸"①。党的领导保证了政治参与的秩序,扩大了"权力总量"。需要指出的是,在上海,目前党员不仅是重要的社会志愿者,也是"社区骨干",引领社会组织的成长,引领城市基层治理。

政府是社区治理绩效的重要影响者,是社区公共产品的重要主体。社会组织是其重要的"合作伙伴",政府与社会组织的合作,直接影响着社区公共产品的供给,影响着社区治理绩效。政府在城市基层治理当中,发挥着主导作用。首先是政府掌握着资源分配。社区公共需求的满足,很大程度上都是依靠政府财政资金来实现的。在上海的城市基层治理当中,政府掌握的资金主要通过三种渠道满足社区公共需求。第一种是街道直接掌握,通过拨款或申请下放到居民区。前面已经提到过,类似于"社区发展基金会(街道层面)"的做法,早在几年前就已经出现,由居民区根据自己的实际情况,向街道提出申请,用以满足居民需求。街道出资,建立"睦邻中心"或"社区邻里中心"做法也与此相类似,通常状况下,这类中心都担负着承接居民活动和孵化社会组织的双重功能。第二类是通过街道各中心购买公共服务,由社会组织承接。目前这种做法最为普遍,没有条件的街道也在创立"枢纽型社会组织",孵化和培育专业性的社会组织。需要指出的是,以往的研究都认为社会组织是弥补"政府失灵"和"市场失灵"的重要力量,但是经过仔细的研究发现,"志愿失灵"是大量存在的,如果没有政府资金的支持,社会组织几乎无法运转,即使在美国也是如此。因此,通过政府购买公共服务的做法,可以使社会组织更好地成长起来,建立"伙伴关系"。正如伯克认为的那样,"秩序良好的

---

① [美]塞缪尔·P. 亨廷顿:《变化社会中的政治秩序》,王冠华等译,上海世纪出版集团,2008年,第6~7页。

社会应该是一个伙伴关系社会"①。第三种渠道是"居财街管",即资金的使用权在居委会,管理权在街道,保证资金的规范使用。一般情况下,每个居委会每年得到两笔经费,即 10 万元自治经费和 10 万元党建经费。需要指出的,党建经费实际上也是用在社区公共产品方面,不同的是,需要党员发挥带头作用,成为"社区骨干"。

居民自治是满足基层公共需求的重要途径,对社区治理绩效产生重要影响。熊彼特认为,"公民都是有理性的,都意识到了自身的(长远)利益,都可以自由投票,政府则都是按照这种利益行动、表达意志的代表,这难道不是童话的极好例子吗?"②事实上,在任何社会里,权力都是通过组织来实现的,不同的是有的组织是自发形成的,就像托克维尔所言,"乡镇却似乎直接出于上帝之手"③。有的组织则是建构形成的,如共产党国家的组织体系。越是接近城市基层,这种组织上的差别就越明显。自由主义政治假设每个人都是平等的,按照自己的意愿结合为不同的组织,组成公民团体,形成"公民参与网络",这显然只是一种理论上的假设,忽视了其"小共同体"的残酷性。"美国的民主制并非由毫不相干的个人所集拢的沙堆,而毋宁是由极度排他性的、但完全自由成长的教派、社团与俱乐部所集结成的一个混合体;以这类团体为中心,个人本身的生活在此中进行"④,韦伯点明了美国自治的组织载体。因此,自治团体的形成并不是纯粹由毫无联系的个人组成的,它必须依赖组织才能存在。社会,与其说是由人组成的,不如说是由组成的团体构成的。在中国乡村,村庄由血缘和地缘连接,自发地组成共同体。在中国城市,居委会是建构性的,家庭与家庭之间并不直接存在天然的连接纽带,因

---

① [美]罗伯特·D. 帕特南:《使民主运转起来:现代意大利的公民传统》,赖海榕译,中国人民大学出版社,2015 年,第 132 页。

② [美]约瑟夫·熊彼特:《经济分析史》,杨敬年译,商务印书馆,1992 年,第 80 页。

③ [法]托克维尔:《论美国的民主》(上卷),董果良译,商务印书馆,1988 年,第 66 页。

④ [德]马克斯·韦伯:《支配社会学》,康乐等译,广西师范大学出版社,2010 年,第 423 页。

此城市社区没有乡村社区那般活跃也不难理解。但是从组织的角度来看,在城市社区中存在着两种组织,为家庭与家庭之间的交往提供了纽带,这就是社区党组织及居民委员会。自治并不是毫无约束的自由,"纪律和发展是携手并进的"[①],它必须要通过组织来实现。上海的城市居民自治也正在逐步地发展,已经往"再组织化"[②]的方向发展,楼组和自治团队数量的增多,使得组织体系更加完善,为居民自治提供了更多平台。目前,楼组和居民自治组织数量的增加,以及"三会制度"的完善,使居民自治更加完善,使城市基层治理有了重要保障。

社区公共产品的供给差异,有两种不同的表现形式,即项目差异和治理景观。实际的观察中,我们发现有的街道和居民区能够开展更多的项目;有的则很少,甚至是被动的开展项目。从社区治理景观上来看,则更加明显,形成了三个层次的治理景观。当然,社区公共产品的供给差异,本质是社区治理绩效的差异。为什么会形成社区治理绩效的差异呢? 或者说,为什么会形成社区公共产品的差异化供给呢?

第四节　供给差异的初步解释

一、既有解释的不足

大体上来说,影响社区公共产品差异化主要有以下几种解释:基层政治

---

①　[美]塞缪尔·P. 亨廷顿:《变化社会中的政治秩序》,王冠华等译,上海世纪出版集团,2008年,第19页。

②　李行等:《城市社区治理的再组织化——基于对杭州市社区治理经验的分析》,《中共中央党校学报》,2014年第2期。

制度、供给机制、经济发展水平、文化教育程度等。从上海市社区公共产品供给的角度来看，其基层政治制度和供给机制是相同的，社区与社区之间并没有明显的差别。当然，我们也不能否认，新成立的社区其组织机构还不够完善，与老社区相比，的确存在事实上的差距。但是这种差距其实表明了组织机构的作用，而不能作为一种影响因素。

经济发展水平对社区公共产品的差异化供给有一定影响，但并不是特别突出。"仓廪实则知礼节，衣食足则知荣辱"①，早在春秋战国时期，著名政治家管仲就发现了经济发展与社会治理之间的关系。如果没有一定的经济水平，社区治理是无从谈起的，更谈不上社区公共产品的供给。美国政治学者李普塞特认为，"随着国民收入的增加，消费品的分配也倾向于变得比较平均"②，这表明经济增长对家庭的影响。事实上，在社区公共产品当中有相当一部分是围绕家庭的，比如为老年人安装的便利设施，以及婴幼儿照料，甚至是家庭纠纷的调解。在这些方面，我们不能否认经济发展的作用。经济的增长，居民收入水平的提高，消费品的增加，是社区公共产品供给增加的大前提。越往前追溯，就会发现越是如此。财富的增长，为居民自治提供了良好的条件。目前，上海不少居民区面临着基础设施更新的问题，加上人口老龄化的原因，楼道电梯安装成为比较重要的社区公共产品。倘若放在之前，工业品不丰富，经济发展水平不高的情况下，这是不可想象的事情。尽管在具体的出资比例上有所不同，但是居民出资占较大比重是毫无疑问的。而且，也正是在这个过程中，邻里之间互相沟通，不断地谈判，增强了其自治能力。但是我们会发现，上海大部分城市社区之间，其经济发展水平差异并不是特别大。我们不能否认，在城市的某些街道，还存在着尚未进行改造的社

---

① 管仲：《管子》，中华书局，2016年，第2页。

② [美]西摩·马丁.李普塞特：《政治人：政治的社会基础》张绍宗译，世纪出版集团，2011年，第32页。

区,其生活条件非常差。然而我们也会发现,这类社区得到的政府救助、社会帮助是最多的。换句话说,他们接受到了相当多的"经济援助"。从社区公共产品的比例来看,这些社区与其他城市社区并无本质的不同。

经济因素在上海城市基层治理当中,并不是特别突出。前面已经多次提到,社区公共产品并不是只有硬件基础设施和物业服务,它实际上包含着众多其他服务,比如社区医疗、养老、婴幼儿照顾、治安、垃圾分类等等。这就意味着,经济因素可以在一定的领域内起作用,但不是全部。在实际的调研中,甚至发现了相反的情形,一些经济发展水平较高的社区,房价也相对较高,其社区公共产品竟然比较少,社区治理评价也比较低。一些经济发展水平比较低的社区,其社区公共产品竟然比较多,社区治理评价也比较高。为什么会出现这种经济水平与社区公共产品的"倒挂现象"呢?这恰恰表明了经济发展水平在上海城市基层治理当中的有限性。需要指出的是,上海市统一规定,"居委会工作经费不低于10万元……进一步加大对区县、街道乡镇、居民区各类服务群众资金的统筹力度,认真落实居民区服务群众专项经费"[①]。另外,党建项目经费10万元也主要用于提供社区公共产品,如"社区服务、自治项目、社区活动、临时应急、临时帮困、访贫问苦及楼组建设"[②]。值得关注的是,居委会的设置规模一般在1500~2000户,也相对比较均衡。"倒挂现象"的出现,财政资源的相对均等表明,经济因素在社区公共产品供给当中发挥着比较有限的作用。

文化程度的情形也大致与经济发展水平相似,有作用,但并不是特别明显。在实地的调研中,我们发现高学历人群对社区治理的要求较高,对社区公共产品的满意度偏低。以2016年12月份,对H区居民区随机抽样的数据来看,文化程度越高,对社区的满意度,即社区公共产品供给满意度越低。这

---

①② 《关于组织引导社会力量参与社区治理的实施意见》,(沪委办发〔2014〕43号)。

表明,文化程度高的居民比较注重城市基层治理,因而其对社区公共产品的要求也比较高。详细数据见表6。

表 6　不同文化程度对社区公共产品的满意度①

文化程度 / 满意度	很不满意	不太满意	一般	较为满意	满意
初中及以下	0.4%	1%	12.5%	25%	61.1%
高中或中专	0.37%	15.71%	0.35%	25%	58.57%
大专	0.85%	2.14%	14.29%	30.36%	52.36%
本科	2%	1%	20.07%	34.62%	42.31%
硕士及以上	1%	12.34%	13.33%	53.33%	20%

样本总量:423　有效样本:412

文化程度的高低与社区公共产品供给并无直接关联。文化程度高与社区治理要求呈正相关关系,并不意味着文化程度相对较高的居民区,其社区公共产品供给越好。实地的调研中,我们发现了诸如"白领社区"这样的高学历社区,其社区公共产品供给恰好为我们提供了一个比较好的观察样本。"白领社区"当中,硕士研究生及以上的居民占了相当大的比重,其基础设施和物业服务方面的社区公共产品,主要是由市场轨道来供给的。在邻里关怀、婴幼儿照顾、垃圾分类、社区活动等方面却不尽人意。一方面,"白领"的工作相对比较繁重,自然难以成为社区公共产品的重要参与者,其邻里交往和志愿活动自然也不会太多;另一方面,缺乏共同的社区议题和社区活动,使这些家庭缺乏社会交往,难以形成"共同体",整个小区缺乏互助和合作。与此相反,一些老公房小区当中,由于居民们之前在一起生产生活的时间比较长,成为一个"熟人社会",在居民区当中,家庭与家庭之间存在着相互的交往。尽管其基础设施没有"白领社区"优越,但是在垃圾分类、志愿活动、家庭纠纷调解等方面要远远好于"白领社区"。

---

① 根据 2016 年 12 月对 H 区居民区问卷调查数据整理。

相同的基层政治体制、相同的供给机制,经济发展水平和文化程度方面的解释又不是特别突出,是什么因素导致了社区公共产品的供给差异呢? 为什么会产生这种差异呢?

二、中西社会结构的比较

公民参与网络和"连带群体"是两种不错的解释,但在解释中国城市社区公共产品时,具有一定的局限性。帕特南解释意大利南北的制度绩效差异时,给出的直接解释是"公民参与网络"的不同。在南部一直没有形成公民参与网络,长期以来都缺乏社会合作;北部则恰恰相反,长期保留着一直以来的"公民传统",社会合作非常活跃。不难理解,帕特南认为产生这种差异的直接原因是"公民参与网络",其背后是历史上形成的"公民传统"。"公民精神强弱背景对制度运行的方式是重要的。到目前为止,解释好政府的最重要的因素是一个地区的社会政治生活接近公民共同体理想状态的程度。公民精神强大的地区在许多方面是很不一样的"[①],这样一来,帕特南在这里,形成了一个简单的解释链条,即"公民精神—公民参与网络—公民共同体"。蔡晓莉根据这一链条和中国农村的情况,也形成了自己的解释链条,即"伦理约束—非正式责任—连带群体"[②]。两者之间,相互区别,也有共同之处。

就区别而言,帕特南的理论渊源是公民共同体,包含公民身份、公民精神、公民文化等一系列概念。事实上,美国政治学者还专门运用调查研究的方法,区别了不同的政治文化,从政治文化的角度解释政治差异,其典型代

---

① 〔美〕罗伯特·D. 帕特南:《使民主运转起来:现代意大利的公民传统》,赖海榕译,中国人民大学出版社,2015 年,第 136 页。

② Lily L. Tsai, *Accountability without democracy:solidary groups and public goods provision in rural China*,Cambridge University Press,2007,pp.1-5.

表是美国政治学家阿尔蒙德。"公民并不是一个固定不变的政治角色。他很少在政治团体中积极活动。但是他认为,如果有必要他可以为了政治的利益推动他的普通社会环境。他不是积极的公民:他是潜在的积极公民……它们为卷入政治系统准备着人物;或许更重要的是,它们创造了一种较适宜于公民卷入和参与的政治环境"①,阿尔蒙德指出了公民文化对政治团体和政治环境的积极作用。与此同时,那些处于"臣民文化"的国家,其政治团体和政治环境是相对封闭的,民众参与政治受到抑制。很明显,"公民共同体"是公民文化的理想形态,是公民参与政治比较好的状态。事实上,"公民共同体"的传统可以追溯到古希腊,历经中世纪神学政治观的遮蔽,最后在"文艺复兴"时期重新得到发展,融入个人主义和自由主义的元素,成为西方世界的政治价值。

萨拜因这样描述"公民政治","如果说一个共同体或社会注定会包括大量的联合体(它们至少都是潜在的权力中心),那么根据什么条件才能对它进行统治呢?……与之相反,自由主义却假定,可以用更合理的方式使统治变成一个不断磋商、讨论和协商的问题,而且自由主义还坦率地承认这样一个事实,即国家只能满足于有限的目的并使用有限的手段"②。从这里我们不难看出,公民共同体强调的是一种组织内部的争论,帕特南将这一内涵扩大到"公民参与网络",认为公民精神和相互之间的合作不断塑造着"公民参与网络",从而使政治接近理想形态,形成"公民政治"。

与帕特南相比,蔡晓莉更多的是从责任制和乡村共同体的角度来阐释社区公共物品供给。当然,蔡晓莉的社区公共产品指的是村庄公共物品,与城市社区公共产品相比,有一定的差别,这里不做详细的探讨。她的核心问

---

① [美]阿尔蒙德:《公民文化:五个国家的政治态度和民主制》,徐湘林等译,华夏出版社,1989年,第527页。

② [美]乔治·萨拜因:《政治学说史》(下卷),邓正来译,上海人民出版社,2010年,第437页。

题是,为什么中国农村能够获得村庄公共物品? 这个问题的前提是自由主义当中的责任制政府理论,即选民通过选票监督政府,保证政府履行相应的责任。福山认为,"负责制政府意味着,统治者相信自己应对治下的民众负责,应将民众利益置于自身利益之上"①,蔡晓莉所指的责任制主要是通过选举程序来进行的,是英美政治制度的重要组成部分,在英美的城市基层,社区居民的选票非常重要,甚至可以说社区的选票影响着城市治理。因此,民主责任制对西方政治来说,具有非常重要的意义,这一理念被表述为"责任制政府"。

事实上,这一理念可以追溯到约翰·洛克,后来经边沁和约翰·密尔的发展,形成"代议制政府"理论。边沁提出了"功利自由主义",强调社会利益的重要性。"它们都是从'最大多数人最大幸福的原则'(the principle of the greatest happiness of the greatest number)派生出的。他们认为,这项原则乃是私人道德和公共政策的惟一合理的指导原则"②,从这里可以看出,边沁已经多多少少触及到了政府责任制。密尔明确地提出了政府责任制,他认为,"不难表明,理想上最好的政府形式就是主权或作为最后手段的最高支配权力属于社会整个集体的那种政府;每个公民不仅对该最终的主权行使有发言权,而且,至少是有时,被要求实际上参加政府,亲自担任某种地方的或一般的公共职务"③。

在密尔这里,责任制政府最好的形式就是代议制政府,公民可以通过选票或者是担任政府职务来监督政府回应公共需求。因此,我们也就不难理解西方城市当中的"听证制度"和"陪审员制度"。在中国农村,显然不是这样的

---

① [美]弗郎西斯·福山:《政治秩序的起源:从前人类时代到法国大革命》,毛俊杰译,广西师范大学出版社,2012年,第315页。

② [美]乔治·萨拜因:《政治学说史》(下卷),邓正来译,上海人民出版社,2010年,第362页。

③ [英]J.S.密尔:《代议制政府》,汪瑄译,商务印书馆,2009年,第13页。

代议制度,在蔡晓莉看来,这是一种没有民主的制度,事实上这是西方一贯以来的传统,他们将其称为"威权政体"。通过对村庄的分类,以及数学分析,蔡晓莉认为,中国农村公共产品的供给实际上是"无民主的责任制(Account-ability without Democracy)"。换句话说,是村庄共同体当中的伦理责任替代了民主责任制,即伦理约束使得地方官员向村庄提供公共物品。她区分了村庄的类型,指出了宗族村庄的重要作用,将其称为"连带群体(solidary groups)",有别于西方社会的"公民参与网络"。目前,国内有学者受到公民政治的影响,将中国城市社区称为"准公民社区"①。

　　帕特南和蔡晓莉的共同之处是理论渊源,即社会资本理论。该理论认为,人与人交往的过程中,不断地互动会产生相互之间的信任,降低社会交往成本,建立起互惠机制,包括均衡互惠和非均衡互惠两种类型。均衡互惠指的是带有直接回报的机制,一个人帮助了邻居,邻居也会帮助他。非均衡互惠则是一种不要求回报的机制,志愿活动是典型的例子,它并不要求直接回报。帕特南认为,意大利北部的社会拥有"公民传统",一直保持着相互合作的"公民精神"该地区拥有较强的社会资本,因而取得了较高的制度绩效。与此相反,意大利南方长期以来都是分裂割据状态,长期处于不信任文化的支配之下,延续着一直以来的隔离传统。南北对比,其差异在这种"公民传统",在公民精神集中表现为社会资本的差异。需要指出的是,帕特南将"公民传统"追溯到几百年前,没有"公民传统"的地区仿佛遭受了"历史诅咒"。蔡晓莉则运用社会资本理论解释了中国农村公共产品的供给差异,她认为,宗族村(即单姓村)的社会资本最丰富,因而也是伦理责任发挥最好的地方,被称为"连带群体"。相对的,宗教村庄和复姓村庄,其社会合作程度和伦理责任就不如宗族村,其他村庄和城市社区如同遭遇了"血缘困境"。

---

　　① 石发勇:《准公民社区:国家、关系网络与城市基层治理》,社会科学文献出版社,2013年,第16页。

个人主义假设是公民政治的起点，它限制了社会资本理论的解释效度。我们发现，不论是帕特南还是蔡晓莉，他们都把社会看作是由个人组成的。事实上却是，"'社会'事实上是一种抽象，对错综复杂的人类群体和社团交织而成的复合体的总称；人们所属的这些群体和社团，有的是暂时性和不重要的，有的比如家庭，则比任何政治组织存在的时间都长并且对于人也更重要"①。人是社群性动物，其生存离不开其他人的相互分工与合作。不同的是，东西方社会历经了不同的发展路径，带有各自的历史特点和特色。越往历史深处回溯，东西方社会结构越相似。在工业革命发生之前，社会都是由村庄和城市构成的，不同的是西方保留着贵族传统，阶级界限明显；而在中国，则是"家户传统"，地方上一直有乡绅，使村庄和城市社区成为一个"道德共同体"。工业革命之后，东西方都在经历"从共同体到社会"的转变，只是时间进程不同而已。西方经过资产阶级革命，逐步确立起自由主义的政治观，将个人主义和个人自由树立为一种普遍的准则。"公民"这个古希腊时期的概念，被注入了新的理念，成为个人主义和自由主义在现实政治中最基本的构成单位。从架构上看，整个西方政治制度就是围绕"公民"建构起来的，政党制度、选举制度、责任制政府等等，符合这一系列理念和原则的，被称为"公民政治"或"公民政体"。与之不同的现存的政体，被他们称为"威权政体"，似乎西方政体成为一种必然的、甚至是唯一的政治体制。社会资本理论显然为公民政治提供了一种更好的注解，个人与个人之间的合作，成功的制度绩效，使这一切看起来顺理成章。蔡晓莉"无民主的责任制"和"连带群体"变换了说法，指出中国也存在"社会资本"，只不过依旧是依靠血缘而已。然而社会真的是由理性的公民构成的吗？中国城市社区治理绩效的分化，城市社区公共产品的差异，只能用"社会资本"和"公民政治"的逻辑来解释吗？

---

① ［美］乔治·萨拜因：《政治学说史》（下卷），邓正来译，上海人民出版社，2010年，第435页。

显然不是,社会的基本结构是组织,不是像沙粒一样毫无联系的个人。只不过,美国人常常把宗派、社团与俱乐部看作是自然的东西,很少有人认真关注过这类组织。帕特南后来注意到这类组织的重要性,呼吁美国人重视邻居,注重社交的重要性。美国社会学家科尔曼将这类组织称为"法人行动者"①,与单个的"自然人"相区分。

当代中国,农村的社会结构保留着前现代的痕迹,毫无疑问具有血缘关系,甚至可以说是村庄共同体本质就是一个由血缘编织而成的家庭网络。在城市,改革开放之前,单位是一个由职业关系编织而成的家庭网络。乡村与城市,都有比较大的社会交往密度,自然地形成一个组织,几乎不需要专业的社会组织。换句话说,在改革开放之前,"村庄"和"单位"是数量庞大的"法人行动者"。改革开放之后,经济体制改革和住房制度改革,社区不断发展,涌现出不同类型的"法人行动者",承担起"单位"的功能。在当下,这些"法人行动者"实际上就是各种不同类型的社会组织,既包括正式注册的"法人团体",也包括非正式的社会组织,比如居民自治组织。需要指出的是,我们不能忘记历史背景和制度底色,中国共产党在国家治理当中居于领导核心地位,在城市基层也是如此。党的基层组织在城市治理当中同样居于核心地位。林尚立认为,"相对来说,对于那些以各级议员为轴心展开活动的政党来说,其基层组织建设的重要性相对弱一些;而对于那些以党的组织体系为轴心展开活动的政党来说,其基层组织建设的重要性则强一些。对中国共产党来说,基层组织是党领导与组织国家和社会的核心组织与根本力量,中华人民共和国成立后,中国共产党就是通过网络化的党的基层组织实现对中国社会的全面再造和整合,并由此建立了具有高度动员能力的一元整合体系"②。

---

① [美]詹姆斯·S.科尔曼:《社会理论的基础》,邓方译,社会科学文献出版社,1999年,第379页。
② 林尚立:《中国共产党与国家建设》,天津人民出版社,2017年,第273页。

改革开放之后,尽管经济体制和社会结构发生了重要变化,但是党的基层组织在城市基层治理当中发挥着重要作用。

总的来说,组织是社会的基本单位,东西方都是如此。不同的是,在西方其社会组织形态强调个人组成的"公民参与网络"。在中国,形成了以党的基层组织为核心的"联动网络"。

三、联动网络

除了公民传统,组织也能在社会治理当中发挥作用。"共产党的地区政府更成功是因为他们在肥沃的土地上耕种,而不是因为他们耕作的技术更好。真正的原因不在于他们是什么人,而在于他们在哪里……1975 年后,共产党加入了几个公民传统较差的地区执政联盟,这些地区的绩效实际上也改进了"[1],帕特南将意大利共产党执政地区的制度绩效成功归结于例外情况,转而采用公民传统来解释制度绩效的成功。实际上,帕特南企图解释的是意大利南部地区"集体行动何以成功"的问题,这也是中国城市社区公共产品供给差异问题的另一种说法。因为,我们发现社区公共需求被满足的好,治理绩效较好的社区,其党组织、驻区单位、社会组织是互联互动的,其组织成员之间也存在着频繁的交往。

帕特南认为公民传统保留下来的地区,也正是人与人之间社会交往密切、互惠比较频繁的地区,难道这仅仅是一种巧合吗? 科斯"企业的性质(the nature of the firm)"[2]为我们提供了一个有效的理论前提,即企业的成立降低了相互之间的交易成本。换句话说,组织的成立降低了相互之间的交易成

---

[1]　[美]罗伯特·D. 帕特南:《使民主运转起来:现代意大利的公民传统》,赖海榕译,中国人民大学出版社,2015 年,第 136 页。

[2]　R.H. Coase, the nature of the firm, *Economica*, *New Series*, Vol.4, No.16.(Nov.1937), pp.386–405.

本。如果说,社会资本是人与人之间的相互信任,那么这种信任首先是在各种不同类型的社会组织当中完成的。也就是说,社会资本的建立需要有一个非常重要的前提,即人处在组织当中。

奥尔森和埃莉诺·奥斯特罗姆的进一步论证,使这个理论更加完整。奥尔森认为,"小集团比大集团更容易组织起集体行动;具有由选择性的激励机制的集团比没有这种机制的集团更容易组织起集体行动"①。该理论准确地解释了公民参与网络和联动网络当中,众多组织成员之间相互合作的基础。埃莉诺·奥斯特罗姆则提出了这种合作建立的前提,即其中的三个难题"供给、承诺和监督"②,进一步证明了小型集团(组织)在相互合作方面的好处。因此,组织尤其是小组织在社会治理方面的作用才是最全面的。与其他政党相比,共产党的组织体系是建立到基层的,是注重小组织的。意大利的共产党在制度绩效方面的成功,不仅仅是因为他们在那里,更重要的是他们组织了社会,实现了社会的组织化。从功能上来看,它与公民参与网络当中的小组织具有相同的社会作用,都降低了人与人之间的交易成本,促进了制度绩效的成功。很明显,帕特南忽视了意大利共产党基层组织的能力,将这种成功归因于几百年前的"公民传统"。

联动网络是上海城市社区公共产品供给差异,也是社区治理绩效差异的初步解释。所谓联动网络,就是以中国共产党的基层组织、驻区单位、社会组织之间互联互动形成的组织网络。它是相对于"公民参与网络"而言的,是中国城市社区公共产品供给差异的直接原因。公民参与网络的形成,能够增进人与人之间的相互合作,促进制度绩效的提升。与之相比,联动网络的基础首先是"组织",公民参与网络强调的是人与人之间的关系,联动网络强调

---

① [美]奥尔森:《集体行动的逻辑》,陈郁等译,格致出版社,2014年,序第5页。

② [美]埃莉诺·奥斯特罗姆:《公共事物的治理之道:集体行动制度的演进》,余逊达等译,上海译文出版社,2012年,第49页。

的是组织与组织之间的关系。这是由中国社会的历史起点和制度特色所决定的,中国的社会革命是由中国共产党领导完成的,在全国范围内建立起了党的基层组织,形成了"党制国家"。"既要革命,就要有一个革命党。没有一个革命的党,没有一个按照马克思列宁主义的革命理论和革命风格建立起来的革命党,就不可能领导工人阶级和广大人民群众战胜帝国主义及其走狗"①,毛泽东指明了中国共产党在革命战争中的地位。党组织是居于领导核心地位的,是领导群众的主体。新中国成立后,党成为社会主义事业的领导核心,"中国共产党是全中国人民的领导核心。没有这样一个核心,社会主义事业就不能胜利"②。到改革开放时期,邓小平认为"在今天的中国,决不应该离开党的领导而歌颂群众的自发性。党的领导当然不会没有错误,而党如何才能密切联系群众,实施正确的和有效的领导,也还是一个必须认真考虑和努力解决的问题,但是这决不能成为要求削弱和取消党的领导的理由"③。事实上,"党制国家"的实质,就是中国共产党领导核心的巩固和发展。不论是在革命战争时期还是在社会主义建设时期,中国共产党都是领导核心。党的基层组织体系的存在和发展,是联动网络得以形成的主要原因,也是区分公民参与网络的重要标志。详见表7:

表7　联动网络与公民参与网络对比

	欧美	中国城市	中国乡村
理论	自由主义	马克思主义	宗族传统
形式	公民参与网络	联动网络	连带群体
约束	公民精神	组织约束	伦理约束
差异	个人	组织	共同体

---

① 中共中央文献研究室:《毛泽东著作专题摘编》,中央文献出版社,2003年,第1853页。
② 同上,第1864页。
③ 《邓小平文选》(第二卷),人民出版社,1994年,第170页。

"维持网络"的存在,使上海社区公共需求得到基本满足,使城市基层整体上处于需求满足型治理景观。在上海以及全国的城市当中,其基层组织架构大致是相同的,都是由党的基层组织、政府派驻机构、居委会、驻区单位以及社会组织构成的。然而相同的基层制度架构并不意味着相同的社区公共产品供给,或者说是相同的社区治理绩效。基层治理团队的数量和活跃程度、治理技术的运用、组织内部资源的使用、组织之间的联动程度,甚至是治理理念,都在影响着资源的分配,影响着社区公共需求的满足,影响着社区公共产品的供给。在上海,城市基层治理总体上处于"需求满足型"阶段,大部分社区都注意到现代信息技术和"治理技术"的重要作用。但是也有一小部分社区,尽管组织架构完善,由于工作思路和治理技术的欠缺,极为被动地满足社区公共需求,使社区积压了一定的矛盾,治理策略上采取堵塞的办法,将矛盾转移到不同的时间和空间上,既造成了资源的浪费,又使得群众"怨声载道"。对这类社区来说,需要的不是各种各样的制度创新和机制创新,挂出各式各样的牌子,而是转变治理理念,更新治理技术。可以采用"社区分析工具"①,或者聘请第三方专业调查机构,了解社情民意,将社区公共需求真正地反映出来;或者借助现代信息手段,比如微信群、手机应用程序等,运用"爬虫技术"将居民反应强烈的问题分析出来。在此基础上,再通过基层党组织、街道、居委会等组织架构,分配社区资源。

联动网络,是城市基层治理的高级阶段,是满足社区公共需求的初步解释。欧美城市,强调的是个人,其社会结构当中的"教派、社团、俱乐部"。通常的理解是,西方社会好像是松散的沙堆,实际情形却远不是如此,最初的强制或者说是义务的确立,正是由"教派、社团、俱乐部"组成的,正如韦伯所说,得不到这些社团承认的个人,很有可能会选择自杀。需要指出的是,这些

①　上海市静安区民政局:《静安区社区分析工具》,上海静安区居委会工作研究会,2017 年 7 月。

社团的成立,相对来说,是比较容易的。中国城市,则保留了相当程度的制度背景和历史底色,其基层社会经过了中国共产党的整合,历经了一次"社会组织化"和"单位化"的过程。社会组织成立和发展的背景,是不同于欧美社会的。党的基层组织、作为行政助手的居民自治组织——居委会、街道层面的社会组织、居民区自治团队,组成的一个有机的组织网络,其理想的关系被表述为"党委领导、政府主导、居民自治、多元参与"①。这种情形与西方是不同的,是"制度传统"的体现,而不是"公民传统"在发生作用。在社会交往的形式方面,中西方也产生了不同的形式。西方社会首先是人与人之间的交往,即人们加入教派、社团、俱乐部这样的社会组织,进而组成公民参与网络。在中国城市基层,组织,尤其是党的基层组织和居民自治组织,是制度化的产物,其地位和作用也是历史传统的延续。因此,组织与组织之间的关系,便被提升到非常重要的位置。组织的成立(包括政治组织),既降低了社会交往的成本,也意味着社会参与得有序化。从这个角度上看,西方的"公民组织"与中国城市基层当中党的基层组织、居民自治组织、社会组织,并无本质的不同,在治理绩效方面,他们能够达到同一层次。具体的比较可以参见图13:

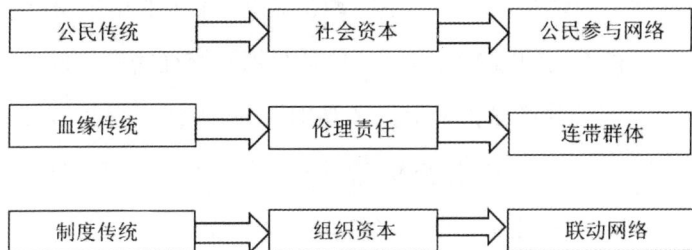

图 13　治理绩效解释机制对比图

联动网络是当代中国社区治理的制度特色,城市治理现代化的重要方向。组织之间的互联互动,构成"联动网络",它使城市基层治理绩效获得提

---

① 《中共上海市委上海市人民政府关于进一步创新社会治理加强基层建设的意见》,(沪委发〔2014〕14 号)。

升,是社区公共产品供给取得突破的直接原因。党的基层组织的核心地位,以及其在社会各行各业的普遍性,为相互之间的连接提供了"天然的"纽带。正因为如此,我们看到治理绩效突出,公共产品供给优异的社区,大都能够从驻区单位(国企、政府机关、有党组织的企业等)和各种基金会获得资源或是资源的使用权。换句话说,党内组织之间的联动,为社区资源的增加提供了有利条件。这正是制度传统带来的巨大优势,奥尔森认为,"在任何一种情况下,规模是决定个体利益自发、理性的追求是否会有利于集团行为的决定性因素。比起大集团来说,小集团能够更好地增进其共同利益"①。但是他忽略了"大组织是由小组织构成的,它为小组织之间的交往提供了便利"这样一个事实,实际上这正是组织带来的益处。毫无疑问,中国共产党是一个大组织,其组织体系覆盖全国,形成"党治国家"。这种组织体系在整合社会方面的巨大能力,已经被历史和现实见证。城市基层治理当中,党的基层组织可以将其辖区内党的下级组织、驻区单位、社会组织、居民自治组织等协调起来,共同满足社区公共需求。这个联动需要一个过程,需要一定的时间,需要"社区骨干"去激活。

城市基层组织体系(包括党组织、政府机关、企事业单位、社会组织)存在,产生了两种不同的组织网络。一种是组织间交往密度较低的"维持网络",为城市社区公共产品供给提供了基础保证,为社区公共需求的满足提供了底线。另一种是组织交往密度较高的"联动网络",为城市社区公共产品供给指明了发展方向,很好地满足了社区的多方位需求。

---

① [美]奥尔森:《国家兴衰探源》,吕应中等译,商务印书馆,1999年,第35页。

本章总结　社区公共产品供给的层次差异

党治国家的实质,就是中国共产党在经济、社会领域里的领导核心地位。体现到城市基层治理当中,就是党的基层组织的领导作用。不论在东西方,组织都是社会的基本单位。不同的是,西方的组织是教派、社团和俱乐部,其相互之间并没有紧密的联系。在中国,由于历史背景和制度传统等方面的原因,党的基层组织和党员在经济组织和社会组织当中都占有重要作用。这与之前高度的社会整合是不同的,是"组织的社会化"。组织与组织之间的交往和联系,在很大程度上转换为了党组织与党组织之间、党员与党员之间的联系。低密度的联系,在社区形成了满足社区公共需求的"维持网络"。缺乏治理理念和治理技术的小部分社区,无法使下沉的资源精准地满足公共需求,形成了"矛盾转移型"社区治理景观。大部分社区在"维持网络"、治理理念和治理技术的辅助下,形成了"需求满足型"治理景观。高密度的联系,相互关系的理顺,形成了"联动网络",使社区能够借助不同的组织获得更多的资源,增加其供给主体;同时能够借助社会组织和居民自治团队,精准地满足社区公共需求,形成"多元共治型"治理景观。

第四章　从单位到社区的供给转变

社区和社区公共产品的产生,是时代变革和社会发展相互作用的结果。正如马克思指出的那样,"物质生活的生产方式制约着整个社会生活、政治生活和精神生活的过程"[①]。社区和社区公共产品,是国家经济改革、政府职能变革和社会结构转变的产物。单位制时代,城市基层如同农村人民公社的设置,总体上遵循"一大二公"的原则,生活区由单位统一建设,生活所需也由单位发放。不可否认,这一时期邻里之间也存在"公共产品",但并不占据主流。单位制的消解,是社区的形成和社区公共产品产生的大背景。

第一节　社区公共产品出现的经济背景

一、社会治理基本单元的转变

改革开放前期,单位是城市最为重要的机体。一方面,它是社会主义制

---

① 《马克思恩格斯文集》(第二卷),人民出版社,2009 年,第 591 页。

度的集中体现,代表了工人阶级当家做主的阶级地位;另一方面,它也是集体主义思想的表现,是社会主义思想优势的明证。从一定程度上讲,单位是一代人共同生产、共同生活的产物。出于整合社会和经济管理的需要,农村的人民公社和城市的单位是计划经济时代的基础。城市经济和社会,首先被划分为各个主管部门,接受上一级政府的指令;其次被划分为生产生活相统一的单位;最后是家庭。由于住房统一由单位提供,事实上单位也像农村一样,构成"熟人社会"。同时,由于城市经济和社会生活是"有机团结",而非"机械团结"①,加上单位与单位之间的分割,人员流动性比较小,城市整体上依然具备陌生人社会特征。"局部熟悉,整体陌生"是这一时期全国城市重要特点,上海也不例外。

　　单位到企业的转变,改变了上海的基层治理格局。单位制时期,个人是高度依附于单位的,他的生产和生活离不开单位。反过来,单位也为个人提供相当全面地保障,可以说是"从摇篮到坟墓"。绝大部分单位,服装、食堂、住房等都能够自我解决,加上物资流通限制,商品经济和货币经济并不发达。但是随着改革开放的进行,尤其是市场经济改革,单位逐步消解,人与人之间的关系重新得到界定。单位向企业转变,使城市基层面临人口流动和就业压力。与企业相比,单位是相对封闭的,进入单位工作非常体面,甚至是一种荣耀。进入单位在很大程度上就意味着能够从单位获得各种资源和保障。同时,为保证公平,单位职工之间缺乏竞争,生产效率无法保证。正是在这样的背景下,单位逐步转变为企业,其自主经营、自负盈亏,破产制度应运而生。单位制时代,即使生产亏损,为了保证员工的生活,也会继续运营,由党和政府兜底。企业制度和破产制度逐步推开的过程,也是职工重新选择职业的过程,给基层带来了不小的压力。允许农民进入城市寻找务工机会,使流

---

① [德]裴迪南·滕尼斯:《共同体与社会》,林荣远译,商务印书馆,1999 年,序第 3 页。

动人口增加,带来了不小的治理压力。为了保持社会稳定,减少改革带来的阵痛,部分企业员工被分流到居民区,成为"五大员",即"宣传员、调解员、安全员、社保员、卫生员"。这一举措,充实了上海的基层治理队伍,也为流动人口的管理增添了力量。表8是上海主要年份国有单位工业职工人数的变化,从中我们可以看到单位改制的影响。加上其他行业,企业成为上海城市基层治理当中的重要主体。

表8　上海市主要年份国有单位工业职工人数①

年份	1978 年	1992 年	1997 年	2002 年	2003 年
人数	212.56	209.99	112.53	38.47	33.76

单位:万人

单位到企业的转变,改变了上海城市基层治理的方式。单位制时代,城市基层运转的主体是"单位"。尽管早在 20 世纪 50 年代,上海就已经建立起居民委员会,但随着"单位制"的推行,居委会实际上处于从属地位,在很大程度上,居委会是单位的延伸,更多的体现是单位当中的生活。需要指出的是,这种由同单位组成的居委会事实上组成了一个"熟人共同体",由于他们生产相同,地域相近,利益相连,结合成了一个生产生活融为一体的"小共同体"。

　　那时,很少谈城市基层治理,事实肯定是有的,只是那时候,我们既在一起上班,也在一起生活,住房由单位统一提供,邻里之间非常熟悉。我们有居委会,实际上居民事务的办理,大多还是由单位进行,我们也很少关注居委会。只是后来,单位改制,住房改革,我们这里面有不少人已经搬出去了,以前感觉像一个大家庭,现在缺乏那种熟识。不过,凡事总有个过程。②

---

① 根据《上海统计年鉴》整理。
② 根据 P 区 W 街道 W 村老人访谈录音整理。

　　单位制时代,每个单位就像一个"理想城堡"①。与千百年来中国农村的宗族组织相比,组成单位的不是血缘,而是业缘,但在诸多方面,它们也具有不少相似性。宗族是中国乡村社会的细胞,是乡村治理的重要载体。当然,由于战乱等因素的影响,不少村庄,尤其是北方,实际上已经不是纯粹的宗族村。但是它们会通过结义、姻亲等各种方式,组成类宗族的村庄。不可否认,单位无论是在规模上,还是在程度上,都不同于两种组织。在单位制时代,城市基层治理实际上被转换为单位内部关系,由单位统一协调基层的公共需求,可以简单地将其概括为"单位兜底"。但是单位向企业的转变使党政分开,城市的基层治理方式可以概括为"政府主导,组织(中国共产党的基层组织)兜底"。

二、经济管理手段的转换

　　计划是经济发展的重要手段,是经济落后国家实现赶超的工具。正如亚历山大·格申克龙(Alexander Gerschenkron)指出的,"落后国家的工业化发展过程便呈现出与先进国家明显不同的若干特点,这不仅表现在通常更高的发展速度(工业增长率)上,而且也体现在生产结构、组织结构以及制度手段等方面的差异上"②。正是因为生产、组织结构的不同,制度手段的差异,中国并没有沿袭英国工业革命的道路,而是通过社会的高度整合,实现社会的"组织化",即"单位化"。随后,依靠向单位下达生产指令,来完成相应的生产计划,这样一种经济体制被称作计划经济。毫无疑问,计划经济在国家经济发展初期,为经济发展做出了重要贡献。但是随着国民经济的发展,加上"一大二公"的制约,计划越来越成为一种束缚,严重制约了国民经济发展。

---

①　参见曹锦清等:《走出"理想"城堡:中国单位现象研究》,海天出版社,1997年,序第1页。

②　[美]亚历山大·格申克龙:《经济落后的历史透视》,张凤林译,商务印书馆,2012年,序第3页。

上海是改革开放的"桥头堡",引领经济体制从计划转向市场。市场经济改革首先从产业结构调整开始,从 20 世纪 80 年代初期开始,上海在保持重工业优势的同时,注重发展轻工业和第三产业,为经济的迅速发展提供产业前提。改革开放之前的经济发展,过于注重重工业,对轻工业和第三产业的发展不够重视,产业结构不合理,加上计划经济的管理体制,使经济缺乏活力。轻工业和第三产业的发展,为经济发展注入了新的动力,使上海经济发展和财政收入走在全国前列。全国农村经济体制改革解决了农村的粮食问题,保证了农村的稳定,为城市经济体制改革奠定了基础。随后,上海启动了城市经济体制改革,所有制结构发生转变。国有经济和集体经济"一统天下"的局面,转变为外资经济、合资经济、民营经济和国有经济、集体经济共同发展的格局。经济体制的管理手段从计划变为市场,市场主体大大丰富,城市经济格局发生改变。

表 9　1975—1995 年上海市工业经济情况类型表①

年份	合计	其中				
		国有经济	集体经济	其他经济类型		
				合计	外商及港澳台商投资资本 zibi 资	股份制
1975	420.37	386.06	34.31			
1980	598.75	526.94	65.58	6.23	0.29	
1985	862.73	672.87	164.40	25.46	3.04	
1990	1642.75	1114.46	287.05	241.24	89.61	
1995	5349.53	2028.45	926.85	2394.23	1496.96	409.04

单位:亿元

从计划到市场的转变,不仅是经济管理手段的变化,也是社会组织方式的转变。单位制时代,社会被高度整合,党组织、政府机关、企事业单位高度

---

① 《上海通志》,网络版:http://www.shtong.gov.cn/Newsite/node2/node2247/node4576/node79200/node79202/userobject1ai104090.html。

融合,只需要一套指令,就能够传递到基层。进入到市场经济时代,组织分化,经济组织之间并不直接存在互相统属的关系,社会治理理念需要转换,才能传递给不同的市场主体。市场主体数量的增加和类型的丰富,为社会提供了成长空间。在单位制时代,由"单位办社会"①,单位既是经济组织,也是社会组织,承担了众多民政职能,其公共需求由单位自行满足。进入到市场经济时代,企业是经济发展的主要参与者,其不再承担社会功能。单位的运行逻辑是"集体协作",强调的是整体。企业的运行逻辑是"效用最大",强调的是利润,这是两种截然不同的逻辑。经济管理手段的变化,增强了个人的自主选择权,使个人从"单位人"转变为"社会人"。单位中的个人,享有从工作到住房的各种保障,其地位优越性无可比拟。但是"一大二公"的管理方式,以及单位"大而全"的特征,常常使单位"入不敷出",严重依赖国家财政资源。事实上,这是一种不合理的资源配置方式。它既不能体现公平,也不能体现出效率。更重要的是,个人严重依附于单位、不论是通过招工还是毕业分配的渠道,可供个人选择的机会非常少。换句话说,离开了单位,个人已经被社会抛弃。经济体制改革,市场经济的发展,使个人可以在社会上自主选择就业,为企事业单位创造更好的经济价值和社会效益。与此同时,个人不再依附单位,摆脱了身份的限制,实现"从身份到契约"②的转变。通过法律来保证个人权利和企业利益,经济管理手段更科学。

经济管理手段的变化,促进了社会组织的产生和公共产品市场化运营。经济领域的改革,对社会领域产生了不小影响。单位不断消解以后,原来由单位承担的养老、婴幼儿照顾、就业安排等服务,不仅没有随着单位的消解而减少,反而不断增加。单位的消解、企业的产生和发展,正是旧共同体瓦解、新共同体形成的过程。不可否认的是,单位制作为旧共同体,既有"有机

---

① 刘建军等:《揭开"单位人"的面纱》,《吉林大学社会科学学报》,2016年第3期。

② [英]亨利·梅因:《古代法》,沈景一译,商务印书馆,2011年,第195页。

团结"的一面,也有"机械团结"的一面。"有机团结"的一面体现在它由众多的产业部门组成,相互依赖,具备现代城市经济的特征;"机械团结"的一面,则展现为它将工友关系和同志友谊转换为亲情关系,使单位成为一个"想象的血缘共同体",这种双重特征,使单位成为现代化过程中的重要经历。上海处在改革开放的前沿,其经济管理手段的变化、市场主体增加的速度很快,公共需求被迅速地释放出来。"市场社会包含了两种对立的力量,即自由放任的动向以扩张市场,以及反向而生的保护主义以防止经济脱嵌"①,这种情况下,社会的各个阶层都会参与到"社会保护"这场无声的运动当中。当然,由于这一时期国家对社会组织的管理还比较严厉,这一时期的社会组织数量比较少。需要指出的是,为加强基层建设,居委会的作用重新得到重视,上海建立起"两级政府,四级网络"的体制。市场理念的推行,也促进了政府思维的转变,部分区政府已经开始以市场化的手段运营养老院等公共设施。

三、城市基层治理的新形势

经济体制改革,是对经济运行模式的重大调整,直接影响了人民群众的生活。上海启动经济改革较早,涉及领域广泛,速度也比较快,对居民生活产生了不小影响。经济主体的增加,人们自主择业的自由,外资经济、合资经济、民营经济的快速发展,使劳动者的生产场所和身份发生了重大变化。改革开放初期,集体经济效益普遍偏低,加上破产大潮的来临,致使工人纷纷转向集体经济之外。一部分工人成功转移到集体经济之外就业,其经济收入不断提升;另一部分则转移到服务业等第三产业,转换了工作领域。此外,还有一部分由上海市政府统一安置,被充实到街道办事处、居委会,巩固基层

---

① [英]卡尔·波兰尼:《巨变:当代政治与经济的起源》,黄树民译,社会科学文献出版社,2013年,序第 31 页。

力量。"统一的工作场所,统一的生活空间"这样一种集体生活的模式,正在被分散的"劳动者家庭"取代,他们依旧是工人阶级,是社会主义制度之下的劳动者,其雇主从国家和集体转变为国家、集体、外商、私营企业主,收入和就业的差距逐步拉开。宏观经济体制改革和微观经济收入地变化,使居民生活也发生了不小变化。单位制时期,涉及公共需求的事项,都交由单位统一协调处理,现在则由上海市各级政府处理,街道办事处和居委会的功能和作用,也在这一时期逐步显现,成为城市基层治理的主要协调者和行动者。

其实,街道也是管理过集体经济的,只是后来几乎全部分流了,关注的人又不多,就以为街道在改革开放初期没有管理过集体经济。那时候,我们有专门的市场管理机构,也就是后来的工商所。那时候不像现在这样正规,当时开小商店、摆摊位都要到我们这边登记,经过我们的允许之后才能开张。集体经济的话,我们其实也只是一些小纺织厂、小商铺,跟现在不同的是,那时候新开的小商铺、摊位、市场都是以街道的名义办的,收入有一部分要上交给街道,实际上更像是承包制。返沪的知青、下岗的工人,我们没有办法安置,就在市场给他们摊位,让他们自己谋生活。再后来一点,就是大企业分流人员,到街道的少,大部分都是到居委会,成为消防员、安全员等"五大员"……街道职能最多,人数也最多的时候,就是在改革开放初期,我们既管经济,也管民政。居委会一开始、并不像现在这样是"行政助手",更像是单位生活管理者的角色。后来,随着"两级政府,三级网络"发展到"两级政府,四级网络",居委会的行政助手和居民自治平台才逐步成长起来。这是公共需求从单位转移给政府和社会的结果。①

---

① 根据 H 区 G 街道办事处干部录音材料整理。

改革使得城市基层公共需求出现了"双转局面",即满足渠道从单位之内转移到单位之外,满足形式从单位与邻里转变为政府、社会。对城市居民而言,改革的推行,实际上是生活方式的重大变化。如果说之前的生活是"共同的集体生活",家庭和社会的功能被单位取代,那么改革的过程实际上就是家庭和社会功能的回归。单位制既是一种生活管理手段,也是一种生活组织方式。基层的养老、婴幼儿看护、居民区内设施的更新、困难家庭的救助等等,在当下需要政府和社会相互协调,动用各种资源和力量来解决。在单位制时代,单位就是主要责任者,几乎不用花费协调成本,但是其专业性和效率难以保证。表面上看,目前上海市基层公共需求涉及到基层党组织、政府(街道办事处)、社会(社会组织和居民自治组织)、居委会甚至是居民个人,事实上这是经济发展和社会专业化的必然后果。

因为企业改制,我被分流到这个居委会,最开始负责的是民政和计生两条线。在企业的时候,我在后勤部门工作,跟居委会工作有一定相似性。如果要说感受,我觉得最大的差异就是企业是大而全,医疗、养老、婴幼儿看护、生活区基础设施更新、便民服务都是由单位承担。居民绝大部分都是一个单位的,人员流动性也不高,管理起来非常方便。不过那时候,物质相对匮乏,大家的经济差距也不是很大……我们这个居委会有三个片区,户数比较多,人口也多,加上流动性和外来人口,管理压力不小。单靠几个居委会干部,我们根本忙不过来,分成片区之后,我们再结合群众意见摸排走访,选出楼组长帮我们参与管理。你提到的养老、婴幼儿照顾、居民活动中心这些需求,首先是街道的服务中心会替我们承担一部分,那里有相对专业的社会组织。然后就是我们这边有比较小的场所,也可以为居民提供活动场所。最后一些居民想办法,开辟各种活动空间。①

　　总的来说,经济体制改革释放了市场主体,使生产和生活在空间上进一步分离,使基层公共需求成为城市治理的重要组成部分。尽管此时社区尚未真正形成,但是公共需求的出现,已经使社区公共产品的满足成为城市基层治理的内容。回溯这段过程,我们发现城市基层治理,尤其是城市社区公共产品供给,并不仅仅是基层政府和社区自己的事情,它受制于宏观经济体制的影响。经济主体的变革,管理方式的转变,不仅改变了经济运行模式,实际上也在影响城市治理,影响居民生活,影响社区公共产品的供给和满足。

第二节　社区公共产品出现的政治源头

一、市区两级政府的转变

　　经济运行方式转变的过程,也是党政分开,政府职能不断变革的过程。对上海而言,一直以来实行的都是市区两级政府。由于不同阶段的经济管理方式不同,市区两级政府的职能大小和范围也不相同,对区政府来说更是如此。改革开放以来,上海市区级政府的职能不断扩大,管辖范围也不断增长。改革之前,政府的经济职能和社会职能实际上就是单位的管理,按照不同的行业,社会被整合为单位,其自身已经构成一个“社会”,这与中国古代的宗族和氏族在形式上具有一定的相似性。马克思将这种不存在土地私有制的

---

①　根据 P 区 W 街道 S 社区居委会干部录音材料整理。

血缘共同体,称作"自给自足的公社"①,并认为它是理解东方社会上层剧变下层稳定的一把钥匙。韦伯也认为,"氏族共同体的发达抑制了中国社会的活力"②,使其难以走上资本主义的发展道路。不同的是,城市单位制和农村人民公社制是中国社会主义制度初期的探索,具有一定的特殊性。然而从政府职能的角度来看,城市单位制的确立过程,实际上也是政府权力集中的过程。换句话说,单位制确立之前,政府需要管理不同的企业、学校、居民,是一个比较复杂的过程;单位制的确立,则使政府需要管理众多比较大的单位。这样一来,区级政府的职能就会减少,其地位和作用也会不断下降,市级政府的管理和调控功能则不断增加。改革的推行则与单位制相反,其涉及众多领域,市级政府管理范围不断增加,职能也不断扩大。因此,上海市级政府也在不断改革,适应新的形势,打造现代政府。

表 10　上海市人民政府若干年份机构数量表③

年份	1949 年	1965 年	1975 年	1990 年	1999 年
机构数(个)	23	63	19	85	56

市级政府职能不断变革的过程中,区级政府也在探索与市场和社会的关系。在此过程中,其职能不断增加。改革初期,区政府职能的增加主要集中在经济领域。此时财政体制由之前的"上缴利润"改变为"财政包干,超收分层",实行责任经营。市场主体的增多,物资价格的"双轨制",使得政府不得不设立专门的物价局,以监管物价的快速上涨。同时,区政府及各组成部门,都有直接经营的下属工商业,这个改制过程也需要区政府不断改革,使自己

---

① 徐勇:《中国家户制传统与农村发展道路——以俄国、印度的村社传统为参照》,《中国社会科学》,2013 年第 81 期。

② [德]马克斯·韦伯:《经济与历史支配的类型》,康乐等译,广西师范大学出版社,2004 年,第 58 页。

③ 《上海通志》第六卷政府(下),第一节市政府机构,http://www.shtong.gov.cn/Newsite/node2/node2247/node4566/node79156/node79164/userobject1ai103370.html。

从既是"裁判员",又是"运动员"的矛盾角色,转变为专门监督和管理市场的机构。政府旧职能剥离,新职能不断形成,体现的最为明显。以上海市 H 区工业和商业两大产业为例。1984 年,随着全上海财政经济体制改革,街道所属工业统一划归区政府管辖,并成立了专门的管理机构,即区集体事业管理局。由于区属工业多是小型厂,且集中在电器和服装等领域,由于自身发展能力不足,效益不高。区里专门成立工业发展基金,帮助发展服装、电器等行业。截至 1993 年,区一级政府部门不断增加,相应的其下属部门的工业企业数量也有所增长,形成"部门与企业双双增长"的局面。

表 11 　H 区 1982—1993 年部分部门所属工业企业[①]

年份	工厂名称	所属部门
1982—1993 年	劳动服务公司	劳动局
	房屋修建公司	住建局
	建筑材料公司	
	合作联社	商业局
	民政工业公司	民政局
	教育工业公司	教育局
	商业生活服务公司	商业局
	经济技术开发总公司	区政府

从商业管理和体制改革两个方面,能够更明显地体现出区政府经济职能的变化。1979 年之前,商业管理体制大体上遵循"市管批发,区管零售"的框架,管理得过死过严,抑制了商业的活力,销售不对路,市场疲软。为了改变这种局面,商业管理体制改革经历了一个从不断放权,最终回归市场的过程,大致经历了三个阶段。首先是探索阶段,改变经营形式。上海市市政府的简政放权,将经营权下放到区公司,实行经理负责制。这一阶段,商业发展有所突破,各区形成了比较有影响力的商业网点和商业街。其次是承包租赁和

---

① 　根据 H 区地方志(电子版)整理,http://www.shtong.gov.cn/Newsite/node2/node4/node2249/node4418/node20200/node20800/node62854/userobject1ai8389.html。

自主改革阶段。这一时期,中小型商业企业和老集体企业实行租赁制和承包经营制,并且允许企业自主招工、用工,实行"六自主",即"经营活动、商品定价、劳动用工、工资分配、投资发展、机构设置"①六个领域自主掌握,企业已经获得了相当程度的自主权。这个过程中,管理商业的机构从区商业局最终变为区财政贸易办公室,其职能从最初的直接经营者,变为具有监督和管理的政府职能部门。

当然,上海市市区两级政府职能的增加,除了经济领域之外,也有社会领域。然而从根源上来看,改革的实质,实际上是对社会主义制度之下经济关系、劳动关系的重要探索。正如迈克尔·曼指出的,"经济权力是最嵌入日常生活的,也施加着循序渐进而旷日持久的因果压力"②。借鉴他的观点,我们会发现政府职能的变革,实际上是对社会生活的重新安排。在没有经济改革之前,国家实行的是高度集中的政治经济体制,城市生活被整合为单位的集体生活,工人依附单位,单位依附政府,政府的经济和社会职能融合到一起,很难分开,城市的经济和社会运行是"单位—政府"的简单模式。改革的过程中,在保证社会主义经济优势地位的同时,将高度整合的"组织化社会"转变为市场、社会相互分离的机制。党和国家领导体制改革的同时,政府的经济职能和社会职能也不断完善。总的来说,市和区两级政府职能改革,是城市基层治理的大背景,是社区公共产品出现的重要源头。

二、街道办事处的变革

街道办事处并不是一级政府,而是区政府的派出机构。上海市的街道办

---

① 根据 H 区地方志(电子版)整理,http://www.shtong.gov.cn/Newsite/node2/node4/node2249/node4418/node20200/node20800/node62854/userobject1ai8389.html。

② [英]迈克尔·曼:《社会权力的来源》(第一卷),刘北成等译,上海人民出版社,2015年,序第19页。

事处最早可以追溯到 1949 年 7 月,当时是区接管委员会的派出机构——区接管专员办事处。当年 11 月,出于巩固新成立政权的需要,全市范围内设立"冬防办",这时已经具备街道办事处的小部分职能。1951 年进行简单调整,到 1952 年,出台《上海市市区设置区人民政府办事处试行方案(草案)》,明确规定街道办事处不是一级政权,而是区政府的办事机构。至此街道办事处的地位基本确立下来。随后历经社会主义改造、"文化大革命",街道的职能主要围绕安全和经济两个方面变化。需要特别指出的是,1955 年全国人大颁行的《城市街道办事处组织条例》,指明了街道办事处与居民委员会之间的关系,为后来基层政权建设提供了法律依据和历史前提。改革开放初期,街道办事处职能恢复,到 1985 年由上海市政府赋予部分行政权力,管辖本地的行政。从体制上来看,街道属于条块集合的终端,是行政权的底层。根据 1987 年《上海市街道办事处工作暂行条例》的规定,街道办事处有权对辖区内的"五院一场一所"①,即派出所、菜场等机构和设施,进行监督。到此时为止,街道办事处并未获得行政处罚权,其主要职责是监督,协助区政府做好相应的行政工作。经过试点改革,1995 年确立"两级政府三级管理"的行政模式。至此,街道办事处的职能基本稳定,成为区政府的派出机关。

街道办事处是政府机关和居民之间的连接点,直接影响城市基层。改革开放初期,街道办事处掌握着部分中小企业,在单位制的大环境下,其职能并不突出,更多的是出于基层安全和辅助行政的角度考虑。但是随着改革开放的不断深入,尤其是经济领域的变化,市场主体的类型和数量大大增加,街道办事处的优势就明显地体现出来。不论是在市场管理,还是在维护社会稳定方面,与区政府职能部门相比,街道办事处能更好更快地反应。换句话说,街道办事处能够及时准确地提供基层公共物品。

---

① 《上海通志》(电子版),网址:http://www.shtong.gov.cn/Newsite/node2/node2247/node4566/node79157/node79168/userobject1ai103379.html。

　　街道办事处的职能并不是一开始就是这样的,我从1983年参加工作,一直在街道办事处工作,是比较了解它的变化的。为什么街道办越来越重要呢? 在我看来, 最主要的就是城市基层发生了翻天覆地的变化。市场活跃,知青返城,加上企业破产等等这些因素,城市管理非常有难度。当时的人口密度小,但是如何管理市场经济下的城市,尤其是基层,我们也不知道,真的是闯出来的。经济是比较重要的,我们最早做市场,给知青协调工作,寻找生存空间。再一个就是居民区的事情,因为当时单位还占据大多数,实际上我们分担的并不多。但这是个开始,从这时开始,我们注意到居委会跟以前不同了,得为他们提供资源了。①

　　上海市街道职能的转变,是城市基层当中政府和社会之间关系的探索。在单位制时期,"很多城市居民的心目中,几乎没有街道的存在"②,这是由单位的封闭性及其福利的相对完备造成的, 这一时期街道的地位和职能并不突出。但是随着市场经济的发展,生产空间和生活空间的分离,既有的城市管理体制已经不可能满足城市管理需求,必须将部分城市管理权下移,快速准确地提供基层公共物品。从既有的以市政府为主, 区政府为辅的管理结构,过渡到"两级政府,三级管理"的体制。这一时期的主要特点是以区为主,区街共同管理城市,即区政府职能部门让渡一部分行政权由街道行使,可以用图14表示:

---

① 根据H区W街道办事处副主任谈话录音整理。
② 郭定平:《上海治理与民主》,重庆出版社,2005年,第218页。

街道办事处	职务范围	各派出机关	区政府职能部门
办公室	绿地管理等	绿化队	区园林局
市政科	收集垃圾等	环保所 环卫所	区卫生局
民政科	社区服务	社区服务中心	区民政局
治安办	维持治安等	公安派出所	区公安局
文体科	街道文化等	社区教育委员会	区教育委员会
经济科	经济发展等	工商管理、税务所	区园林局

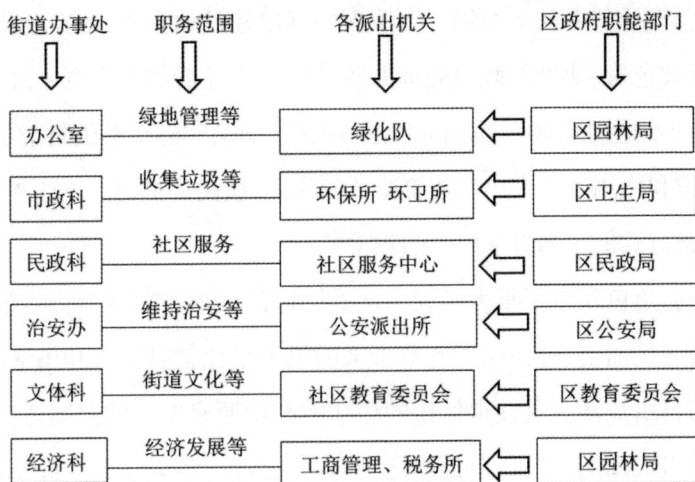

图14　20世纪80年代上海街道的双重管理体制①

随着城市管理任务的增多,街道双重管理体制的矛盾愈发突出。这种情况之下,街道的职能和架构重新发生了变化。其职能明确为:基层管理与服务、社会治安、民政、经济管理等,街道获得了更多的行政权。1997年,《上海市街道办事处工作条例》审定通过,将街道的职能和架构以法律的形式固定下来。事实上,建构以街道为中心的城市基层管理体制,不仅是城市管理模式的变化,也是对城市空间布局的认可。小型市场主体的活跃、居民区事务的增加、人员流动性地增强,使城市空间布局更加复杂。街道作为区政府的派出机关,通过居民会议、联席会议等形式,反映社情民意,更好地满足基层公共需求。

三、居民委员会的变化

新中国成立后,上海市废除了原有的里甲制,在城市基层当中,建立居

---

① 郭定平:《上海治理与民主》,重庆出版社,2005年,第219页。

民委员会,作为群众自治组织。由于巩固基层建设的需要,居委会从一开始就具备行政色彩,协助新政权处理冬防工作。在随后的社会主义改造中,也发挥了不小的作用。单位制确立以后,居民委员会实际上是依附于单位而存在,其地位和作用并不突出。随着改革的深入,居民委员会的地位提升,作用凸显,具备行政助手和自治组织的双重色彩。

居委会角色发生了重大转变,从共同体的依附者转变为公共服务的提供者。对居民而言,经济领域改革带来的最大变化就是生产和生活的分离,劳动力的自由流动。这使得城市的居住空间由原来单一的共同体转变为众多居住者组成的居民区。单位制之下的居住区内,绝大多数人都是同事,构成一个由熟人组成的共同体。这一阶段,城市居委会依附于单位存在,主要协助单位进行安全、民政、计生等方面的工作,绝大多数时候都是辅助性的,本身就是单位的依附者。改革之后,情形发生了重大转变。农村人口的流入、城市人口的内部流动、住房制度改革、物业服务的市场化,使居民区生活发生了不小的变化。按照属地,而不是完全按照单位来满足居民的公共需求,成为城市基层治理的一大特色。上海市的居委会建设也逐步纳入到政府视野当中,将基层政权建设划归到民政部门归口管理,众多需要由政府办理的事项,需要先经过居委会,治安消防、计生、民政以及部分家庭的公共事务,都需要居委会事先做出反应,它成为了公共服务者。

居民委员会是城市基层治理的起点,是基层民主的载体。"文化大革命"结束后,基层群众民主自治的问题受到党和国家的重视,居民委员会作为群众自治机构,很自然地成为基层民主的载体。为了规范居委会建设,更好地建设社会主义民主,结合《城市居民委员会组织法》,上海市出台了一系列相关规定,使居民委员会的设置、运行和管理更加规范。按照规定,城市居民委员会的委员应该经由居民会议选举产生,居民有权罢免居委会成员。事实上在上海居民委员会的选举大约涉及 1500 户左右的居民家庭,居民会议只能由部分居民参加,不过居民依然享有罢免权。在实际的情形当中,居委会干部的来源主要有三个:一个是街道办事处的安排;另一个是企事业单位的分流人员;更多的则是居民选举。三个渠道当中,一般都由离居民区较近的人员担任。居委会成员的工资水平不高,处理的事情涉及众多家庭,而且要承担起街道派遣的任务,所以居委会成员年龄偏高,且多由本小区内"热心人"担任。但是以居委会为起点,"民主选举、民主决策、民主管理、民主监督"的民主治理模式正在不断完善,民主政治正在不断成长。

居委会不仅是自治机构,也是行政助手。作为居民自治机构,居委会了解社情民意有着天然的优势,是巩固基层的重要载体,能够准确及时地汇集居民意见,使基层治理更有效,"城市基层群众自治发展将成为中国民主政治建设的重要资源"[①]。同时,作为街道办事处的助手,它能够适当承担部分行政任务,有效地缓解行政压力。在治安、民政、计生等领域,街道常常人手不足,难以全面地了解居民区和居民家庭的实际情况,必须要借助居委会。因此,居委会的行政助手功能也是自然的。如果比较来看的话,居委会的功能大致相当于欧美社区内部的小型公民组织。简单的成本很容易使人陷入误区,以为居委会的运作增加了行政成本。然而根据事实上欧美社会组织的资金来源,我们发现居委会更像是将社会事务以组织化的方式加以解决。不同的是,这一组织具有双重性质,既是自治组织,也是行政助手。

表 12　1990—2000 年上海市市区行政区划

年份	镇	乡	街道办	居委会	村委会
1990 年	13	13	130	2799	205
1995 年	60	32	106	3237	1010
2000 年	137	3	100	3490	1716

单位:个

总的来说,城市基层管理体制地变化,政府职能地转变,为随后社区公

---

① 　王邦佐:《居委会与社区治理》,上海人民出版社,2003 年,第 2 页。

共产品供给的一系列变化提供了体制上地支持。事实上,社区公共产品供给最初正是通过街道办事处、居委会以及其他机构分配到居民手中。可以说,职能变革是社区公共产品出现的政治源头。

第三节　社区公共产品出现的社会缘由

一、产权基础

以家庭为中介的土地使用制度和住房制度，深刻影响着城市基层治理格局。新中国成立初期,上海实行了一系列的土地和住房制度改革,建立起"政府直管"的公房制度,改变了原有的土地使用和住房制度模式。房屋公有的目的在于解决城市居民住房困难。从 1949 年到 1979 年,上海的公屋制度不断完善,房屋数量和面积大大增加,"新增居民住宅面积 1791.5 万平方米,是1949 年住房面积的 0.76 倍,形成了庞大的公有房屋体系"①。公屋住房体系主要包括两大组成部分,最主要的是"政府直管"公屋。顾名思义,政府直管,就是由政府负责筹备土地使用,负责建设住房,随后按照一定的价格统一安排给单位或居民使用,其产权和使用权都在政府。这种手段抑制了房地产市场的发展,却在相当程度上解决了居民的住房困难问题。另一个重要组成部分,就是"系统公房",即由单位、职工共同出资筹建的住房,其产权归属在单位,使用权归居民。住房制度改革之前,上海市的绝大多数房屋都属于公有房屋。加上单位对社会的整合,房地产市场没有形成得可能性。与欧美

---

① 上海通志(电子版),http://www.shtong.gov.cn/Newsite/node2/node2247/node4586/index.html。

社会相比,其房地产市场相对发达,加上劳动力的自由流动,社会呈现出高流动性特征,城市基层治理形成"家庭—社区—政府"模式;在中国则形成"家庭—单位—政府"模式,社会高度组织化,缺乏活力。在改革的大背景下,上海启动住房制度改革,开启房地产市场,为社区形成奠定了产权基础。

　　房地产市场的形成,丰富了社区的类型和数量,为城市基层治理带来了挑战和机遇。住房制度改革,实际上是房屋产权归属的重大变化。值得注意的是,土地所有制度并未发生改变,发生改变的是土地使用权。即便如此,房地产市场也展现出了前所未有的活力。首先是新社区的发育。住房私有化,居民可以自由购买房屋,自由择业,加上农村人口进入城市,由陌生人组成的城市社区成为可能。这与之前的逻辑大不相同,在单位制和住房公有制度之下,每个人、每个家庭都是单位的一部分,是固定的,缺乏流动性,是熟人社会,是小型的共同体。住房制度改革,却使流动性高的社区成为可能。如果说社区制当中,居民家庭之间联系的基础是"关联物权"[①],那么在单位制时代,家庭之间的联系纽带则是全方位的,既包括生产当中的同事关系,也包括生活当中的共享产权。现在,这种格局被打破了,一群自由择业的劳动者通过购买房屋,组成陌生人社区;加上租赁市场的完善,使得社区呈现出流动性特征。新社区的发育,使城市基层治理从静态管理过渡到动态治理。其次是社区融合问题。城市土地的使用和规划,房地产市场的买卖,加上原有公屋制度的改革,会使城市出现新旧融合问题。由于城市更新、商用地产建设等因素,使居民区内部既包含新小区,也包含老公房小区。在上海,老公房小区、新社区、混合型社区都存在。对混合型社区而言,其居民融合,社区参与,自组织治理都有一定难度。最后,社区数量的迅速增长,使基层公共需求增速提升。最直观的反映体现在人口密度方面。人口密度的增长,实际上就

---

① 刘建军:《居民自治指导手册》,格致出版社,2016 年,第 72 页。

是社区的增长,需要更多种类和数量的社区公共产品来满足。

表 13　1975—2000 年上海市市区人口情况表①

年份	户数(万)	户均人口(人)	人口密度(人/平方千米)
1975 年	145.83	3.8	39535
1980 年	157.96	3.8	37922
1985 年	197.39	3.5	19889
1990 年	250.71	3.1	10464
1995 年	329.88	2.9	4651
2000 年	404.17	2.8	2897

业主权利和"关联物权"是社区形成和发展的重要基础。住房制度改革,引起了物业管理的重大调整。在单位制时代,建立居民住宅和商业建筑需要由政府和单位承担,并负责筹集资金进行建设。住房制度改革以后,上海市逐步开放房产开发,使企业成为房产开发的主体,有了专门的开发商。它们负责在资本市场上筹集资金,向政府购买建设用地,建设楼盘,随后出售给购房者,购房者获得房屋产权,并拥有相应的产权证书。同时,政府直管公房和系统公房的使用者,因各种原因,获得公房使用权,也获得一定程度上的产权。当然,也有部分政府直管公房和系统公房,由于出资方式、维护使用的原因,最终由居民获得产权。开发主体的改变和房地产市场的形成,是物业服务市场化和业主权利形成的前提。1991 年,上海成立了专门的物业管理公司,标志着物业服务市场化进程启动,意味着业主权利行使的开端。但是房屋产权和物业管理当中,居民相互之间并不是彼此隔离的,更多时候他们相互分享公共空间,共同负责房屋维护和修缮,负责小区内设施的更新和维护。这种相互关联的产权,正是社区得以形成和发展的基础。

---

① 根据《上海统计年鉴》整理。

二、权利前提

择业自由是劳动力市场形成的前提，是中国社会结构转变的重要条件。韦伯认为，"他们不但在法律上可以自由地——而且在经济上亦须被迫——在市场上不受限制地出卖自己的劳动力。缺失此种出卖自己劳力的无产群众，而只有不自由的劳动者，则与资本主义的本质相矛盾，其发展亦不可能"①。尽管强调的是资本主义的本质，但韦伯依然揭示出了市场运行的重要条件，即劳动者自由选择职业的权利。但是在资本主义制度之下，这种自由是不可能的，无产阶级只能依靠出卖自己的劳动才能生存，这正是马克思所谓的"罗马的无产阶级依靠社会生活，现代社会则依靠无产阶级生活"②。在苏联高度集中的政治经济体制影响下，加上社会管理和经济生产的需要，城市单位制成为必然的选择。在为工人提供各种福利的同时，它也限制了劳动力的自由流动。伴随着经济改革的深入，企业的改制，人们获得了自主择业的权利，社会结构发生重大变化。

表 14　1978—2003 年上海市从业人员变化③

年份	职工人数	国有单位	集体单位	其他单位	国有占比	集体占比
1978	422.81	336.30	86.51	--	79.5	20.5
1983	483.01	377.52	105.49	--	78.2	21.8
1988	509.76	405.16	99.59	5.01	79.5	19.5
1993	409.35	352.47	84.69	53.19	71.9	17.3
年份	从业人员	国有、集体其他单位		城镇个体劳动者		
1998	828.35	433.12		9.27		
2003	792.04	436.48		355.56		

单位:万人,%

①　[德]马克斯·韦伯:《经济与历史;支配的类型》,康乐等译,广西师范大学出版社,2010 年,第 151 页。
②　《马克思恩格斯文集》(第二卷),人民出版社,2009 年,第 467 页。
③　根据上海市统计年鉴整理。

择业自由使社会结构从单位制结构转变为流动性社会。从表14可以看出，随着国有单位和集体单位的改制，绝大部分从业人员从固定的身份制员工转变为契约制的劳动者，实现了从身份到契约的转变。单位制时代，城市的空间形态被分割成不同的片区，由一个个大型的集体单位构成，单位如同"城堡"，城市是"城堡"的集合。住房改革和劳动力的自由流动提升城市活力，出现了商业中心。"1995年2月，四川北路市政设施改造（'437'工程）开工，对'三低'（煤气低气压、自来水低水压、供电低电压）现状进行改造，街景整治同步进行，9月，竣工通车"①。除了四川北路商业以外，H区还形成了大型的商贸圈，社会流动性得到一定的展现。商业街区的出现和发展，打破了原来相对封闭的格局，使街区形成了商住交错的局面。由此，上海城市空间格局从片区状转变为蜂窝状。换句话说，一个街区当中，可能既包含商业大楼、居民住宅、工业产房、学校等多元主体，这样多元主体的街区使城市形成蜂窝状格局。择业自由增强社会流动性，转变社会结构还体现在城市内外交通发展方面。单位制时期，城市交通更多地表现为企业之间物资的流动，城市之间劳动力的转移很少。进入到自由劳动阶段，国外劳动力进入上海，上海劳动力在城市内部之间流动，使城市内外交通呈现出蓬勃的发展趋势。因此，从整体上看，上海从原来静止的城市变为流动的城市。

城镇化进程中，农民职业选择在空间上从乡村转移到城市，这也是社会结构转变的重要表现。改革开放之间，乡村劳动力只能通过有限的渠道进入城市，其选择职业的自由受到严格限制。允许农民进入上海以来，城镇化进程加快，居民区也正是在这样的背景下不断变化，逐步形成多来源、高流动的社区。城市基层治理当中，尽管没有产权，农民也同样享有一定的权利，需要社区公共产品。

---

① 《上海市虹口区志1994—2007》（电子版），网址：http://www.shtong.gov.cn/Newsite/node2/node4/node2249/node82996/node83212/node83607/node83625/userobject1ai120149.html。

"个人—家庭—社区—社会"是现代城市的特点,这个基础就是个人权利的保障,其中最为重要的就是职业的自由流动。职业的自由流动意味着更多的社会流动,使更多的社会交往成为可能,能够使婚姻圈扩大到更远的地理范围,辐射到更广泛的社会关系,从而增添社区的活力。单位制居住区更多地呈现出封闭性,劳动力的代际更替局限于单位内部,婚姻圈也相对封闭,甚至形成了既定的"文化网络"。从短期来看,它符合社会整合要求使社会进入到高度组织化的状态,将社会和国家融为一体,构成"权力文化网络"。但从长期来看,它抑制了社会流动,缺乏效率,缺乏活力。因此,住房改革使家庭获得产权,择业自由使个人获得流动,成为形成社区不可或缺的因素。

三、社会组织的发育

任何社会都不是单纯由个人构成的,组织扮演着重要角色。不论是霍布斯所谓的"自然状态",还是洛克所谓的"公民社会",都不可能由个人直接契约组成社会,组织是社会的基石。正如摩尔根揭示的那样,越是往古代,血缘亲族的重要性就越突出。农耕社会当中,氏族和宗族扮演着重要角色。正如恩格斯所言,"商人对于从前一切停滞不变、可以说是由于世袭而停滞不变的社会来说,是一个革命性的要素"①。资本主义社会诞生以前,尽管农耕社会的政治体制千差万别,其社会结构的基本要素却是"村庄",印度是公社制传统,中国则是家户制传统。资本主义要素的发展,使家庭成为共同消费的地方,财富更多地来自于土地之外的经营,打破了乡村社会的"共同体传统",从"机械团结"到"有机团结",组成社会的基本单元从"共同体"转变为"社区"。与共同体不同,社区没有"血缘纽带",更多地是依靠教会、工作、兴趣、

---

① 《马克思恩格斯文集》(第七卷),人民出版社,2009年,第1019页。

邻里等相对较弱的社会关系组合而成。与此同时,现代社会的高流动性使它整体上呈现出"陌生人社会"特征,各类社会组织的成立和变化也相对较快。改革开放之前,上海的社会组织仅限于"工会、共青团、妇联"等组织,整个社会以中国共产党组织为核心,高度整合,缺乏活力。改革开放以来,上海市不断探索社会组织的管理,其作用越来越受到重视,地位也不断提升。社区公共产品供给和城市基层治理当中,形成党组织、基层政府、社会组织、居民自治组织、驻区单位的多元治理格局。

发展不平衡是上海社会组织发展的重要特点。改革开放之前,除了"工青妇"等组织之外,登记注册的社会组织主要是福利院等单位,而且几乎都是公办的。这一时期,市场交易几乎被取消殆尽,社会和政府之间的边界并不清晰,社会的自我保护功能无法显现。换句话说,国家通过对社会的重构,使单位成为城市社会的基本单元,在单位内部存在非正式的社会组织,这是不可避免的,比如邻里组织。随后,伴随着改革开放的进行,市场的功能和作用逐步扩散到众多领域,来自政府和市场的逻辑发现,有些社会问题既不能通过行政手段,也无法运用市场调节的方式来完成,它需要通过社会自身的力量甚至是政府、市场和社会三方的力量来解决。举个例子,居民区内部公共用地的用途问题,常常会涉及到众多居民的公共利益。市场调节机制在这里不起作用,政府也不可能直接进行干预,作为基层群众自治组织的居委会在解决这类问题有着无可比拟的优势。但是在2005年以前,社会组织的发展受到严格限制,增长相应变得缓慢。到2005年以后,社会组织的功能和作用重新得到认识,社会组织获得了一定的发展机会。这是符合现代社会和政治运行逻辑的,不论是政治权力的行使还是社会权威的影响,归根结底要通过组织来完成,社会组织以其专业化的水平,解决相对应的社会问题。这是社区发展的一个重要路径,没有社会组织,社会治理现代化就不可能完全实现。

表 15　1980—1995 年上海市公办社会组织①

年份	社会福利院	儿童福利院	精神病福利院
1980 年	9	2	3
1985 年	10	2	3
1990 年	15	2	3
1995 年	15	2	3

单位:个

表 16　1998—2010 年上海市民间组织状况②

年份	民间组织	社会团体	民办非企业	基金会	慈善团体
1998	--	4166	--	--	--
2005	7556	2952	4357	67	14
2006	7975	3075	4825	75	14
2007	8396	3220	5092	84	14
2008	8943	3409	5439	95	17
2009	9472	3512	5857	103	--
2010	10104	3634	6353	117	--

单位:个

　　需要指出的是,在上海,社会组织的成立并不是随意的,它由专门的负责机构—社团局负责,正式社会组织的成立、活动范围,都要经过备案。管理体制探索过程中,上海的部分区政府成立了社会组织服务中心,它具有双重功能。一个是社会组织的枢纽,孵化和培育其他社会组织。20 世纪 90 年代中期,上海的部分区政府已经开始探索购买社会组织服务,解决部分社会问题。随后的进一步实践,购买社会组织公共服务的流程和规范越来越详细,并且上升到全市层面。但是每个区街道都有自己的实际情况,其社会组织的发育程度、专业化程度都不相同。在此背景下,一些区和街道尝试设立社会组织服务中心(或者类似机构),专门孵化和培育枢纽型社会组织,通过枢纽型社会组织引导和培育专业社会组织的发展。从这里我们可以看出,社会力量受

---

　　①②　根据《上海统计年鉴》整理。

到重视，社会结构从原有的单一党政机关和单位制，过渡到复杂的社会结构。正如亨廷顿所言，"政府各机构和正在兴起的社会力量之间联系的建立，屡屡振兴了政治机构，而若没有这种联系，这种政治机构就会像欧洲的君主和贵族一样，丧失掉自己的权力"①。从表面上看，政府通过购买社会组织公共服务将部分权力下放给社会，但实际上正是在这个过程中，政府通过对社会组织的主导，使其更好地服务，获得了城市基层支持，从而获得合法性。同时，在此过程中，党的领导核心地位不但没有弱化，反而得到加强，通过对政府的领导和社会组织重要成员的领导，增强了中国共产党的阶级基础，也相应地扩大了其群众基础。

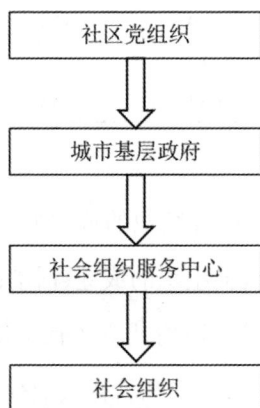

```
┌─────────────────┐
│    社区党组织     │
└─────────────────┘
         │
         ▼
┌─────────────────┐
│   城市基层政府    │
└─────────────────┘
         │
         ▼
┌─────────────────┐
│  社会组织服务中心  │
└─────────────────┘
         │
         ▼
┌─────────────────┐
│     社会组织      │
└─────────────────┘
```

图 15　政党政府社会关系简图

本章总结　社区公共产品的供给转变

经济改革、职能变革、结构转换是社区形成和发展的重要背景。城市基

---

①　[美]塞缪尔·P. 亨廷顿：《变化社会中的政治秩序》，王冠华等译，上海人民出版社，2008 年，第 103 页。

层治理的基本单元从单位转变为社区,治理的模式从"社会组织化"转变为"组织社会化",治理主体从一元化转变为多元化。社区公共产品是满足城市基层公共需求的产物,代表着城市基层治理绩效。上海市社区和社区公共产品供给,从"单位制供给"过渡到"制度化供给"阶段。所谓"制度化供给",就是主要依靠党的基层组织体系和基层政府来满足基层公共需求,其他主体很少参与。

在单位制时代,城市生活区是职业相关、居住相联、利益相近的邻里共同体。但是随着改革开放的深入,城市生产和生活区相互分离,社区不断形成和发育。基层公共需求不断聚集,满足方式也发生重大变化,由此形成社区公共产品的供给转变,即经济改革、职能变革、结构转换。

第五章　社区公共产品的制度化供给

　　社区公共产品是对基层公共需求的满足,科层制供给体系的建立,受到政党制度和国家制度的制约。中国共产党的基层组织体系在城市基层治理当中居于领导核心地位。换句话说,街道党工委和居民委员会在各自的层级当中,扮演着引领者的角色。政府在城市基层治理当中始终是主导性的,是社区公共产品供给体系的承担者。街道各中心是制度化供给体系的枢纽,它是上级政府职能部门提供社区公共产品的供给站,是满足基层公共需求的重要场所;也是基层公共需求的集中供给点,在缓解居委会压力,提供专业的社区公共产品方面不可替代。居民委员会则是社区公共产品供给的重要端口,一方面它是行政助手,制度化供给体系的公共资源最终要通过居委会才能到达居民手中;另一方面,它是居民自治组织,最接近居民,最能够反映基层公共需求。因此,社区公共产品的制度化供给体系可以简单地描述为:中国共产党基层党组织领导下的,街道、街道各中心、居委会全方位的供给格局。

表 17　社区公共产品制度化供给体系(部分)

党组织系统	街道职能部门	街道中心	居民委员会
街道党工委	街道领导机构	社区党建服务中心	宣传文体
	街道内设机构	社区事务受理中心	服务保障
	街道直属机构	社区综治中心	调解治保
		社区文化活动中心	妇女计生

第一节　作为引领者和供给者的基层党组织

一、供给主体的增加

社区公共产品供给体系中,党组织居于领导核心地位,搭建平台是其组织引领功能的集中体现。街道党工委由街道行政党组和社区综合党委两部分组成。其中,街道行政党组是行政机关的领导者,主要保证党对街道行政机关的领导。社区综合党委则主要服务基层,领导街道各中心、居民区党组织的工作,使其贯彻执行上级党委的政策。"这样做,有利于加强和改善中央的统一领导,有利于建立各级政府自上而下强有力的工作系统,管好政府职权范围内的工作"[①],改革开放后党政分开,党不再直接参与政府工作,而是通过政策、方针、路线来引导政府机关和其他组织开展工作。因此,街道党工委充分利用组织优势,搭建平台,扩大公共产品供给主体,更好地满足社区公共需求。

早在街道工作恢复初期,街道党工委就注重协调各方,解决居民区层面

---

① 《邓小平文选》(第一卷),人民出版社,1994年,第321页。

的迫切问题。但这一时期,由于街道办事处既要负责经济工作,又要担负起稳定基层,解决基层问题的职责,社区公共需求的解决更多地体现为财政资源的分配,平台搭建并不多。随着上海市对基层工作的重视,加上基层公共需求越来越突出,如何利用好街道自身资源解决基层问题变得日趋重要。这时候街道党工委的组织引领功能体现的更加明显。就全市层面而言,由于搭建平台工作主要在街道层面展开,其水平也就参差不齐,平台名称也就不统一。但这是改革开放后,党组织引领社会治理,发挥其组织功能,构建社区公共产品供给体系的重要探索,为随后上海市街道职能改革,"创新社会治理,加强基层建设"提供了经验积累。

总的来看,这一时期的平台搭建工作主要有两类:

一类是"党建共促会",这类组织最大的特点,就是把社区各个党组织集中起来共同提供社区公共产品,满足社区公共需求。"我们最初的想法也比较简单,当时并没有'区域'大党建这样的提法,这应该是后来市里总结的经验,把它正式化了。我们当时叫作'居民区党建共促会',还有专门的章程。具体的内容我记不清了,大概的东西就是把党组织整合起来,一起服务居民,有钱的出钱,有力的出力,有地方出地方也行。我们这边属于市中心区,土地出让金非常高,供居民活动的场所不多。有些单位有空闲的地方,就让我们利用起来。相应的,他们有些事情需要我们配合的,我们也会让居民配合。这个其实蛮容易的,作用也比较大,都是党内的组织嘛,大家坐到一起也好说话。"①

另一类是"联席会议",即党组织、街道下属的企业、街道辖区内的单位,以及居民代表等共同参与。"早在平台成立之前,我们街道就已经经常召集各方面的负责人和居民代表,大家坐到一起,共同探讨街道范围内的事情。

---

① 根据 H 区 W 街道党工委书记谈话录音整理。

社区公共需求嘛？以前街道也负责经济工作，我们也有招商引资的任务，还有工商管理所。商户希望有一个比较好的经营环境，居民渴望有一个好的社区环境，道路干净整洁，希望有些健身器材。这些要求之间，有的是统一的，比如治安环境。我们可以协调派出所、居委会党总支、综合中心，一起巡逻，让大家为治安共同出一份力。但是有的就不行，目标甚至是冲突的。比如说经营餐饮业的临街商铺，他们有时候用水、用电会影响居民，短期内又无法解决，必须要大家做到一起协调，双方互相让一让……我们这个联席会议还是起到不少积极作用的，实际情况不同，它的功能也不同吧，不能一概而论。"[1]

事实上，这一时期上海市的绝大部分街道都做了一定的探索，即协调辖区内党组织资源，共同提供社区公共产品；另一个协调辖区内非党组织，满足居民公共需求。正是这一时期的探索，为随后的社区治理和"一核多元"居民的形成奠定了基础。

二、枢纽的功能

在上海，绝大部分街道都有自己的"党建服务中心"，从其名称上判断，给人的直觉是党员活动的场所，主要目的是服务党员。但事实上，除了名称上的错觉之外，党建服务中心实际上是直接服务群众的场所。最初并不叫"党建服务中心"，其名称叫法在上海并不统一，最流行的称谓是"党建服务站"，顾名思义，是服务基层党建工作的，但从一开始它就对群众开放，直接服务群众。尽管名称有了变化，也增加了管理社会工作者（党员）的职责，但其三个功能并没有较大变化。只是由于上级党组织部门的重视，其经费得以增加，功能也更加完善。

---

① 根据 H 区 W 街道党工委副书记谈话录音整理。

第一个功能是提供活动场所。高额的土地出让金使上海市区内居民活动场所非常少,绝大部分居委会都是开发商配备的单元房,缺乏公共活动空间。党建服务中心一般都是标准配置,要有供党员学习的远程多媒体教室、图书馆等,其活动空间相对较大。另外,绝大部分党建服务中心都配置在居民区周围,大大方便了居民活动。

第二个功能是提供学习机会。一般来说,退休的党员干部都有较高的文化素质,其学习的理念也比较强。"党建服务中心"一般都配备有专门的图书馆和报刊阅览室,不仅对党员开放,也对居民开放。事实上,不少党建服务中心探索将"社区老年大学"放在"党建服务中心"内,既合理使用了资源,也扩大了党在群众中的影响力。以 H 区 O 街道为例,其社区老年大学的教师是退休的党员干部,几乎不需要拨付专门的资金。在课程设置上,也是先走访居民,有针对性地开设书法、绘画、刺绣、编织等课程。从这里看,党建服务中心既充分服务了党员,也为居民直接提供了社区公共产品。

第三个功能是提供专业服务。不少党建服务中心通过考察和协调,将一些专业工作室安排到服务中心,使党员更好地发挥先锋模范作用,更好地服务群众。这样,以党员志愿活动的办法,为居民提供专业的法律咨询、心理辅导等公共产品。

社区公共产品供给体系中,党建服务中心是枢纽,它担负起了培训教育和管理党员的职责,也直接满足居民公共需求。

三、党员的作用

中国共产党的基层组织体系覆盖到社会底层,既有利于社会动员和整合,另一方面也可以将为数众多的党员转换为服务基层的社会力量。通过"党员公益",将有条件有能力有时间的党员进行统计整合。同时,将社区内比较困难,需要提供帮助的家庭和人员也进行摸底,由街道党建服务中心进行整理。这样一来既能有效了解基层状况,也能充分发挥党员的先锋模范作用,更好地体现党的核心地位和引领功能。以 H 区 O 街道为例,其通常的做法如下:

首先是提供两个清单。通过街道党工委的走访和居民区党组织的统计,摸清党员数量,了解居民需求,确立"资源项目清单"和"需求项目清单",使需求和供给相匹配。

这个活动其实很早就开展了,只是当时不像现在这样信息发达,那时候我们既没有电脑,也没有手机微信,信息传递非常慢。街道内每个居民区都有几家特别困难的家庭,我们就找一些"党员志愿者",适当地帮一帮这些家庭。后来发现效果不错,就不断地扩大,但那时主要的活动层面在居民区,街道做不来。后来,有了电脑,也有了党建服务中心,我们能够更清楚地摸清自己的"家底"。从街道民政部门那边拿到居民区的实际信息,这样我们就能搞出两个表格。按照距离、年龄、性别等要素,进行匹配,互相帮助。①

其次是实行签约制度,鼓励党员所在单位和居民区签约,在街道备案。通过积分制或志愿时间,保证党员公益的参与时间。同时,也得到驻区单位的重视,范围不断扩大,有利于实现"党员到社区,人人做公益"。

我们是一家央企下属的企业,拥有众多党员。最开始并没有注意到,我们的党员可以参与到社区治理当中。更多时候,我们的党建注重的是自己内部的队伍建设,没有考虑到为周边的居民做点什么。最初是

---

① 根据 H 区 O 街道党建服务中心主任谈话录音整理。

我们的党员自己参与,组织并不是特别了解,后来街道和党建服务中心出面,主张我们和××居民区党支部签约,互相结成帮扶对子。这样事实上,不仅我们的党员可以做些公益,帮助居民。有些时候,居民区也会为我们做些事情。居民们将编织的手工艺品无偿送给我们的党员,并且为婴幼儿做些传统的服饰,双方都有收获。[①]

街道党工委、党建服务中心、居民区党组织党员在社区公共产品供给当中均发挥了不容忽视的作用。从社区治理的角度来看,这是组织资源的盘活,使党组织成为社区公共产品供给的引领者和参与者,使党员成为社区治理的行动者。

第二节　街道和街道中心的主导地位

一、基层治理的服务者

改革开放初期,上海市的街道职能开始恢复,但这一时期主要强调的是对城市小型企业的管理,社区治理并没有受到关注。"社区建设开始于1986年,当初仅限于社区福利救济。后来才逐步扩大到社区服务上。从1992年开始,上海市政府将社区活动和社区发展作为政府的工作重点来抓。"[②]正是从这一时期开始,街道职能增加,职责范围不断扩大,与此同时,供给社区公共产品成为街道的重要职能之一。

---

① 根据 H 区 XX 企业党建联络员谈话录音整理。
② 郭定平:《上海治理与民主》,重庆出版社,2005 年,第 220 页。

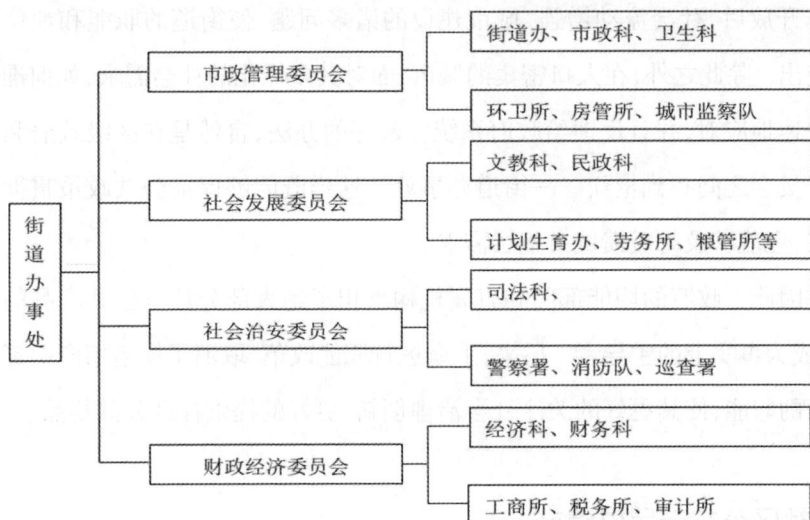

图16 20世纪90年代后半期上海街道管理体制①

根据图16,我们发现街道的职能部门除了经济部门之外,基本围绕基层公共需求展开的。事实上,尽管街道办事处是区级人民政府的派驻机构,但在维护城市基层治安、化解社会矛盾、满足群众需求方面,具有不可替代的作用。

街道是国家和社会的连接点,既是公共政策的执行者,也是基层公共需求的反馈者。"在新的经济和社会条件下,保证街道和居民委员会有效地组织和管理基层社会"②,林尚立在阐述基层民主时,从国家与社会关系的角度,论述了街道在基层社会治理当中的角色,即主导地位。托克维尔说过,"乡镇出自上帝之手",在血缘关系占支配地位的农村,的确如此。乡村的简单生产和劳作,事实上循环往复的,长期的过程,是乡村形成独特的文化网络。正如恩格斯所言,"古代的社会是停滞的"。城市却不是这样,它是工商业发展的载体,对工业落后的国家来说,城市是重工业发展的集中地。同时,出于新中国成立初期社会稳定和治安的考虑,街道成为管理城市的重要助手。

---

① 郭定平:《上海治理与民主》,重庆出版社,2005年,第221页。

② 林尚立:《当代中国政治形态研究》,天津人民出版社,2017年,第172页。

改革开放后,社会流动增强,城市建设的诸多问题,使街道的职能和地位更加突出。除此之外,在人口密集的城市,面对其多样化的社会需求,如何准确而快速地应对,并且反馈给政府系统？最好的办法,自然是在区级政府和居民委员会之间找到枢纽——街道办事处。这样既能够保证公共政策贯彻到基层,也能够及时反馈城市基层需求。

因此,政府的职能部门和直属机构承担了绝大部分社区公共产品的供给,成为事实上的主导者。后来,上海进行职能改革,取消了街道招商引资等方面的职能,使其更好的关注社会治理创新,更好的提供社区公共物品。

二、社区公共产品供给站

一般而言,社区中心都是由上级政府职能部门的"服务站"升级而来,旨在为基层提供相应的社区公共产品,提升居民生活品质。党建服务中心比较特殊,它属于街道党工委管理的下级部门,但是它也提供社区公共产品,因此也算是街道中心的一分子。

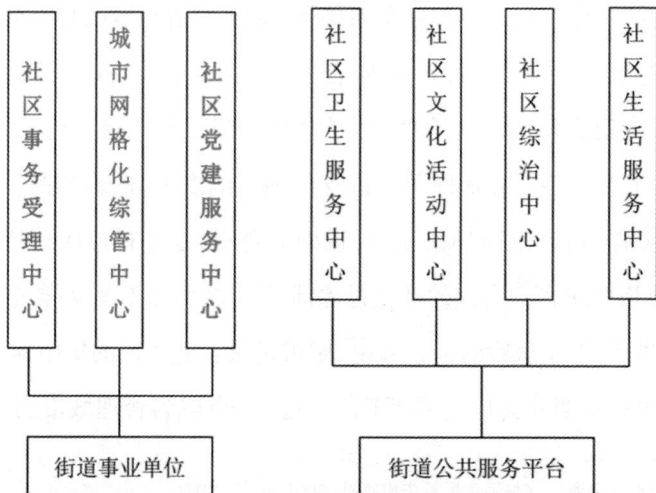

图 17　上海街道各中心图(部分)

集中供给社区公共产品是街道中心的首要特点。前面已经讲过,社区公共产品具有多样性、复杂性和层次性的特点,也就是说,不同的居民群体所需的社区公共产品并不相同。以社区文化活动中心为例,一些已经退休的居民有较高的文化水平,需要书法、绘画、音乐等方面的公共需求。如果在居民区层面设立专门的文化服务站,会造成严重的资源浪费。但是以街道中心的形式建设,既符合规模经济的要求,也能够最大限度地方便居民。以 H 区 Q 街道文化中心为例,其空间格局和服务内容如下表:

表 18 社区文化活动中心公共产品内容

楼层	一楼:展览展示单元	二楼:体锻健身、信息服务单元
服务内容	1.展览大厅:展览各类摄影作品、书画作品及宣传图片展	1.乒乓房:提供免费乒乓活动
	2.展示厅:社区实景模型展及社区发展介绍	2.百姓健身房:提供公益性收费健身活动
	3.小剧场:文艺演出、报告讲座	3.东方信息苑:提供免费上网信息服务
楼层	三楼:图书阅读单元	四楼:文化教育单元
服务内容	图书馆:提供图书阅览及图书外借服务	1.多功能影视厅:影视放映、报告讲座
		2.多功能排练厅:文化团队活动、小型讲座演出
		3.培训室:由社区学校提供终身教育服务

社区文化活动中心开设有社区学校,其目的在于满足市民终身学习需求,负责街道辖区内的社区教育工作。社区学校考虑了不同年龄和不同职业居民的文化需求。在声乐班、舞蹈班、形体班等大众化的课程之外,充分挖掘社区资源,开发适应时代需要的新课程,如烘焙、英语等。同时,借助社区文化中心的宣传教育平台,开设人文知识讲座,提升机关干部、社区工作者和居民的人文素养。另外,社区学校还负责指导居民教学点开展社区教育。

社区文化活动中心主要是满足居民的文化需求,为其提供文化领域内的公共产品。街道的六个中心一起,承担了众多社区公共产品的供给,是社区公共产品制度化供给体系的重要组成部分。

街道中心扩大了居民的公共活动空间。高额的土地出让金使上海的中心城区缺乏公共活动空间。街道中心的兴建,由政府负责规划设计,充分考虑居民区距离的远近和便捷程度,尽可能地使中心分布在 15 分钟生活圈内。街道中心满足了居民的公共需求。城市居民的日常生活看似平淡无奇,实际上却是很多人不断付出的结果。与乡村的"家户制"传统不同,城市的生活更像是系统中的一个小家庭。老年人的看护、送餐,居民常见病的医治,各种证件的办理,这些看似平常的琐事,事实上都是非常迫切的需求。如果单纯地依靠政府的职能部门,将资源分散到各个居民区,甚至是居民,这些公共资源就显得毫无价值。因此,通过街道中心,集中供给社区公共产品,由居民自主选择相应的需求。既保证了公共资源的使用价值,也满足了城市基层治理的需要。街道中心提升了居民的生活品质。"城市让生活更美好",要想落地生根,最终要回归到满足居民需求的轨道上来。街道中心为居民提供了从办事服务到医疗资源,再到文化产品等全方位的公共产品,大大提升了居民生活的品质。但是我们也应当注意到,在街道职能改革以前,街道各中心孵化和培育社会组织的功能并没有显现,使得其辐射能力相对有限。

三、自治项目的探索

居民自治的最终目的,就是要解决居民区的现实问题,满足社区公共需求。但是居委会本身并没有相应的资源,需要街道办事处的财政拨款才能运转,居民自治在事实上难以落地,这也正是居委会行政化色彩浓厚的原因。在这种状况下,一些街道启动"自治项目"建设,以项目的形式供给社区公共产品。简单地说,就是居委会根据自己的实际情况,找到迫切需要满足的公共需求;经过沟通协商之后,向街道申请"自治金",开展项目化建设。

"自治项目"是制度化供给的探索。尽管项目强调的是居民自治,但更确切的说法是激活居民自治,使居民关注社区,形成公共议题,进而解决本居民区内的现实问题。但是从源头上来看,自治项目的资金由街道提供,相当于在居委会日常经费之外,专门拨出一部分经费用于提供社区公共产品。不同的是,街道改变了原有的供给方式,不再以标准化配置公共资源的方式进行,而是将自主权下放到居委会。由居委会组织居民召开"议事会""商讨会""协调会"(三会制度),经过协商之后,自主确定本居民区内的自治项目。这是社区公共产品制度化供给的重要探索,在以往的供给模式中,街道办事处多以标准化的方式供给社区公共产品,忽略居民区公共需求的差异性。现在运用"自治金"的方式,则是一种激活自治,贴近居民区实际需求的探索。

"自治项目"是社区公共产品供给的有效形式。居民区需要解决什么样的公共问题,需要对哪些家庭进行救助,最有发言权的不是街道办事处,也不是居委会,而是居民自己。过去标准化的供给更多的是社区基础设施的更新,忽略了部分家庭的特殊需求。以J区S街道H居民区为例,该居民区老年人比较多,需要为老年人安装一定的辅助设施,由于是居民区的特殊情况,按照财政资金的使用规定,就很难获得批准,只能由居民家庭自主解决。"自治项目"出台以后,街道出资5000元,居民家庭筹资15000元,问题得到很好的解决。

表 19 2002 年 J 区 S 街道居民区自治项目表(部分)

居民区	实事项目	居民区	实事项目
DW	防盗门整修	ZJZ	老年活动室防滑地面铺设
	服务一卡通		绿化架添置
	晾衣架和外墙粉刷		宣传橱窗
	规范空调落水管		自行车棚改造

第三节　社区公共产品的供给端口

一、制度化供给的终端

居委会具有双重角色,一方面是城市居民的自治组织,另一方面是行政助手。正如林尚立所言,"政府把城市居民委员会看作是政府可以随意指挥的行政性单位,而且居民委员会在财政上还必须直接依靠政府提供,所以,就很轻易地把自己承担的职能延伸进城市居民委员会,要求居民委员会帮助政府承担各种各样的工作,从而使居民委员会的行政职能严重泛化,成为'全能型的自治组织'"①。当然,随着居委会规范化建设和社会治理创新的要求,居委会的自治功能越来越突出。但是无论怎样转变,居委会都是社区公共产品的端口。

居委会是基层公共需求的收集者和反馈者。在信息技术尚未普及的时代,层级行政是必需的治理手段。换句话说,只有行政层级覆盖到底端,才有可能真正地贯彻和执行国家意志,同时将基层公共需求反馈给行政系统。在新中国成立初期,出于公共安全和秩序稳定的需要,上海市基层成立了"冬防委员会",随后转变为居民委员会,成为基层群众自治机关。1956年底,上海全市绝大部分居民委员会都成立了党支部,为随后计划经济时代的社会整合和调控奠定了基础。到改革开放初期,居委会一直担任行政助手角色,在居民心中占有重要地位,并且长期保持其传统惯性。尽管自治功能在一定

---

① 王邦佐等:《居委会与社区治理:城市社区居民委员会组织研究》,上海人民出版社,2003年,第21页。

时间内有所弱化,但是从社区公共产品供给的角度来看,居委会是当之无愧的公共需求的收集者和反馈者。

居委会是公共资源的终端。基层公共需求不可能完全自我满足,必须要依靠行政手段,将公共资源分配给居民。但是街道面临众多家庭和居民,还要处理其他行政性事务,不大可能作为公共资源的最终端口,直接将其分配给居民。无论从空间上还是结构上看,居委会都是街道办事处的"天然助手",可以很好地利用公共资源,按照居民的实际需求,提供社区公共产品。社区公共产品多样性、复杂性、层次性的特征,需要专门的机构来进行走访、调查,从而做出相应的安排。按照目前上海市规定的标准,每个居委会大致由1000~1500户居民组成,1500户居民的家庭成员特征、年龄、性别、职业、健康状况等等,只有通过居委会这个帮手才能摸排清楚,从而决定社区公共产品的种类、数量。从这个角度来看,居委会在社区公共产品供给体系中扮演着终端的角色。

二、公共服务的首端

公共服务是社区公共产品的重要组成部分,其中很大一部分需要经过居委会,然后才能进入街道层面。因此,居委会也是社区公共产品供给当中的服务帮手。上海市街道职能改革之前,部分街道已经尝试居委会规范化建设,整理出"社区居委会工作事项清单",详细地编排了公共服务的依据、流程,为居委会成为公共服务的帮手做出了重要探索。

整理"社区居委会工作事项清单",为社区公共服务提供标准化依据。"上面千条线,下面一根针",居委会虽不是行政机关,却是众多公共服务的首端。如果没有居委会的受理,很多公共服务无法进入正常流程。但是居委会承担的具体公共服务到底有多少项,应该怎样分类,看似简单,实则需要花费相当长的时间去摸排清楚,并且需要"社区事务受理中心"、街道办事处甚至是区政府的帮助。H区Q街道历时三年,在各方的协助下,终于将社区居委会工作事项摸排清楚,编制了一套"社区居委会工作事项清单"。

我们最初的想法,是希望摸排清楚居委会的工作事项,增强其自治功能,实现居委会的"行政减负",后来发现很多公共服务都需要经过它,居委会理所当然地成了"公共服务的首端"。但是事项的众多,并不代表居委会必须要去执行这些公共服务。相反大多数公共服务对绝大部分居民家庭来说并不常见。问题也恰恰出在这里,我们居委会的工作人员对这些不常见的公共服务并不熟悉,甚至是完全陌生的……居民办事的时候,就会来来回回地跑,公共服务效率低,效果差。同时,一些行政部门自己的部分职责也不清楚,稀里糊涂地将责任摊派到居委会……编排一个社区居委会工作事项清单,这样既使公共服务变得明晰,也能使居委会明白其职责所在,在做好服务端口的同时,集中更多的力量做好居民自治。①

表20　社区居委会公共服务清单(部分)

服务项目	工作内容	服务项目	工作内容
1.宣传文化统战群团工作	宣传文化统战工作	3.社区平安与司法调解	社区安全与综合管理
	工会工作		司法行政与人民调解
	妇联工作	4.司法行政与人民调解	业委会管理
2.社会保障与服务	困难群体救助工作	5.社区管理与卫生工作	物业管理
	住房保障工作		精神卫生
	残疾人救助工作		防疫接种
	老年人权益工作		食品安全
	双拥类工作		市容环卫
	婚育计生工作	6.其他	武装部工作
	红十字会工作		人大工委工作
	防灾减灾工作		民防工作

---

① 根据H区Q街道社区自治办主任谈话录音整理。

拓宽知识,提升技能,使居委会干部成长为"办事能手"。为了使居民能够更便捷地获得公共服务,H区在Q街道"社区居委会工作事项清单"的基础上,推行"全岗通"工作制度。居委会干部都成为提供公共服务的办事能手,让居民最多跑一趟。知识储备是业务提升的前提,为此H区依据清单,专门编写了"全岗通"题库。同时,实行"带教、接待、结对、例会、轮岗、错时、走访、培训"等八项制度,其目的是打破居委会原有的条线服务模式,真正地提升居委公共服务能力。同时为了真正将"全岗通"工作制度落到实处,实行"督导和评议"的工作方法。督导工作由经验丰富、技能丰富的居委会主任/党组织书记承担,随机抽查居委会干部对题库的掌握程度,以及业务办理的熟练程度,并进行相应打分。得分较高的居委会获得"全岗通流动红旗",作为考核奖励的重要依据。"督导制"是"全岗通"制度实施的"天线","评议制"则是其实施的"地气"。其实施效果如何,最终要交由居民评价。事项全部办结之时,居民通过"满意度评价器"对干部进行评价。"上督导,下评议"加上"八项制度",居委干部在知识增长和技能提升的基础上,成长为公共服务的"办事能手"。

三、供给端口的延伸

楼组,是为方便居民区管理和居民自治而设立的,它并没有直接的法律依据,多由各个街道按照自己的实际情况进行建设,水平参差不齐。经过居委会,社区公共产品会到达楼组层面,满足居民的公共需求。因此,楼组建设可以看作是供给端口的延伸。楼组更贴近居民家庭,供给更细致的社区公共产品。一般情况下,居委会大多配置5~7名工作人员,加上其工资水平并不高,队伍大多由中老年人构成,服务能力受到一定制约。按照上海市居委会建设的要求,每1000~1500户需要设置一个居委会。实际的情形当中,由于各种各样的原因,绝大部分居委会管辖的户数都要超过 1500 户,有的甚至超过了 3000 户。这种情况下,单以居委会为主体,直接涉及居民家庭的公共需求,就无法得到及时有效的反馈。

表 21　上海市 S 区 Y 街道居委会人口户数表(部分)

居委会	楼组长	户数	人口	居委会	楼组长	户数	人口
民乐	160	1943	5941	醉白池	--	3342	10000
九峰	102	1640	3800	西林塔	--	2944	8500
长桥	83	1542	4788	通波	--	2218	7000
金沙滩	81	1525	3684	太平	--	1918	5100
西新塔	80	1107	2950	松乐苑	--	1876	3800
方舟园	67	2264	7500	荣乐	--	1695	4165
白洋	55	1460	4600	人民桥	--	1688	5000

楼组是社区公共产品制度化供给的"神经末梢"。在居委会和居民家庭之间建立一个节点,更好地满足社区公共需求,成为当时社区建设迫切的问题之一,楼组建设正是在这样的背景下启动的。但是从实践上来看,上海市的楼组建设多由区级政府下发文件,提供一个简单的操作标准,具体的建设则由街道自主掌握,跟每个居委会的重视程度也有一定关系。实地调研中发现,P 区 W 街道 W 居委会推行的"和睦楼组"建设取得了一定成效。具体的做法是,W 居委会按照街道的部署,由居民楼自行选出楼组长。其中第 15 楼组的楼组长为热心人杨阿姨,他向居委会提出建设"歇心角"的想法,居委会根据街道的指示,为 15 楼组批复资金 500 元,作为楼组建设的启动资金。杨阿姨则将楼道的角落整理出来,拿出自家的桌椅,供大家歇息。经与居民商量,明确 500 元资金作为慰问金支出,具体的情况由大家商讨。这样一来,其他邻居也纷纷拿出自家的花盆、台灯等小物品,布置起"歇心角"。"歇心角"为大家休息和聊天提供方便,成立公共活动空间。与此同时,它也成为一个邻里枢纽。大家互帮互助,满足一些个性化的需求。

本章总结 社区公共产品的科层制供给

基层公共需求出现以后,社区公共产品供给体系不断完善。总体上,以财政资源为依托,形成了基层党组织、街道及街道各中心、居委会三级供给网络;社区公共产品的制度化供给主要通过三级网络来完成。楼组建设,属于制度化供给的延伸。

第六章 社区公共产品的多元供给

2014年上海市推行"街道职能改革",以实现"创新社会治理,加强基层建设"的目的。与此同时,基层治理绩效的评价方式也发生了重大转变,街道、居委会、居民也被纳入到评价体系当中。由于居民的获得感和满足感直接来自于社区公共产品。因此,它成为整个评价体系当中最为关键的部分,它的供给成为基层治理当中一个非常关键的环节。街道、居委会、社会力量,都是社区公共产品的供给者,它们影响着社区公共产品的供给现状。街居为主、多方参与、方式多样、内容丰富是上海市社区公共产品供给的重要特征。

第一节 供给体系创新

一、基层治理的领导者

社会治理创新,首要的就是要扩大党的群众基础,增强党的阶级基础。

社区治理,直接关系到群众对党的评价。也就是说,党的基层组织能够在多大程度上关注居民需求,以及其解决社区问题的能力,直接关系到党的合法性。抓住社区治理这个关键,增强居民的满足感和获得感,有利于巩固中国共产党的执政地位。正是在这样的背景下,上海进行街道职能改革,转变工作理念,开展"创新社会治理,加强基层建设"的行动,为社会治理现代化探索一条新路。

基层党组织是社区治理的领导者。"东西南北中,党政军民学,党是领导一切的。"这里强调的是领导,不是直接管理,直接管理会再次陷入党政不分、社会高度整合的情形。这样就会抑制社会活力,不仅不是社会治理创新,反而会严重阻碍社会治理现代化,不利于国家治理体系和治理能力现代化的实现。所谓领导,就是要释放社会活力。充分利用党的基层组织体系,调动驻区单位、社会组织,利用居民自治、居民自治组织,形成全方位、多层次的供给,真正做到社会治理创新,实现社区公共产品的多元供给。具体来说,主要包括以下几个方面:

领导社会组织。社会组织,因其业务能力和覆盖能力,在社会治理当中具有不可替代的功能。孵化和培育社会组织,通过政府购买公共服务的形式,调动志愿力量的参与,既能够降低社区公共产品供给成本,也能够提升供给质量。但是社会组织不能放任自流,必须要在党的领导下,运行在社会治理的轨道上。

创建社工队伍。社会工作者队伍建设,是社会治理创新当中的新生力量。在党的基层组织的领导下,提升社会工作者素质,不断扩大基层治理队伍,有利于增强社会稳定。同时,通过职业技能的提升,使其不断成长,历经"办事能手""服务行家""治理达人"三个阶段,最终锻造为基层治理团队,成为上海城市基层治理的重要力量。

拓展治理平台。党的基层组织体系,通过党员和党组织的领导地位,能够将各种社会力量聚集到一起，共同协商，解决社区问题。因此，拓展社区治理平台具有重要意义。上海市街道和居民区，尝试建立社区委员会、社区联席会议，以协商民主的方式解决社区问题，取得了良好的治理成效。

二、社区治理的主导者

上海街道职能改革，引起了广泛关注，它是上海市社会治理创新的重要组成部分，旨在突出街道办事处的基层社会治理功能。招商职能取消和机构改革，是街道职能改革的两大亮点。街道职能改革之前，作为区人民政府的派出机构，街道具有经济职能，每年有特定的招商引资任务，并且把服务企业放在中心位置，在基层治理方面也多采用的是"管理思维"，重点抓治安防控、市容卫生、人口管理等几个方面。为了完成区政府的考核，也多采用"运动式治理"的办法。

街道职能改革，对我们的影响还是非常大的。改革之前，我们的主要任务是招商引资，也就是说得把街道的经济给搞好，这个也是上面考核的主要依据。当然，不是说其他的工作不重要。其他方面，那时候谈的更多的是做好管理，搞好服务，营造良好的招商引资环境，经济建设为中心嘛……改革之后，我们的工作重心转变了，对我们的考核也改变了好多，从机构的改革，你们应该能够看出来，现在强调的是基层治理的创新，街道"6+2"的部门里面，除了人力资源部门，其他的部门都直接涉及基层工作……以前，我们强调管理，大部分时候都是维持型的，在创建先进的时候，我们会提前集中，专门做好相关的事情，有的能维持得久一点，有的过去也就过去了。现在不一样了，考评的时候，居委会也可以考评我们，这在以前是不敢想象的。居民也是不容忽视的考评对象，他们不仅给居委会打分,还能给街道部门打分,分数太低的话,我们要被拉去谈话的。[①]

表22　街道办事处职能(部分)[②]

机构名称	主要职能
1.社区党建办	基层党建;精神文明;统战与动员;党建服务中心;文化活动中心;社会团体
2.社区管理办	城市管理;网格;市政;违章;卫生与食品;执法监督
3.社区服务办	社会保卫室;卫计服务;老龄残疾;红十字;军属;互助;社区事务管理受理中心
4.社区平安办	平安与综合治理;防控;预防犯罪;人口工作;安全生产;法治;矛盾排查;社区综治中心
5.社区自治办	居民区建设;参与动员;社会组织培育;业委会换届;代表会议;评议委员会
6.社区发展办	专项工作;社区规划;服务企业;商会;经济数据;协税;社区发展委员会

提供多样化的社区公共产品,成为街道办事处的重要职能。街道各中心成为提供社区公共产品的重要平台。"根据街道职能定位,构建面向基层的服务管理平台体系,理顺工作关系,优化设置模式,做到职能衔接、工作互动、人员融合,实现机关服务窗口化、平台化"[③],街道职能改革当中,各个街道中心有两个重要功能。一个是直接提供社区公共产品,另一个是为提供公共产品创造便利条件。目前,标准配置的街道中心有 6 个,分别是社区事务受理中心、社区文化活动中心、社区卫生服务中心;城市网格化综合管理中心、社区党建服务中心(原名社区党员服务中心)、社区综治中心。从名称上可以看出,前 3 个中心主要是提供基本的公共服务,后 3 个除了服务以外,还具有自己特定的功能。以社区党建服务中心为例,它要担负起"区域化党建"的任务,实现辖区内党组织、党员的管理、服务和其他工作。除此之外,它

---

① 根据 Y 区 S 街道街道办副主任 Z 的访谈,2016 年 12 月。
② 根据 H 区 Q 街道的工作职能整理。
③ 《关于深化街道体制改革的实施意见》,(沪委办发〔2014〕42 号)。

也是"区域化党建"向居民区延伸的重要平台。在它的要求下,部分居民区已经建立起居民区党员服务站,为党员和居民提供服务。比较积极的居民区,甚至已经在小区内,建立起党员服务分站,甚至是党员联络点,构建起"片区服务点—小区服务分站—居委会服务站—社区党建服务中心"的四级网络,既服务党员,也为居民提供社区公共产品。当然,其他5个中心,有的也已经覆盖到居民区,不同的街道和居委会实际情况不同。除了6个标准配置的中心,街道还根据自己的实际情况,建立起符合自己实际需求的中心,比如有的街道孵化和培育了不少社会组织,为了方便管理和提供服务,设立了社会组织服务中心;有的街道为了更好地方便居民,设立了生活服务中心,通过社会组织,为居民提供社区公共产品。

孵化和培育社会组织,成为街道供给社区公共产品的重要特点。"培育社会组织,动员社会力量参与基层治理"①,成为上海市基层治理当中一个重要方面。孵化和培育社会组织,成为街道工作的一项内容。事实上,部分街道早在正式的意见出台之前,已经开始了探索与尝试,推行"政府购买公共服务",为居民提供社区公共产品。社区公共产品的种类纷繁复杂,涉及到居民生活的方方面面,从社会治安到老年人家庭防护措施等等。街道可以通过相关机构,为居民提供标准化的社区公共产品,比如垃圾投放站、绿化树木等。但是专业性的社区公共产品,比如科普服务、文化需求等等,街道无法直接提供,居委会也缺乏专业性,可以由专业的社会组织来提供。社会组织通过自己的渠道,挑选专业的社会工作者,满足居民的个性化需求。

孵化和培育街道层面的社会组织主要有三种办法:培育和壮大原有的居民区社会组织;建立"睦邻中心"之类的孵化平台和枢纽型社会组织,孵化和培育专业性的社会组织;借助区级的社会组织服务中心培育自己的社会

---

① 《中共上海市委上海市人民政府关于进一步创新社会治理加强基层建设的意见》,(沪委发〔2014〕14号)。

组织。这三种办法在上海都比较常见，也各有各的长处。居民社会组织转变为街道社会组织，需要街道提供一定的支持，它比较熟悉本街道的实际情况和需求，能够快速地建立起有效的"合作伙伴关系"①。缺点是其专业性不够强，多集中于为老、助餐、残疾人照顾等领域。借助平台和枢纽型社会组织的长处是，能够为居民营造社区活动的公共空间，这本身就是一种基层公共产品。此外，枢纽型社会组织培育起来的团队，也具有广泛得覆盖性和专业性，其缺点是建设周期相对较长，且需要区政府的支持。需要指出的是，这种社会组织的培育本身就已经孕育了相应的治理机制，能够使街道获得较为完整的治理经验。借助区级社会组织服务中心的长处是其专业性非常强，能够集中非常专业的力量进行指导和培训。但其缺乏对社区需求的了解，往往需要一段时间才能够准确地把握社会需求。值得注意的是，像少儿科普、老年健康这类非常专业的公共服务，第三种办法的表现明显优于前两种。总之，社会组织的孵化和培育很难同时兼顾起适应性、完整性和专业性。

设立专项资金，运用"三会制度"，催生居民自治，成为街道提供社区公共产品的重要探索。部分街道设立了专项的资金，用以满足涉及民生、文明的公共需求，以"社区议题"的办法动员居民们参与自治。也就是说，这部分资金相当于街道设立的"自治金"。如果说公共议题是撬动居民自治的重要支点，那么公共需求则是居民自治的起点。居民区公共需求的满足，除了政府、市场、社会组织三种机制之外，居民自治也是不容忽视的重要力量。但是居民自治的产生不是自发的，需要一定的条件。公共广场、公共活动、公共需求是催生居民自治的三个条件。斯科特认为，"广场作为街道的交汇处和一个封闭的空间成为霍尔斯顿所称的'公共访客室'。作为公共场所，广场的独特之处在于各社会阶级都可进入以及参加在这里举行的各种活动。广场是

---

① ［美］莱斯特·M.萨拉蒙：《公共服务中的伙伴：现代福利国家中的政府与非营利组织的关系》，田凯译，商务印书馆，2008年，第51页。

个弹性空间……"①当代中国城市居民区设计当中,公共广场不断萎缩,供居民交往的公共空间相对较少。同时,由于就业年龄段的居民大多需要上班,加上老人行动不便等诸多原因,公共活动组织也相对比较困难。因此,对于某些高楼林立的居民区来说,迫切的公共需求就成为撬动居民自治的支点。通过三会制度的召开,以及居民的参与,他们会开始关注公共议题,为整个居民区自治水平的提升提供一个积极的例证。因此,以自治金为载体,以公共需求为支点,通过居民自治提供社区公共产品是一个重要的探索。

总之,从街道层面来看,注重基层治理绩效,以街道各中心和社会组织为载体,为居民提供社区公共产品是一个重要特征。同时"自治金"等做法,也处于探索之中,成为不容忽视的新兴手段。

三、自治与共治的枢纽

表 23　居委会工作内容评价表②

评价项目	主要评价内容
1.党建工作	组织和党员作用;服务状况;区域党建
2.组织建设	治理建构;治理参与;服务状况
3.居民自治	自治状况;管理类服务状况;社区服务和公益状况;公序良俗状况;自治团队状况;矛盾协调状况;自治品牌
4.协助事务	公安安全;公共服务;公共管理;公共文化
5.制度建设	选举制度;民主程序;基层协商;自治载体;档案管理

从表 23 来看,街道职能改革以后,对居委会的工作评价也发生了重大转变,原来居委会突出行政协助职能,成为政府的助手,并被纳入到"两级政

---

① 〔美〕詹姆斯·C. 斯科特:《国家的视角:那些试图改善人类状况的项目是如何失败的》,王晓毅译,社会科学文献出版社,2004 年,第 162 页。

② 根据《关于规范本市居民区工作绩效评价制度的指导意见》,(沪民基发〔2015〕13 号)相关内容制作。

府,四级网络"的治理结构当中,即市区两级政府、"市—区—街—居"四级网络。过去的治理结构强调的是为经济发展保驾护航,建立稳定的政治秩序。2013 年,党的十八届三中全会提出"社会治理"。2014 年,上海市委提出"一号课题",提出"创新社会治理,加强基层建设"的新要求。为此,上海调整了街道职能,取消了其招商引资职能,突出其社会治理职能。对居委会而言,也发生了不小的变化,更突出了其自治功能。通过对居委会干部的访谈,我们发现了以下几个转变。首先是干部队伍的转变。"创新社会治理"的要求提出之前,居委会干部的年龄偏大,集中分布在就业年龄以外。"1+6"文件的出台,提出"增加就业年龄段居委会干部"的要求,新招聘进入的社会工作者,年轻人比重开始增加,改变了居委会干部的年龄结构。其次是编制的变化。特别优秀的居民区党组织书记可以从"社工编"转为"事业编",这样对年轻人的到基层工作的吸引力更大。再次是经费上的变化,为了增强居委会的自治功能和治理功能, 基本上每个居委会都会有不低于 10 万元的工作经费,以及不低于 10 万元的党建项目经费。当然,为了规范经费的使用,由街道代为管理,即"居财街管",并且对报销的额度进行了限制,即一般情况下每笔不得高于 500 元。总的来说,居委会从人、财、物三个方面迈向了一个新的台阶,其提供公共物品的能力显著增强。

改善基础设施、增加社区活动、培育自治团队是居委会供给社区公共产品的重要特点。居委会工作绩效评价的改变, 使得部分居委会主动寻求改变,依照自身的实际来提升其工作绩效。在上海,部分住宅小区属于老公房,缺乏维修基金,加剧了其基础设施更新的困境。居委会工作经费和党建经费的拨付,使得居委会有了改造小型基础设施的财力。比如,随着人口老龄化程度的增加,部分居民区缺乏"爱心通道",即供老人和残疾人使用的斜坡。了解这些小范围公共需求的只有居住在本居民区的小部分人,他们是居民、楼组长,也有可能是居委会干部。因此,依靠街道层面统一的维修经费,可能性微乎其微。加上其需要繁琐复杂的程序,居民一般都直接把问题反馈给居委会。这样,居委会天然地获得了居民的信任。当然,在注重社会治理之前,部分居委会由于经费缺乏,加上自治能力不足,动员社会力量参与的能力较差,只能采用推诿的办法,使原本获得的信任慢慢失去。经费的拨付,可以使居委会能够直接改善部分基础设施,满足居民的迫切需求。值得一提的是,基础设施改善是提升居民自治的一个重要契机。科尔曼指出,"富裕、政府资助等因素使人们相互需要的程度越低,所创造的社会资本越少"①。在基础设施改善之前,可以使居民充分参与到其中,不论是在了解其需求的过程中,还是在其参与设计之中,或者让其出小部分资金或劳动,一定要使居民们感受到相互需要,这对社区治理有重大的提升作用。

增加社区活动,不仅能够满足居民多样化的需求,而且是撬动居民参与社区治理的重要支点。与乡村社区不同,城市社区的生产和生活是相分离的,因此缺乏乡村社区那样的熟悉与关怀。如果说乡村社区是"熟人社会",那么城市社区在一定程度上就像"陌生人社会"。尤其是在住房制度改革以后,商品房的购买者可能来自不同的行业,彼此之间互不认识,只是因为"关联物权"②才发生联系。社区活动在一定程度上是对"生产活动"的弥补,它为居民相互之间的交往提供了一个非常不错的平台。除此之外,社区活动还具备满足居民交往需求和文化需求的功能。萨拜因说过,"人类不像海龟那样有着坚韧的甲壳,也不像豪猪有一身刺毛,但是人类确实是过群居生活的,而且为了生存,人类还具有有效组织群居生活的能力"③。对人类来说,群居生活和交往需求是生存的必须手段。随着互联网技术的发达,人类在虚拟社区当中也能够获得这种需求,对年轻人来说更是如此。这也正是年轻人参与

---

① [美]詹姆斯·S.科尔曼:《社会理论的基础》,邓方译,社会科学文献出版社,1999年,第376页。
② 刘建军:《居民自治指导手册》,格致出版社,2016年,第72页。
③ [美]萨拜因:《政治学说史》(上卷),邓正来译,上海世纪出版集团,2008年,第11页。

社区活动较少的重要原因。但是虚拟社区提供的需求，毕竟不能同现实社区相比。现实社区当中的相互需要是更为真实的，它能直接促进人与人之间、家庭与家庭之间的交往，进而推动整个居民区的交往，使其变成"熟人社区"。从实际的观察来看，大部分居民区自主开展的亲子活动、敬老服务、美食节、最美家庭评比等等，都在提升"社区温度"，使其往熟人社区转化。

自治团队的孵化和培育，是居民区提供公共产品的较高层次。按照上海市目前的标准，每1500户居民配置一个居委会，由5~7人的居委会干部组成。在实际情形当中，居委会户数大多高于1500户，并且每户人数均高于2人，居委会实际应对的治理需求是相当高的。楼组长的设立，在一定程度上可以缓解居委会的治理压力，但是其治理功能的发挥需要有一个过程，因此，实际上社区公共产品的需求还是由居委会解决。那么谁能够缓解居委会的治理压力呢？居民自治团队或者"居民自治组织"是不错的选择。居民区调研过程中，自治团队比较活跃的社区，往往能够满足居民多样化的需求，提供精准的社区公共产品。"老年人洗衣""老年人助餐""家庭小维修""楼道的清洁与护理"等等，这些需求非常迫切，又比较分散，采取市场手段需要高昂的经济成本，社会上的志愿服务组织也无法常态的提供服务。因此，孵化和培育自治团队就具有重要意义。当然，诸如家庭矛盾调解、文化娱乐需求、以及慈善超市的运营等等，居委会干部既没有时间和精力处理这些事情，也容易在处理过程中产生纠纷，自治团队则能够很好地解决这些问题。因此，孵化和培育自治团队既能够提供社区公共产品，也能够有效地发挥治理功能，使居委会更好地发挥其基层枢纽的作用。

总之，居委会目前提供的公共产品主要集中在基础设施改善、增加社区活动、孵化自治团队三个方面。它可以是公共产品的提供站，直接为居民提供公共产品；也可以是公共产品的基层枢纽，通过培育自治团队满足居民的需求。

当然,提供社区公共产品的并不是只有街道办事处和居委会,区级政府通过党建(党的建设)、社建(社会建设)等领域,直接或间接地为居民提供社区公共产品。以文化配送为例,区文化局每年都会向街道和居委会配送文化指导员,帮助居民建立起文化团队,并为他们提供专业指导。社会力量也是不容忽视的一个方面。来自于社会上的捐款,共同构成了街道的"社区发展基金";有的则帮助居民区成立"社区自治金",用以推动居民自治,为居民解决困难,实现惠民生、显文明的目的。社会组织为居民提供生活服务、公益慈善、文体需求、专业调解,提供的公共产品也非常丰富。驻区单位、社会工作者、社区骨干、志愿者以及"两代表一委员"[①]等,都是基层治理的重要参与者,都是社会治理不可忽视的重要力量,都是社区公共产品的重要提供者。

第二节 多元化的供给轨道

一、政策轨道

基层公共政策是社区公共需求的集中反映,它体现着城市居民对政府行为的期望,影响着中国共产党执政的群众基础和阶级基础,是政党和政府社会治理能力的集中体现。"一个政治系统愈是复杂、其内部结构愈是分化,它的成员发表意见就愈是众说纷纭、各执一词"[②]。与国外代议制政府不同,中国城市社区历经新中国成立之后的"单位制"整合,其基层治理带有明显的组织化底色。在国外,政党很少直接将党的支部建立到社区层面;城市政

---

① 《关于组织引导社会力量参与社区治理的实施意见》,(沪委办发〔2014〕45号)。
② [美]戴维·伊斯顿:《政治生活的系统分析》,王浦劬译,人民出版社,2012年,第45页。

府机关一般也是一个层级,绝大部分是市议会,当然它有不少中介组织,如"社区发展协会、社区指导理事会"①,负责城市基层事务;除此之外,教会也参与社区事务,提供社区公共产品。因此,在国外,城市基层公共政策实际上是由中介组织、教会、以及专业协会来共同制定和执行的。换句话说,尽管没有基层政府,社会组织实际上在替代政府的部分职能,这也正是国外社会组织发达的原因。"政府与志愿部门的合作,已经成为这个国家服务供给系统的支柱,成为非营利部门生存的主要资金来源"②,萨拉蒙这句话揭示了美国的社区公共产品的供给特征。在中国,改革开放以后,市场机制成为实现现代化的重要手段,原有的"单位制"已经瓦解,企业成为市场主体。加上住房制度改革,社区也已经成为城市的细胞,这与国外实行市场经济的国家有了众多相似性。但是正如托克维尔所说,"最佳的地理位置和最好的法制,没有民情的支持也不能维护一个政体;但民情却能减缓最不利的地理环境和最坏的法制影响。民情的这种重要性,是研究和经验不断提醒我们注意的一项普遍真理"③。中国与其他国家有着不同的民情,遍布城市基层的党的组织网络,民主集中制的国家原则,具有行政色彩的居民自治组织——居委会,"单位制"的影响还未完全消失,城镇化正在快速进行,这些都在对城市基层治理产生影响。因此,城市基层公共政策的制定,既要保证"现代化过程的稳定"④,又要反映人民群众的公共需求。

政策轨道是社区公共产品最主要的来源。尽管有多种供给轨道,以政府为主体的政策轨道因掌握着公共资源的分配,而成为社区公共产品的主要

① [美]吉姆·迪尔斯:《社区力量:西雅图的社区营造实践》,黄光廷译,洪叶文化事业有限公司,第15页。

② [美]莱斯特·M.萨拉蒙:《公共服务中的伙伴:现代福利国家中的政府与非营利组织的关系》,田凯译,商务印书馆,2008年,第35页。

③ [法]托克维尔:《论美国的民主》(上卷),董果良译,商务印书馆,1988年,第358页。

④ [美]塞缪尔·P.亨廷顿:《变化社会中的政治秩序》,王冠华等译,上海人民出版社,2008年,第31页。

源头。当然,我们也不能否认"多中心供给"①的价值与作用。

政策轨道直接影响社区公共产品的供给体系。不论是在已经进行过街道职能改革的上海,还是在其他城市,社区公共产品的供给体系都是由政策轨道塑造的。街道职能部门的设置和工作范围是政策轨道的第一重影响。在我国,城市的基层治理不同于西方国家,它直接依靠政府及其派出机构,成立起"市—区—街道"的三级政府。与此同时,居民自治机构——居委会也被纳入到城市治理网络,形成"市—区—街道—居委"的四级网络。居委会被纳入到治理体系,其行政助手的功能越来越强,行政色彩也越来越浓,原有的自治氛围有所回落,这也是部分学者提出"居民弱自治"的缘由。但是我们不能否认,这种"三级政府,四级网络"的架构,实际上大大延伸了社区公共产品的供给网络,拓展了社区公共产品的供给功能。不少学者批评中国的城市基层治理是"大政府,小社会",他们实际上只是看到了西方政府表面上的规模,而忽视了与政府建立合作伙伴关系的专业组织和志愿组织。这些组织尽管不是政府本身,却从政府那里获得资金支持,代表政府发挥职能。事实上,现代社会的运转都需要特定数量的组织,"彼此不信任和人心不齐使社会变为一盘散沙。政治发达社会和政治不发达社会的分水岭就是各自拥有组织的数量、规模和效率,这是一目了然的"②。从治理技术和治理绩效的角度来看,这两种社区公共产品供给体系并没有本质性的区别。

政策轨道为社区公共产品提供制度设计、职能保证、参与力量、人员保障。社区公共产品的制度设计是由政策轨道来完成的。"创新社会治理,加强基层建设"的治理理念提出之前,上海市已经在探索为居民提供一站式服务,探索新的社区公共产品供给方式。街道层面比较突出的是 H 区 Q 街道推

---

① [美]埃莉诺·奥斯特罗姆:《公共事物的治理之道:集体行动制度的演进》,余逊达等译,上海译文出版社,2012 年,第 64 页。

② [美]塞缪尔·P. 亨廷顿:《变化社会中的政治秩序》,王冠华等译,上海人民出版社,2008 年,第 24 页。

行的"一册通",它将街道公共服务中心和社区居委会的工作进行整理,较为完整的展现了街道层面社区公共产品的制度设计。街道中心是制度设计最直观的体现,它为居民提供了治安、卫生、文化等基本公共服务,是社区公共产品供给体系的重要部分。

表 24 街道公共服务中心

主管单位	序号	名称
街道	1	社区文化活动中心
	2	社区事务受理中心
	3	社区网格化综合管理服务中心
	4	社会治安综合治理工作中心
	5	社区卫生服务中心
	6	社区党员服务中心
	7	市民服务驿站
	8	街道残疾人联合会
	9	社区就业服务站、创业梦想屋

　　街道公共服务中心,实际上大多是由以前的服务站发展过来的,再往前的话,可以追溯到以前的各种室。拿社区文化活动中心来说吧,在这之前,叫作文化站,有的地方也叫文化综合服务站。大概是 2005 年左右,上面下来通知,要求我们建立文化站。当时也没有经验,主要就是建图书馆,其余的地方用来做其他的活动,比如舞蹈队、歌唱队的活动室。我们那时候爱看戏,也爱唱戏,自然也少不了戏剧方面的活动室。后来,大概在 2007 年,图书室、文化活动室、社区学校都被整合到一起,统一叫作社区文化活动中心。其他中心的情况也大致是这样。有的城市把党员服务中心,叫作党群服务中心,实际上我们这边的党员服务中心更多的是对群众开放。社区学校,还有部分文艺团体,以及社区白领的活动,都放在里面。除了办公经费和一些专项费用,街道的大部分经费实际上都

是从各中心走出去的。①

居委会也是制度设计之中不可忽视的部分。尽管街道中心能够为居民提供一站式服务,直接提供部分社区公共产品,但是它服务的范围是整个街道,辐射范围有限。以 H 区 Q 街道为例,其街道辖区面积 3.05 平方千米,管辖 24 个居委会,涉及居民 3.2 万户,常驻人口 10 万人,加上外来人口,人口密度接近 4 万人/平方千米, 单纯依靠街道中心自然无法满足居民的公共需求,居委会自然就要承担起供给公共产品的责任。

实际上,居委会在以前更多的是街道的助手,街道也就几十个工作人员,还要忙着汇报、迎接检查,根本顾不上下面,所以我们居委会就要替他们做些事情。说是居民自治机构,事实上我们常常承担很多行政工作,更多的时候都是在帮居民处理一些办证、家庭琐事。转变发生在这两年,街道每年会给我们两笔钱,自治项目 10 万元,党建项目 10 万元,我们可以为居民做很多事情。每个居委会的实际情况不一样,有的居委会基础设施比较差, 就把这笔钱用在了修爱心通道、改善楼道环境方面。我们下面的几个小区都还可以,所以我们就按照街道的要求,培育自治楼组,培育我们自己的自治团队。有的居民比较有想法,想在小区里搞些小菜园之类的活动,我们也会帮帮忙。②

街道各中心和居委会是社区公共产品制度设计的核心部分, 但并不是全部,政策轨道实际上也包含着区政府和街道办事处的职能。标准化菜市场的建设、低价廉租房的消防安全、垃圾厢房的建设、街区的景观布置和道路

---

① 根据 H 区 Q 街道社区自治办主任谈话整理。
② 根据 H 区 Q 街道 M 居委会主任谈话整理。

绿化,事实上都离不开政府职能保障,街道职能改革以后,"重心下移、资源下沉、权力下放"①的局面正在形成,行政执法部门形成了"区属区管街用""区属街管街用""区属街管共用"的新体系,社区公共产品的供给能力进一步提升。

引入社会力量参与,建设社会工作者队伍是政策轨道的重要功能。"在现代国家,结社的科学乃科学之母;其他一切的进步实系于这门科学的发展"②,托克维尔深刻地揭示出了政治现代化的重要机制。在古代社会,村社自成一体,维持着简单的再生产,几乎从未发生改变,正如马克思指出的,"这些自给自足的公社不断地按照同一形式把自己再生产出来,当它们偶然遭到破坏时,会在同一地点以同一名称再建立起来"③。现代社会的运转,离不开社会组织,事实上社会组织是连接国家与家庭、个人的桥梁,没有社会组织将个人和家庭的意志整合,就不可能有国家法律的正常运转和政策的诞生。当代中国,最重要的社会组织就是中国共产党,它承担着社会整合和领导国家建设的职能,承担着国家治理体系和治理能力现代化的重要使命。城市基层治理当中,党的基层组织发挥着重要的引领功能。但是它毕竟无法替代社会组织,"在有政治自由的国家内,职业组织和政治组织之间的区别像工联和社会民主党之间的区别一样,是十分明显的"④,列宁关于职业组织与政治组织之间的论断,为社会组织的发展提供了理论支撑。引入社会力量参与城市基层治理,培育和发展社会组织,使社区公共产品更加精准、细致地提供给居民,既符合党中央提出的社会治理要求,也能够增强党的阶级基础,扩大党的群众基础。社会工作者队伍的建立,是社会治理专业化、职业化

---

① 《中共上海市委上海市人民政府关于进一步创新社会治理加强基层建设的意见》,(沪委发〔2014〕14号)。

② [法]托克维尔:《论美国的民主》(上卷),董果良译,商务印书馆,1988年,第640页。

③ 《马克思恩格斯文集》(第五卷),人民出版社,2009年,第415页。

④ 《列宁选集》(第一卷),人民出版社,1960年,第323页。

的体现。社会治理有自身的规律性和特殊性,同国家治理相比,它的公共需求有特定的人群、地域范围,甚至能够具体到家庭,必须要由专门的社会工作者来承担。社会工作者的职业化考试、专业技能提升、事业编制的使用,与基层政府之间的关系等,不可能由社会自身完成,必须要经由政策轨道。

在我国,社会治理还处在探索之中,社区公共产品的主要供给轨道还是要经由公共政策完成。没有公共政策的设计,社区公共产品的供给体系、制度设计、参与力量和人员保障就无从谈起。

二、市场轨道

第二次世界大战以后,由于凯恩斯主义的盛行,西方国家政府供给公共产品成为一种趋势。在社会主义国家,由城市企业组成的单位也像政府一样为企业员工提供公共产品。这一时期,在中国,社区公共产品的供给主体就是单位。但是随着经济滞胀的出现,反思凯恩斯主义的思想越来越多,20世纪80年代由美国和英国掀起了"新公共管理运动"。这场运动的理论基础是"新自由主义",它们主张缩减政府规模,减少政府职能,为了提高供给效率和供给质量,主张将绝大部分公共产品供给,重新交给市场。西方著名理论家哈耶克曾明确指出,"重要的是政府活动的质,而不是量。一个功效显著的市场经济,乃是以国家采取某些行动为前提的;有一些政府行动对于增进市场经济的作用而言,极其有益"①。事实上,中国学者顾准也曾明确提出"社会主义商品生产"②的理论,发出了市场经济改革的先声。因此,计划(政府行为)和市场都是重要的资源配置手段,并不是截然对立的。1978年,中国实行改革开放,开始重视市场在资源配置中的作用。"计划多一点还是市场多一

---

① [英]哈耶克:《自由秩序原理》,邓正来译,生活·读书·新知三联书店,1997年,第281页。

② 顾准:《顾准文集》,贵州人民出版社,1994年,第11页。

点,不是社会主义与资本主义的本质区别。计划经济不等于社会主义,资本主义也有计划;市场经济不等于资本主义,社会主义也有市场。计划和市场都是经济手段"[1]。单位制逐步瓦解,不少由单位提供的社区公共产品,开始交给政府部门统一承担,文化服务站、图书馆、养老院等机构纷纷由政府承担。随后,住房制度开始改革,从公房制度转向商品房制度,地理和社会意义上的社区开始发育,城市逐步从单位制下的"熟人社会"向"陌生人社会"过渡。市场在社区公共产品供给当中,扮演越来越重要的角色,发挥越来越多的职能。

市场轨道最先在物业服务领域展开。单位制时期,除了有少量的公房对外租赁,大部分房屋都直接分给单位员工,被称为"新工房"[2],住房制度改革前绝大部分单位实行的都是公房制度。需要指出的是,房屋的产权并不是完全归单位所有,依据单位的实际情况,职工也拥有相应的产权份额。城市经济体制改革之前,各单位的物业服务,基本上有单位下属的物业服务人员甚至是专门的物业服务公司来完成,其收费办法由各单位自行统筹制定。城市经济体制改革之后,尤其是住房制度改革之后,物业服务实行市场化服务,这一领域的社区公共产品需要居民付出一定的费用后才能使用。当然,我们不能否认,在物业服务市场化之前,某些单位采取过收费的办法,来提供相应的物业服务。城市经济体制改革,为物业服务市场化提供了机制背景。原来与物业相关的社区公共物品,都是由单位自身的机构或人员,以及政府相关的机构来共同完成的,其运行机制背后是行政逻辑。市场经济体制的改革,使市场化的物业服务公司出现,居民区可以根据自己的实际情况、偏好自主选择。在上海,部分比较高档的商品房住宅小区,几乎完全采用市场购

---

①　《邓小平文选》(第三卷),人民出版社,1993年,第373页。

②　http://www.shtong.gov.cn/Newsite/node2/node2247/node4602/node79792/node79814/userobject1ai104526.html 资料来自上海市地方志办公室。

买的办法来满足社区公共需求。

> 居住在我们这里的业主,家庭经济条件都比较好。他们也大多比较忙,几乎没有时间来参与公共活动。这样的话,我们很多公共需求都只好采用收费的办法来完成,业主也没有意见。我们这里的保安、保洁、物业公司经理,工资都比别的小区高很多,当然,我们提供的物业服务也是相当好的。你可以看看,这里的条件,不论是硬件还是软件,在 Y 区甚至在上海都是数一数二的……我们这里的物业费在上海也是相当高的,一分价钱一分服务。①

企业成为市场轨道的重要组成部分,成为社区公共产品的生产者。住房制度的改革,使居民之间通过"关联物权"②连接起来。与此同时,城市经济体制的深入改革,越来越多的"法人"成为城市社区的主体。"农村村民自治活动中,自治主体基本上都是自然人,而在城市,法人团体也是自治活动中的重要角色。"③这场改革,重塑了中国城市社会,将城市从"单位中国"④带到了"社区中国"。改革以前,单位自成一体,几乎能够为全体成员提供"从摇篮到坟墓"的保障,公共需求的解决机制是组织化的,即通过单位来协调满足。城市基层的承载者是单位,居民区是单位生活功能区,整个城市由单位与单位之间的衔接来完成运转,在计划的轨道上运行。事实上,人类公共需求的满足机制并不是只有政府,它包含这样几个机制:个人、家庭与共同体、社会、市场、政府。新中国成立初期,为了推行现代化,不得不采取组织化的办法,

---

① 根据 Y 区 X 街道 F 居民区物业公司服务人员录音整理。
② 刘建军:《居民自治指导手册》,格致出版社,2016 年,第 75 页。
③ 徐勇、陈伟东等:《中国城市社区自治》,武汉出版社,2002 年,第 5 页。
④ 刘建军:《单位中国》,天津人民出版社,2000 年,第 176 页。

将社会整合起来,共同致力于现代化。"国家,即政治权力在经济落后的条件下推进现代化扮演特殊重要的角色"⑤,罗荣渠明确地指出了国家在现代化进程当中的作用。新中国成立初期的单位制,实际上是在党的组织网络上不断建构完成的。市场经济发挥作用之前,城市基层的运转实际上以单位党组织为核心,基层政府为主导,单位为主体,来完成计划指标,整个社会是高度组织化的。这种运转机制之下,社区的公共需求是统一满足的,家庭的特殊需求也由单位协调满足,市场没有发挥作用的空间。但是正如罗荣渠所言,"滥用政治权力而忽视经济发展的客观规律,也可能导致反现代化的倒退"①。当然,中国并没有出现反现代化,但是过于集中的计划经济和分配体制已经产生了消极的影响。市场化改革,打破了单位既是公共产品生产者,又是消费者的局面。目前,市场上提供社区公共物品的企业越来越多,政府采购体系也越来越完善。以 J 区 N 镇为例,为了更好地提供市容环境,更方便地拆除违章建筑,N 镇将这些业务打包给专门的企业,由街道、居民和相关部门综合评价。

　　有些公共服务,也就是你说的社区公共物品,我们并不是经常需要提供的。就拿拆除违章建筑来说,原本是要以预防为主的,实际上很多已经建起来了,存在重大的消防安全隐患,对社会治安也有不小的影响。我们不能直接强行拆除,也没有那个能力。通过劝说和妥善安置,我们和违章建筑的家庭签订协议,交给专业的拆违公司来拆除。由镇直接雇用人员,从事拆违活动,不仅成本高,而且容易造成遗留问题。环卫方面也是这样的,以前是由政府直接雇用的,无法保证质量,也难以评估。将部分业务打包出去以后,由企业直接负责,这样垃圾处理的速度,居

---

①② 罗荣渠:《现代化新论:世界与中国的现代化进程》,北京大学出版社,1993 年,第 5 页。

民垃圾分类都有了不少提升。通过市场购买公共产品和公共服务,是一种趋势,已经比较普遍了。①

政府购买公共服务,成为一种新的趋势,在市场轨道中占据越来越重要的位置。林尚立指出,"以党的组织为核心进行组织化社会构建,从根本上吞食了社团组织存在的社会空间,政党组织了社会,整个社会也就政党化了,留存下来的那些社会团体也就在这种政党化中被彻底空洞化了"②。市场经济改革之前,中国社会的运转是高度政党化的,城市经济和社会的运行,都是以党的组织为轴心的。单位制的保障功能,更是使其他社会组织丧失了存在的必要性。"组织化"和"单位化"是改革开放之前城市基层治理的主要形态,社区公共产品的供给也沿着这样的轨道运行。市场经济改革,以及政治现代化的要求,要求改变原来革命化社会的某些特征。"和以往的革命不同的是,20世纪的每一场革命都把权力扩大集中于一党制的做法制度化了。不管在别的方面有什么差异,这是俄国、中国、墨西哥、南斯拉夫、越南甚至土耳其革命的共同遗产。革命的胜利就是政党政府的胜利"③,正如亨廷顿指出的,20世纪中国革命成功建立了一党制的政党政府。政治现代化则要求将政府权威分散到众多的其他组织当中,从而扩大政治参与,以组织化参与的形式来保证政治秩序的稳定和权威的集中。市场经济的发展,对政治现代化的深刻认识,中国逐步放开了社会组织的管制,各类社会组织成长起来。

---

① 根据 J 区 N 街道办事处机构谈话录音整理。
② 林尚立:《中国共产党与国家建设》,天津人民出版社,2017 年,第 207 页。
③ [美]塞缪尔·P. 亨廷顿:《变化社会中的政治秩序》,王冠华等译,上海世纪出版集团,2008 年,第 258~259 页。

表 25　2010—2015 年上海民间组织状况①

名称／年份	2010 年	2011 年	2012 年	2013 年	2014 年	2015 年
社团	120	124	126	128	129	132
民非单位	439	466	487	503	521	532
民间组织	559	590	613	531	650	664

单位:个

　　社会组织的成长,弥补了政府和市场的不足,是中国共产党执政能力提升的标志之一。中国共产党是革命型政党,它使中国成为"党治国家",与国外其他政党不同,中国共产党的基层组织网络非常发达,能够更好地应对底层需求,满足底层的公共需求。"我们便可以理解红军为什么要把支部建在连队, 同时也可以进一步理解基层政权只延伸到县级的国民党为何不得不撤离大陆"②,吴重庆指明了基层党组织在革命和社会治理当中的作用。但是政党毕竟是政治组织,它不可能替代社会组织。市场经济体制改革,使原有的单位保障转移到政府和社会,除了政府负责的社会保障制度之外,社会的"自我调节"功能也开始显现。"另一个原则是社会保护的原则,其目的是人类、自然与生产组织的保护,受到最直接市场制度伤害的人的支持……"③,正如卡尔·波兰尼认为的那样,市场经济发展的同时,社会也会进行自我保护。由于市场的交易原则和不充分就业特征,使社区公共需求产生。除此之外,社会组织的功能重新得到认识,在保证党的核心地位和领导作用的前提下,各类社会组织不断发展起来。目前的社会组织主要集中于教育、卫生、文化、公共就业等领域,其活动资金主要由个人、企业捐赠和政府资金构成。"政府购买公共服务"实行以后,社区公共产品的市场轨道进一步拓宽了。正

---

① 杨浦区统计局:《杨浦区统计年鉴 2016》,第 153 页。网址:http://tjj.shyp.gov.cn/Attachments/file/20170220/20170220161338_5197.pdf.

② 吴重庆:《革命的底层动员》,《读书》,2000 年第 1 期。

③ [英]卡尔·波兰尼:《巨变:当代政治与经济的起源》,社会科学文献出版社,2013 年,第 242 页。

如前面指出的那样,上海的社会组织孵化和培育,也是近几年的事情。中央提出社会治理的命题以后,上海市才明确提出"进一步放宽准入,降低门槛,重点支持发展社区生活服务类、社区公益慈善类、社区文体活动类和社区专业调处类社会组织……使政府购买服务逐步成为区县和街道、乡镇提供公共服务的重要方式"①。尽管同样是市场轨道,这与政府购买企业的运作机制是不同的。企业的运作依靠的雇员,社会组织的运作则依靠志愿者和社会工作者,与企业雇员相比,他们具有相当程度的社会公益性。事实上,政策轨道和市场轨道都是服务于居民生活的,在市场经济改革早期,两者之间的区别已经开始显现,如表26。

表26　上海住宅环境与社区情况表(1993年)

住宅环境服务设施	平均步行距离(分钟)	住宅环境服务设施	平均步行距离(分钟)
垃圾桶	2.94	中学	11.04
公用电话	4.12	街道地段医院	11.97
居民委员会	4.31	供电及相关服务单位	12.60
早餐供应点	4.65	百货商店 (可买到电视机)	12.62
公交车站	5.99	供水及相关服务单位	14.40
托儿所	6.23	液化煤气站(若需要)	14.41
粮店	6.39	文化站	14.87
菜场	6.45	电影院	15.49
公共绿地	6.62	公园	19.53
幼儿园	7.20	图书馆	19.70
小学	8.15	大医院(区以上)	26.70
派出所	9.74		

经济体制改革,政治现代化的发展要求,使市场轨道成为社区公共产品的重要组成部分;社会组织也不断发展,成为社会治理的辅助性力量,成为

---

① 《中共上海市委上海市人民政府关于进一步创新社会治理加强基层建设的意见》,(沪委发〔2014〕14号)。

政府的合作伙伴。"一个组织越复杂,其制度化程度就越高。复杂性具有两个含义。其一是,一个组织必须具有数量庞大的下属组织,从上到下,隶属明确,职责不同;其二是,这个组织不同类型的下属组织各具高度化水平。下属机构数量越大,形式越多,一个组织确保其成员效忠的能力就越强。"①处于革命和现代化之间的中国,政治发展也在不断地迈向现代化,社会正在从高度整合的组织化社会,走向组织多元化的社会,为城市基层治理开辟了一种新的模式。

三、公益轨道

"无论人们认为某人怎样自私,这个人的天赋中总是明显的存在着这样一些本性,这些本性使他关心别人的命运,把别人的幸福看成自己的事情,虽然他除了看到别人幸福而感到高兴以外,一无所得"②,亚当·斯密认为同情和互惠是社会普遍认可的准则,公益普遍存在于社会生活之中。单位制时期的全方位保障,使社会功能相对弱化。市场经济的迅速发展,激活了社会公益,在城市基层公共产品供给当中体现的尤为明显,形成了社区公共产品的公益轨道。目前,主要有慈善捐助、社区银行、社区经济、社会劳动等几种形式。

慈善捐助是公益轨道当中最典型的方式。2014 年,上海市出台相关规定,要求在有条件的街道,探索成立"社区发展基金(会)"③,同时在居民区层面探索成立"社区自治金"④。成立发展基金和社区自治金的背景,就在于个人、民营企业和公有制的捐款数量在不断增长。事实上,部分街道早在"社区

---

① ［美］塞缪尔·P. 亨廷顿:《变化社会中的政治秩序》,王冠华等译,上海世纪出版集团,2009年,第 14 页。

② ［英］亚当·斯密:《道德情操论》,蒋自强等译,商务印书馆,1997 年,第 5 页。

③④ 《关于组织引导社会力量参与社区治理的实施意见》,(沪委办发〔2014〕45 号)。

发展基金会"的设计理念明确提出以前,就已经探索成立"自治金",是社区发展基金的雏形。资金捐助是慈善捐助的形式之一,在上海中心城区的街道,商铺林立,企业密集,其盈利能力非常可观,它们主动承担起相应的社会责任,这一形式最早是以民政救助的形式开展的,以提供福利型社区公共产品为主。

> 大概是在 2002 年左右,我们和街道的民政部门一起,去看望生活比较困难的居民。当时,并没有比较规范的做法,街道民政一般是在重大节日期间过去,给他们发一些生活用品和部分慰问金。考虑到买东西拿着不方便,我们就准备一些现金,装到信封里,看到家庭生活困难的,我们就多给一些,一般在 1000 块左右。不那么困难的,一般给 500 左右。我们也不是年年都参加慰问,当时并没有常态化,不像现在有慈善超市,有捐赠仪式。我们参加这些活动是自愿的,就是觉得我们不能只顾自己发展,不顾别人,虽然是企业,我们也有一定的社会责任。当然,实事求是地说,我们帮街道做了一些工作,这样我们后面开展工作的时候也多多少少会有些便利。但是最主要的还是我们觉得,生活相对困难的居民,我们得帮助人家,不然良心上过不去。[1]

"自治金""救助金"的出现,标志着慈善捐助进入了新的阶段,为公益轨道带出了一条新路子。临时性的民政慰问和救助,是对社会保障制度的补充,为生活困难的群众提供了相应的社区公共产品,减轻了他们的生活压力,缓和了社区的紧张,提升了社区温度。但是它无法应对一些突发性的情况,加上范围有限,也无法满足其他需求,新的社会发展对城市基层治理提

---

① 根据 J 区 S 街道某企业负责人谈话录音整理。

出了更高要求,对社区公共产品的供给也提出了新的供给方式。"自治金"和"救助金"就是在这样的背景下出现的,它是社区公共产品公益轨道的新形式。街道首先出台相关规定,规范资金的捐赠和使用。一般情况下,街道会事先征询企业意愿,在某个特定的时间组织捐赠仪式,成立基金会或进行增资。企业会根据自身的实际情况出资,街道并不强制,组成一个"资金池",其用途已经不限于民政救助,逐步扩大到居民区基础设施、为老服务、文化活动等诸多方面。当然,资金的用途一般会在下一个年度向捐赠企业公布,列出较为详细的清单。实际上,"自治金"或"救助金"为"社区发展基金(会)"的基层治理设计提供了经验积累。

居民区层面的慈善捐助,则形成了独具特色的"慈善超市"和"社区自治金"。慈善超市几乎已经设立到各个居民区。需要指出的是,不少慈善超市很少发挥出"救助职能",甚至成为社区矛盾的导火索。然而我们不能据此否定慈善超市在供给社区公共产品方面的重要作用。事实上,部分居民区的慈善超市,不仅摆脱了"展示功能"的困境,发挥出"救助功能",还延伸出"治理功能"。以S区Y街道R居民区为例,居民自身的捐助是慈善超市资金的重要来源。不用于其他居委会的直接分配,R居民区直接将慈善超市的运营和管理交给了居民自发组成的团队。由团队负责管理资金,将会计和出纳分开,结合居民区的实际情况购买超市里的物资。救助对象,由居民自发组成的代表来评定,这些人熟悉居民区的实际情况、熟悉救助人的家庭状况,德高望重,居民都没有异议。因此,慈善不仅能提供社区公共产品,还可以提升社区治理绩效,是城市基层治理的一个创新。"社区自治金"是慈善捐助的另一种重要形式,它一般由居民自发组成,用以解决居民区层面的社区公共产品。一般情况下,它最初起源于楼组或某项公共需求,经过居委会和社区骨干的精心培育,逐步成长起来。以J区S街道X居民区为例,它的社区自治金成长起来,源于最初楼组长的建议。楼组保安和保洁人员非常敬业,和居民们关系相处非常融洽。2013 年春节，保安没有回老家过年，楼组长提议大家筹集一笔资金，为保安发放一笔过节费。预计筹集资金 3000 元，结果筹集到了 15000 元。经过协商，为保安发放过节费 5000 元，剩余的 10000 元作为"楼组自治金"，用于建设"睦邻角"，剩余的资金作为邻居之间的"慰问金"。睦邻角主要是为了方便居民休息，专门在楼组里面打造的一个公共空间，相当于一个小型的社区公共产品提供站。慰问金则主要用于看望生病的居民，或者提供临时性的救助。X 居委会抓住这一机遇，发动楼组长和社区骨干，经过一年多的发展，成立自治金的楼组有 50 多个，几乎全部覆盖。根据居民和楼组长的提议，他们拿出部分资金放到居民区层面，用以解决整个居民区共同的问题，比如改善小花园。社区自治金，不仅是社区公共产品的重要平台，也提升了社区自治水平。当然，并不是所有的居民区都能做到这样，但是它代表了新的城市治理方向，即城市基层治理的精细化。

"社区银行"①是公益轨道的一种形式，它以存储和使用公益时间和物品为机制，为居民提供社区公共物品，目前最主要的形式是时间银行和食物银行。P 区 C 街道的时间银行，在上海是比较早的，P 居民区情况比较复杂，由高楼层的商品房小区、老公房小区，以及集体产权的私房（即城中村）小区组成，情况非常复杂，需要不同类型、不同层次的社区公共物品。尽管街道和居委会已经尽最大努力增加供给，慈善机构也已经捐赠不少物资，但是其治安、老年人照料，以及孩子照顾，依然困扰着居民。居委会干部经过长时间的观察发现，在居民与居民之间，实际上存在着一种互帮互助的机制。他们相互之间的上班时间并不完全一致，巧妙地利用这种时间差来相互照看老人和孩子。经过走访和居民之间的商议，居委会决定引入"时间银行"机制，由居委会提供公共空间，将部分社区公共产品转移到居委会，采用做义工的办

---

① 李雪萍:《城市社区公共产品供给研究》，中国社会科学出版社，2008 年，第 264 页。

法来提供。最先开始的就是老年人照料和孩子看护,当然居民之间的时间并不是完全等值的,互惠也并不是完全均衡的。有些年龄相对较轻的老人,主动照顾年龄大的,即"小老人照顾老老人",尽管加入时间银行,实际上几乎不可能获得相应的回报。但是时间银行的好处也正在这里,通过义工时间的存储,后面的人继续补充进来,它实际上是一个可延续的机制。而且,对于外来的志愿者来说,志愿时间的计量,为他们成为星级志愿者提供了非常好的准则。J区S街道X居民区的食物银行,在上海也是比较早的。与时间银行的运作机制不同,食物银行的运作主要依赖于餐厅和冰箱,它的救助色彩比较明显,主要面向生活相对比较困难的居民。X居民区附近,有不少高档的餐饮店,它们生产的产品并不是全部能够卖出,扔掉浪费,想派发给生活困难的居民又难以找到对象。X居民区了解到这些情况后,主动和这些餐厅商议,在几个小区设立"食物银行",由街道和居委会共同出资,购买冰箱,餐厅提供食物。拿取食物的对象,主要面向居民,生活比较困难的家庭可以免费领取。一般家庭领取的话,需要为居民区做一定时间的义工,比如帮助居委会举办活动,清理楼道等等。"社区银行",是社区公共产品公益轨道的新形式,在居民区层面,使公共需求的满足更加精准。

当然,公益轨道并不限于慈善捐助、慈善超市、社区银行等形式。事实上,随着经济发展和社会变化,已经孕育出新的形式,只不过深藏在居民区当中,没有实际的观察,很难发现。比如居民的社会劳动,即付出的劳动不是为了换取价值,直接捐赠给其他人;社区经济,即企业将分店开到居民区当中,不仅不盈利,还为居民做公益,为活动提供公共空间。

四、合作轨道

合作轨道是社区公共产品供给的一种新形式,它是随着上海市"创新社会治理,加强基层建设"的改革而不断扩大的。在此之前,尽管合作轨道在社区公共产品供给当中存在,但是并不常见,只是在个别街道和驻区单位之间存在短时间的合作。基层治理改革以后,"驻区单位要发挥公益服务、资源支持、秩序维护、关系融合等方面的作用⋯⋯其党组织要以联建共建等多种形式参与社区治理,并推动本单位参与共治"①,"多元共治"被明确地提出来,社区公共产品的合作轨道也由此拓展开来。街道、居委会与驻区单位合作,互相开放资源比较常见。以 P 区 H 街道为例,街道辖区内有几家占地面积比较大的企业,他们的公共活动空间比较大、夜间停车位也比较多;街道的公共活动空间比较小,白天停车位比较多。因此,相互之间可以资源共享,建立社区公共产品的合作供给轨道。除此之外,H 区 S 街道与商圈、大学、部队之间的合作也比较典型。他们相互之间除了共享硬件资源,还共享文化资源。S街道的文化团队到这些单位进行演出,为他们送去丰富的精神食粮。驻区单位的文化团队也会到街道和居民区当中表演, 他们还会在每年的 8 月份共同举办文化节。合作轨道正在不断发展,成为一种不容忽视的供给方式。

政策轨道、市场轨道、公益轨道、合作轨道,是社区公共产品多元化供给的标志。它的出现,有一个历史过程,并不是直接跳跃到今天这个局面的。从单位制时代的"一元供给",到街道职能改革之前的"二元供给"(政府和市场),逐步演变到今天的"多元供给"。当然,并不是所有的街道、居民区都能通过以上几种轨道获得社区公共产品;新的供给轨道也在不断发育,在一些

---

① 《关于组织引导社会力量参与社区治理的实施意见》,(沪委办发〔2014〕45 号)。

老旧小区,居民通过自筹资金的办法安装电梯,这样的案例也越来越多;一些居民甚至自发地改造自家门前的公共花园,主动美化居住环境,这样的事例也在不断出现。事实上,这正是不断孕育和发展的"自治轨道"。一些学者认为,城市居民自治并不存在,实际上常常是从西方选举制的视角来进行判断的。事实上,如果从基层公共需求和社区公共产品的角度来看,居民自治是存在的,只是不同的居民区处在不同层次、不同类型的自治水平上。

第三节 联动化的供给主体

一、党群联动

中国共产党的基层组织,是城市基层治理的组织者和引领者。亨廷顿认为,"一个处于现代化之中的社会,其政治共同体的建立,应当在'横向'上能将社会群体加以融合,在'纵向'上能把社会和经济阶级加以同化……组织政治参与扩大的首要制度保证就是政党及政党体系"[①],政党是现代社会的重要组织者,是政治参与体系的重要载体。与欧美国家不同,在革命战争时期,中国共产党就采取"支部建在连队上"的策略,"每连建设一个支部,每班建设一个小组"[②]。新中国成立以后,党的基层组织也不断建立和完善。改革开放以后,"必须坚持共产党的领导"[③]成为"四项基本原则"之一。一直以来,

---

① [美]塞缪尔·P. 亨廷顿:《变化社会中的政治秩序》,王冠华等译,上海世纪出版集团,2008年,第332~333页。

② 《毛泽东文集》(第一卷),人民出版社,1993年,第88页。

③ 《邓小平文选》(第二卷),人民出版社,1994年,第169~170页。

中国共产党都十分注重党的建设，党的基层组织建设自然也是非常重要的内容。党的基层组织是群众参与政治的重要组织，是政治秩序稳定的第一道闸门。对发展中国家来说，现代化过程既是一个摧毁旧的政治权威和政治制度的过程，也是一个经济动员的过程，出现"秩序真空"，导致政治参与的无序化，使社会充满了各种不稳定因素，解决问题的根本办法，就是通过复杂的政治组织实现政治参与的有序化。中国属于发展中国家，改革开放以后的现代化进程，市场机制比重逐渐扩大，动员从组织动员过渡到经济动员，却保持了政治秩序的稳定，其中一个重要的原因，就是党的基层组织保证了政治参与的有序化。在上海，城市基层当中的"党小组—党支部—社区党委（原综合党委和居民区党委）"与城市综合治理机构、居委会、企业等，一起扮演着整合社会的角色，将社会矛盾缓和到最低限度，最大限度的保持了社会稳定，为经济发展保驾护航。因此，基层党组织是社会安全这一基层公共产品的首要提供者。

党的基层组织不仅保持了政治秩序的稳定，实际上还扮演着城市基层治理轴心的角色。正如林尚立指出的，"中国是一个政党主导的国家。这种国家特性将长期存在。所以在中国，政党支撑着国家建设，决定着国家发展。在这样的逻辑下，党的生命力、创造力和领导力，也就自然成为决定一个国家兴衰的关键"[1]。从社会治理的角度来看，党的基层组织是重要的引领者，这与国外有着明显的不同。在美国，"乡镇"和"乡镇精神"是基层自治的核心。"在美国，乡镇不仅有自己的制度，而且有支持和鼓励这种制度的乡镇精神"[2]，美国的城市基层治理也延续着这种"乡镇"风格和"乡镇精神"。以纽约为例，它首先被划分为 5 个行政区，共有 59 个自治单位，即社区组成，详见

---

① 林尚立:《中国共产党与国家建设》，天津人民出版社，2017 年，第 27 页。
② ［法］托克维尔:《论美国的民主》（上卷），董果良译，商务印书馆，1988 年，第 74 页。

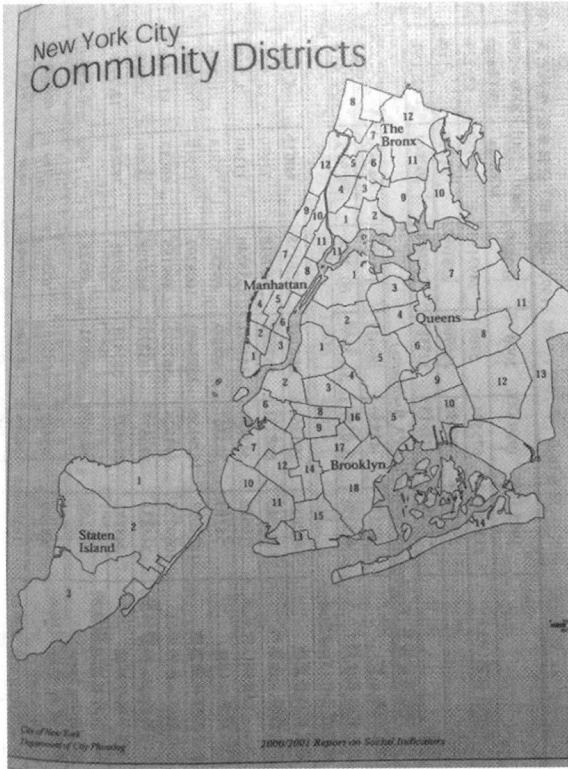

图 18　纽约市社区划分示意图①

　　美国城市基层治理主要由社区董事会、教会以及各种各样的其他社会组织组成,从形式上看,享有相当程度的自治权。政党在美国社区当中,并没有相应的基层组织,它主要通过其他职业性社团,如工会、企业家协会、商会等进行活动,美国的政党是资产阶级选举性政党,从民主程度上,具有一定的优势。但是正如列宁所说"政治是经济的集中表现"②,美国社区实际上被分割为非常典型的穷人居住区和富人居住区, 主要通过各种各样的救助政策缓和矛盾,维持社区秩序。"党建引领"是中国城市基层治理的特色背景,党的基层组织在城市基层治理当中扮演着轴心角色。基层党组织、企业、居

　　① 谢芳:《美国社区》,中国社会出版社,2004 年,第 395 页。
　　② 《列宁选集》(第四卷),人民出版社,1960 年,第 416 页。

民区、事业单位、政府机关是构成上海城市基层社会的几大要素,其中居于核心地位的是党组织。从街道层面来看,社区党工委通过区域化党建、"两新"组织党建、居民区党建三种机制,将街道内的党组织整合起来,形成党的基层组织网络。作为政治组织,党的基层组织通过政治领导、组织领导、思想领导来整合社会意志,使之上升为国家法律。事实上,党的基层组织不仅仅具有政治引领功能,它本身也是一种社会组织,也能够提供社区公共产品。

党群联动是社区公共物品供给的新特征。改革开放的深入,自由贸易区的建立,使上海出现了新的经济组织和新的社会组织,原有的条块状的党建格局难以适应新的社会治理局面。为此,上海开展了基层党建的创新,使街道党工委成为"社区党工委",通过区域化党建、"两新"组织党建、居民区党建适应新的局面,为党群联动提供了前提。

基层党组织与基层群众组织之间的联动,是党群联动的直接表现。不论是在企业、事业单位还是政府机关,党组织与群众组织之间互联互动都是比较频繁的。工会、共青团、妇联以及学校当中的学生联合会,一直以来都是重要的群众组织,都与党的基层组织保持密切联系,它们接受基层党组织的领导,为其成员提供基层公共产品。以居民区妇联为例,妇联主任本身就是党员,街道党工委、社区党委、居民区党总支或党支部,为保护妇女权益,常常会专门为妇女开办讲座,发放一些物品,这时妇联就会起到非常关键的作用。党的组织无法直接面对众多妇女,它通过妇联这一群众组织来完成。除此之外,妇联也是妇女表达意见和权益的重要渠道,经过整合,基层党组织能够更清晰地了解妇女意图,更好地开展妇女工作。当然,其动员力量不容小觑。实际上,基层党组织与工、青、妇、学等基层群众组织之间的互动,是战争年代动员传统的延续,依旧带有一定的动员色彩痕迹。随着改革开放的深入,它成为供给社区公共产品的群众性渠道。因此,基层党组织与基层群众组织之间的互动,实际上是动员传统的转变,被赋予新的功能。

　　以基层党组织为载体,打造社区公共产品供给平台,成为党群联动的新形式。目前,上海部分基层党组织已经形成独具特色的"党建地图",建立了全方位的服务体系,形成了"党建服务中心—服务总站—服务分站"的供给平台,部分居民区甚至已经延伸到楼组,建立党建服务驿站,更方便地为居民提供社区公共物品。以S区Y街道C居民区为例,居民区党组织充分挖掘在职党员、区域门店、共建单位等资源,建立了党建资源库。依托居民区志愿者工作站,成立了医疗、卫生、缝补、理发、心里疏导等十几支团队,深入小区、楼道、居民家庭,满足居民公共需求。党员充分发挥其先锋模范作用,带领"社区骨干",主动了解社区公共需求,以党群联动的方式,建立起三级供给网络。在居委会层面建立服务总站;以居住小区为单位,建立服务分站;以楼道为单位,将服务驿站建到党员家里。以基层党组织为载体,由党员发挥其引领作用,带动群众参与,使党员的先进性得到充分体现,实现了两个重要转变:由"代民作主"到"由民自主";从"被动参与"到"主动参与"转变。社区公共产品供给平台延伸到居民区,有效的改善了小区的邻里关系,使邻里迈向"有福同享、有难同抗"的良好局面,大大提升了居民的幸福感和获得感。

表27　S区Y街道C居民区党群联动平台简介

名称	主要做法	成效
党群联动	创建志愿队伍	激发自治活力
	构建服务网络	
	搭建节日平台	提升服务水平
	共建单位服务	
	建立制度保障	改善邻里关系

　　党员和基层党组织认领公益,提供社区公共产品,成为党群联动的新探索。长期以来,城市基层治理要求各种各样的"创新"。于是,不论是街道还是居民区,大多数都以形成可复制可推广的经验或做法为荣,都把"明星街道"或"明星居委会"作为自己的目标。事实上,不少"明星社区"都是以超常规的

人力、物力和精力打造的，难以大规模地复制和推广，成为城市基层治理的"盆景"。与此同时，为了应对政府和党组织的检查，不少街道和居委会不得不"制度上墙"。深入居民区调查，经常会见到密集的牌子和上墙的"工作法"，呈现出制度"过密化"①的倾向。

> 我们也没有办法，大部分的牌子其实就是挂上去而已。那些工作方法听起来很不错，实际上却很难操作，每个居民区都有自己的实际情况。创新，是比较难的，即使有我们自己也很难察觉到。居民区工作与上面截然不同，在这里工作，靠的是人情，靠的是面子，来自上面的权威也有一点点，但是不多，也不能靠这个。居民的权利意识和义务意识不对等，权利意识很强，义务观念比较淡薄，不跟他们熟悉起来，很多工作是没办法开展的。当然，党员是个很不错的突破口。先跟居民区党员熟悉，再不断地扩大，慢慢地工作就好开展了。我们为居民提供服务，也是这个样子的，先让党员'动起来'，再带动其他人。②

"党员认领公益"，就是上面谈话中的"动起来"。一个居民区，通常由 500 户以上、2000 多人口组成，居委会干部大致在 5~7 人，自然难以满足社区公共需求。小部分居民区已经有了自治团队，能够大大减轻居委会的负担。对大部分居民区来说，社区之间的互动比较少，居委会很多时候只能被动地满足居民需求。"党员认领公益"则是一个重要的突破口，它以满足群众需求为导向，以党群联动为载体，主动拓展社区居民之间的联系，增加社区公共产品的供给，同时提升社区治理水平。从实践上来看，"党员认领公益"并不是强制每个党员都要参加或者付出经济回报，在很大程度上，它是社区互帮互

---

① [美]黄宗智：《长江三角洲的小农家庭与乡村发展》，法律出版社，2014 年，第 262~263 页。
② 根据 H 区 O 街道 Y 社区党组织书记谈话录音整理。

助的一种形式。在城市社区,人与人之间的互动比较少,缺乏有效的沟通和交往形式,"党员认领公益"的积极意义就是为居民之间的互帮互助创造条件,先以党员和部分群众之间的联系为突破口,使社区互动不断增加。事实上,实行"党员认领公益"的居民区,已经取得了一定的效果。在党员的带动和辐射下,居民区自治团队得到孕育和孵化,缓解了社区公共需求的紧迫状况,社区治理水平也有所提升。当然,不少街道党组织和党员也有认领公益的行动,丰富了社区公共产品的供给渠道,使党群联动更进一步。

二、政社联动

政府与社会之间的互联互动,是社区公共产品供给当中的一个重要特点。随着改革开放的进行,城市基层从原有的"政府—单位"型体制,转变为"政府—市场—社会"型体制。与改革之间相比,社会在不断的成长,社会组织的数量在不断增长,社区不断形成,专门从事社会工作的职业者出现,这些为政社联动提供了前提。

政府与社会组织之间联动,开辟了社区公共产品供给的新方式。前面已经论述过,政府与社会组织之间是"合作伙伴"。政府为社会组织提供资金来源,社会组织帮助政府更准确地满足社区公共需求。目前,这种联动主要通过政府购买公共服务的方式进行。从城市基层治理方面来看,街道按照民政局、财政局以及其他部门的要求,制定出政府购买公共服务的目录。一般情况下,街道和居民区都会根据自己的需求,选择相应的服务。这个机制实行的一个重要前提是财政资源的下沉,街道经济职能取消以后,其社会治理职能凸显,掌握的财政资源仍然大致与以前相当。并且,为了保障其更好地履行社会治理职能,上海市将财政资源进一步下沉,使每个居委会有了"党建项目经费"和"自治项目经费"。目前,居委会使用经费的机制还处在探索之中，普遍实行的是"居财街管"。从设想上来看，居委会选择符合自身特色的公共产品，随后由街道财务拨款，为社会组织的产品付费。但是实际情况要复杂得多。首先是街道层面社会组织的数量和专业性不足。上海街道职能改革是在 2015 年，加上过渡期，大部分街道职能转变实际上不足两年。对大部分街道来说，辖区内社会组织刚刚起步，其数量和专业性，还无法及时、准确地满足社区公共需求。因此，在现实中大致呈现出以下四种模式：

（1）盲目购买型。不论街道还是社区，其社会组织未成长起来，将购买公共产品的方向集中于基础设施，掺杂少量的为老人、青年和儿童服务，居民对此评价并不高。

（2）需求购买型。这类街道或社区，尽管其相应的社会组织不成熟，却能够通过一定的机制，了解社区公共需求，购买相应的社区公共物品和服务。

（3）孵化培育型。这类街道或社区，不仅能够了解社区公共需求，还能够挖掘和培育社区骨干，孵化和培育社会组织。事实上，政府与社会组织的"伙伴关系"，不是无条件的。换句话说，社会组织提供社区公共产品有一定的边界，它不是无限拓展的。

> 我们不可能，也不会把资金交给我们不信任的社会组织，它们万一跑了呢？另外，外面的社会组织，对我们街道的情况，对居民的需求，可能就不了解。我们购买的公共服务，不是标准化的产品，大多数情况下是比较小众的，甚至是个性化的，外面的社会组织很难满足。我们的居民也不是特别信任，就像为老服务、幼童托管这类事情，居民对外来的社会组织是非常不信任的。我们也在想办法孵化和培育我们自己的社会组织。现在部分街道有了社会组织服务中心，我们在居民区层面也鼓励党员、社区骨干成立"草根组织"。当然，居民区层面的社会组织，我们

还无法提供经济补贴,主要依靠的还是志愿者。①

(4)联动辐射型。对这类街道和社区来说,其街道层面的社会组织尽管还有待完善,但是在某些方面已经取得突破,某几类的社区公共产品的供给已经能够精准地满足居民的公共需求。与此同时, 它还不断地向居民区辐射,与居民区层面的志愿者结合起来,帮助他们成立"草根组织",更准确、更优质地满足居民的公共需求。

从以上几个方面来看,政府与社会组织之间的联动还是多层次、多类型的,水平参差不平,直接影响了社区公共产品的差异化供给。事实上,除了政府与社会组织的联动之外,政府也可以主动变革,进行社会治理创新,在基层治理方面探索出一条新路,H 区在居委会层面打造的"全岗通"就是这样一个例子,它是城市基层治理的重要探索,是政社联动的新形式。

"全岗通"来源于 H 区 Q 街道的"一册通",是对居委会的再造。街道职能改革的任务提出以后,各个街道都在进行总结和探索,创新社区治理,加强基层建设。Q 街道主要从居委会层面着手,进行了工作梳理,总结出相应的工作经验,编著了"社区居委会工作'一册通'"丛书,由"服务指南""自治艺术""案例汇编"三册组成。2015 年这项工作方法在全街道 24 个居委会全面推行,取得了显著的效果,获得了 H 区民政局的认可。经过 H 区民政局的努力和 H 区政府的支持,"一册通"和"三全工作法",以及其他优秀做法,得到系统的总结,形成"全岗通"工作制度。

提升干部业务能力和专业素质,是"全岗通"的现实目标。居委会,既是居民自治单位,也协助街道开展工作,兼具自治属性和行政功能。但是由于受到政府工作的影响,不少居委会行政化色彩越来越浓,自治色彩较弱,原

---

① 根据 H 区民政局副局长谈话录音整理。

因是多方面的，其中一个重要方面就是工作条线化。居委会工作被分割成"社会发展委员会""社会保障委员会""社会治安综合治理委员会""公共卫生管理委员会""人民调解委员会""青少年保护委员会"等几个条线，彼此之间界限明显，将社区公共产品供给平台分割成了"条线"。除此之外，近几年实施的网格化管理，也常常使居民区分割成不同的"板块"。"条线障碍""板块壁垒"使居委会不断迈向行政化，离居民自治的初衷越来越远，参见图 19。

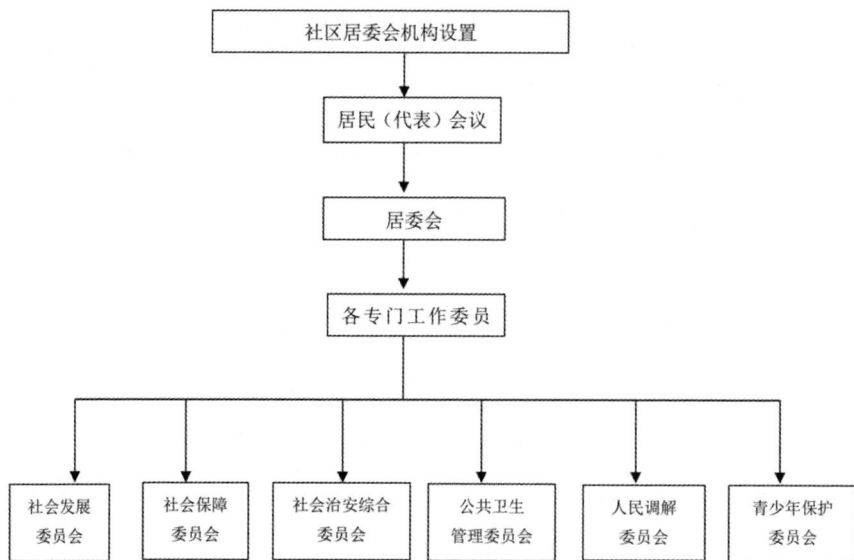

图 19　社区居委会设置图

　　如何使居委会更好地发挥自治功能，减轻其行政负担，成为破解基层治理难题。"全岗通"的推行是"找回自治"的重要契机。它首先打破居委会干部之间的条线，使其成为多面手，做到"一专多能，全岗都通"，为居民更方便快捷地提供社区公共产品创造条件。其次，通过"培训""代教""轮岗"等制度，使居委会干部的知识水平和专业素质得到提升。居委会是城市基层治理的"枢纽"，是连接社会治理和国家治理的桥梁。居委会干部知识储备和职业水平的高低，直接影响着社区公共产品的供给，影响着社区治理绩效，对国家治理产生影响。"全岗通"的通行,使他们经历"办事能手""服务行家""治理达人"①三个阶段,在做好行政协助工作的同时,更突出其自治引导者的角色,使居委会成为培育居民自治的重要平台,通过楼组自治和"草根组织",更好地为居民提供社区公共物品。最后,"走访制"的实施,使居委会干部从被动接触群众,变为主动了解群众,更好地了解社情民意,更真实地知晓群众的公共需求。"板块"的实质,是将社区分割为更小的单位,即网格的办法或者小区的办法来管理,是城市治理更为细致的组织技术。但是如果将板块一直固定起来,始终由一名居委会干部负责,往往会使居民产生隔阂,产生壁垒。在板块的基础上,实行走访制度,既能够使居委会干部更加熟悉社区,也为居民之间相互联系提供便利,为孵化和培育"草根组织"创造条件。"全岗通"以提升居委会干部的知识水平和专业水准为前提,在提供行政协助的同时,着眼于居民自治,是政社联动的一个重要探索。

"全岗通"改进了居委会的工作方法,打造信息化的工作平台,使社区治理精细化,为社区公共产品供给提供了一个有效的反馈通道。长期以来,我们都把社区公共产品的供给过程看作是单向度的、静态的,事实上它是动态的,需要不断地进行更新。但是由于社区的规模限制,它难以像其他重大问题那样,进入决策程序,通过公共政策的方式解决。社区问题直接涉及居民和家庭,对居民的获得感和满足感产生重大影响。没有适当的反馈渠道,容易积累成共性问题。经过慎重考虑,H区政府和区民政局决定,推进居委会信息化建设,将居民区基本信息和居民年龄、健康状况等信息,建成"数据库"。它的建设,为社区公共产品的精准化提供了技术前提。

　　"数据库的建设是比较辛苦的,我们基本上要把每个家庭、每个居民的基本信息,都要输入到数据库里。事实上,它是分层级的。每个居委

---

① 刘建军、孙杨程:《社区治理怎样从"苗圃"变为"盆景"》,《解放日报》,2017年3月21日。

会的信息可以汇总,街道的信息也可以汇总。在街道层面上,我们可以利用数据做很多事情,比如通过老年人年龄段的构成,它们分布的居民区,我们可以更好地设定为老年人服务的数量;居民区层面,也可以提前对高龄老人有所了解,更具针对性地关注他们的健康状况。"①

事实上,数据库是反馈居民需求的重要平台。通过数据库,居民的需求会被集中起来,加以整理分析,形成专门的报告,为社会治理的精细化提供科学的意见。居民区基础设施更新的要求,公共服务的转变,都能在数据库当中反映出来。这样,"全岗通"数据库实际上是一个"基层治理数据库",为社区公共产品的"微更新"提供一个重要通道,为提升社区治理绩效打造了技术平台。

政社联动是中国城市社区公共产品供给当中一个重要的发展阶段。城市基层是日常生活关系的中心,就像托克维尔指出的,"乡镇,即日常生活关系的中心,才是人们的求名思想、获致实力的需要、掌握和求荣的爱好之所向"②。城市基层治理直接面向社会,居委会作为居民自治组织能够协助承担一部分社会职能,本身就是社会的一部分。但是它并不能满足全部的社会需求,换句话说,专业性的社会组织和社区社会组织的存在是必要的。在单位制时代,经济生产和社会生活是一体化的,其公共需求也是由单位解决的。但是在今天,承担生产的是企业和事业单位,生产空间与社会空间已经相分离,社区已经在形成,这种需求是分散的、多元的,是不同居住者之间的汇集,单纯依靠街道已经不可能。正如波兰尼所言,"他(欧文)领悟到这个真理,社会是真实的,人类必须从属于社会"③。单位制的消解,使社会重新回

---

① 根据 H 区民政局基层政权科相关人员谈话录音整理。
② [法]托克维尔:《论美国的民主》(上卷),董果良译,商务印书馆,1988 年,第 75 页。
③ [英]卡尔·波兰尼:《巨变:当代政治与经济的起源》,社会科学文献出版社,2013 年,第 235 页。

归,社会组织也不断成长起来。"社会组织也许是人类适应外在和内在环境的最重要方式……群居生活和组成集体是生物求生存的主要手段。"①因此,社会和社会组织的成长是单位制消解之后,城市治理当中最为基本的变化。居委会回归社会属性,成为社会治理和国家治理的重要连接点,最先承担起政社联动的责任。随后,政府购买公共服务和社区公共产品的项目化供给,为社会组织的孵化和孕育提供了重要的成长契机。因此,政社联动的早期形式,是街道与居委会。街道层面的社会组织和"居民自治组织",以及枢纽型社会组织,在进行不同形式的联动。社会组织形成合作伙伴关系,使政府在城市基层治理当中占据主导位置。与此同时, 以社区公共需求的满足为导向,参与是多元化的。当然,由于社会组织的发展阶段不同,居委会的工作机制不同,政社联动也处在发展当中。

三、三社联动

城市,尤其是处于现代化之中的城市,是社会变迁的集中地。滕尼斯认为,城市生活形态复杂,"城市从根本上说是人共同生活的最高的,即最复杂的形态"②。事实上,与西方城市相比,中国城市经历了一个特殊的阶段,即"单位城市", 它是一个国家时代特色和城市治理的制度底色。不论是恩格斯,还是滕尼斯,以及韦伯,都认为早期的城市源于"法人集团",随后城市的性质发生改变,逐步进入现代化过程。不同的是,恩格斯认为这种改变源于商人,"商人对于从前一切停滞不变、可以说由于世袭而停滞不变的社会来说,是一个革命的要素"③。涂尔干认为这种改变,主要是由社会分工造成的,

---

① [美]乔治·霍兰·萨拜因:《政治学说史》(上册),盛葵阳等译,商务印书馆,1986 年,第 2 页。

② [德]裴迪南·滕尼斯:《共同体与社会》,林荣远译,商务印书馆,1999 年,第 333 页。

③ 《马克思恩格斯文集》(第五卷),人民出版社,2009 年,第 1019 页。

"在生活的流动性不断增加的同时,文明也带来了更多的一致性,它强迫人类去从事单调而冗长的劳动"①。单调的社会分工,使社会进入到"有机团结"的状态,城市不再像之前那样由"机械团结"性质的"法人社团"组成。换句话说,维持社会的动力不再是强制力,而是分工的专业性。在韦伯那里,社会的变化是两种类型之间的转换。在古代城市,市民必须要有一块属于自己的"份地",他们都是"农耕市民"②,甚至商人也拥有自己的土地。随着资本主义生产方式的发展,城市发生了重要转变,成为工商业的集中地和产业工人的聚焦地。上海是典型的现代工商业城市,在新中国成立之前,就以工商业著称。新中国成立后,作为工商业重镇,它又是社会主义改造的排头兵。在单位制时代,它又是"单位城市"的典型代表,改革开放初期,又是重要的改革开放城市,也是单位制消解的重要城市。因此,上海是城市基层治理的"博物馆"。

"三社联动",即"社区、社会组织和社会工作专业人才联动服务机制"③,有的地区将"社会"单独当作一个主体,使"三社联动"成为"四社联动"。事实上,城市基层治理本身就是社会治理,因此,在这里仍然采用"三社联动",它是社区公共产品供给的一个重要特点。

社区是"三社联动"的载体,是联动展开的出发点和落脚点。"社区"的概念最早由滕尼斯提出,也被称作"共同体",最初指的是由血缘、血族强力组合在一起的组织,比如村庄和城市的"行会公社",经过演变和发展,"社区"逐渐融入地理意义,在城市一般指由居民区组成的地理区域。从上海城市基层治理的实际情况来看,街道所辖的地理区域,一般被称为"社区",社区的地理范围有所扩大。因此,社区的内容再次增加。目前,街道各中心,如社区事务受理中心,总体上已经由"社会工作者"负责日常运营,提供相应的公共

---

① [法]涂尔干:《社会分工论》,渠东译,生活·读书·新知三联书店,2000年,第198页。

② [德]马克斯·韦伯:《经济与历史:支配的类型》,康乐等译,广西师范大学出版社,2010年,第203页。

③ 《民政财政部关于加快推进社区社会工作服务的意见》,(民发〔2013〕178号)。

服务。"事业编"成为街道激励社会工作者的重要手段。与此同时,居民委员会的队伍当中,社会工作者的数量也在不断增加,社区治理向专业化的方向迈进。

> 目前,社区的定义是比较多的。工作当中,我们以前把居民区当作社区,认为社区治理就是居民区治理。后来,街道职能改革,街道的几个中心突出了社区性质,在事实上将它的范围扩大了,街道的很多活动,都是以社区来冠名的,比如说前段时间街道组织了一个文化艺术节,就被称作"社区文化艺术节"。街道职能的改革,产生了不小的影响,以前我们的重心在经济方面,要为企业和商户创造比较好的投资和经营环境,现在主要把精力放在了社会治理方面,思考着怎样改善居民的生活环境,不断地完善各种服务设施,满足不同人群的需求。尽管有街道各中心,加上居委会,我们还是感觉服务覆盖不到位。我们街道总共有住户 3.2 万,常住人口 10 万人,60 岁以上的老年人占户籍人口的 33.86%。街道目前有公务员编制 49 人,事业编干部 27 人,社会工作者 130 人。从这里面,你可以大致地算一下比例,单从户籍人口来算,我们每个大约要服务 486 人。另外,并不是所有的工作人员,都是在一线的,所以在一线的工作人员实际上服务比在 500 人以上。在这种情况下,我们就必须要依赖社区自身的力量,孵化和培育社会组织。①

社区和社会组织的联动,是满足社区公共需求的重要路径。从上海的实际情况来看,街道自身拥有的人力资源和基础设施,无法满足居民的多样化需求。加上人口密度的影响,单纯依靠街道,城市基层治理无法进行。亚里士多德认为,"人类自然是趋向于城邦生活的动物(人类在本性上,正是一个政

---

① 根据 H 区 Q 街道办事处某副主任谈话录音整理。

治动物）"①。群居生活是人类生存的必备条件，即使是目前在互联网上出现的"虚拟社区"，也无法逃避人与人之间的互动。"人类生来就有合群的性情，所以能不期而趋于这样高级（政治）的组合"②，社区中的人们会因为社会交往，彼此联系，组成各种各样的群体。邻里组织、居民自治组织是社会组织的重要组成部分。"非正式组织"普遍存在于生产和生活性的群体当中，已经是不争的事实。"草根组织"是社区治理当中，最基层也是最为重要的社会组织。在居民区层面，最先观察到的就是邻里组织和社区自治组织，在城市基层治理当中，它们常常被称为"草根组织"。社区由驻区单位、居民区组成，居民区又可以划分为小区，小区下面常常被划分为楼组。与乡村不同，城市的居住比较密集，尽管地理范围比较小，但是承载的人口和基础设施却比较多。邻里组织经常诞生在楼组和小区当中，它可能是以"睦邻角"的形式展现，也可能仅仅是平常的邻里互动，相对频繁的交往是邻里得以产生和发展的条件。事实上，社会交往是城市基层治理的一个重要起点，没有彼此之间的互动，邻里关系就不会产生，居民区就会显得冷漠，也不会产生相应的社会组织。相反，在邻里互动比较频繁的居民区，甚至是社区，容易产生社会组织。它们可能没有取得法人资格，但却发挥着重要作用。作为居民自治组织，它们最了解居民的公共需求，也容易获得居民的信任。居民区层面的洗衣队、清洁队、医疗点，看似非常不起眼，实际上却在城市基层治理当中扮演着非常重要的角色。社区公共产品的提供点，事实上正是由这些微型的社会组织支撑起来的。

　　我们居委会是一个院子，比较大一点，不像其他居民区那样，被分割成几个小区。在居民区当中，我们总共有 28 个自治团队，从洗衣队、

---

① [古希腊]亚里士多德：《政治学》，吴寿彭译，商务印书馆，1965 年，第 7 页。

② 同上，第 9 页。

清洁队、为老服务队这样的服务型组织,到书法队、舞蹈队、合唱队这样的兴趣型组织,我们还是比较全的。居民区有3000多户,10000多人,居委会干部只有7人,如果没有楼组长和这些"志愿者"帮忙,我们根本忙不过来。最初的时候,我们发动党员和热心居民,不成想后来他们拉起了自治队伍,给我们帮了大忙。我们的团队,对我们的居民区和居民非常了解,而且几乎都是义务劳动。像洗衣队用的材料,都是队员自己承担,后来有了自治项目经费,我们买了2台洗衣机。这些自治团队,我们一般都叫它们"微组织",没有它们,居民区运转不起来。我们街道做得比较好的居民区,一般都有自己的"微组织"。①

正式社会组织与社区联动,既弥补社区治理力量的不足,也担负起社区治理专业化的重任。社区当中,并不是每个社区都能够成长起"非正式组织",它们也并不是无所不能。科普、声乐、书法等专业性的社区公共产品,单纯依靠"微组织"是无法完成的,必须要由正式的社会组织指导或者直接承担。与"微组织"相比,正式社会组织在民政部门登记备案,取得相应的"法人资格",比"微组织"专业得多。在部分街道,由于其社会组织发育不足,成立了"枢纽型"社会组织,旨在孵化和培育正式的社会组织。从目前的情况来看,正式的社会组织也处在发展之中。它需要相应的志愿者,甚至是志愿组织的协助才能保持运转。在上海,只有比较少的正式社会组织能够长期运转,它们常常采取的是会员制的办法,或者是团队成员的数量比较大,由团队的核心成员做出相应的安排,保证活动的开展。以 H 区 O 街道为例,其为老服务的社会组织"社工师事务所",挂靠在街道"综合为老服务中心"下面,承担起"生活照料""医疗保健""紧急救助""精神慰藉"四大类社区公共服

---

① 根据 S 区 Y 街道 R 居委会主任谈话录音整理。

务。其工作的展开,目前是以中心下面的机构为主的,以服务中心下属的各个"小中心"为载体,为居民提供相应的社区公共产品,详见表28。

表28 社会组织与社区联动服务项目

名称	公共产品
1.便民服务室	惠民服务(修补等);咨询服务(法律等)
2.老年人日间照料中心	集中照料(助餐助浴等)
3.阳光基地	残疾人培训与就业
4.夕阳红俱乐部	老年人文化活动、终身学习课堂
5.老幼乐早教中心	社会亲子教育
6.健欧护理站	居家护理(上门护理、保健、康复)

不论是非正式的"微组织",还是正式的社会组织,都是社区公共产品的重要供给者,是社区治理不可或缺的重要力量。社区治理,由于社区的含义和内容均发生了重要变化,已经不仅仅是居民区治理,而是社会治理的关键。因此,社区内的"微组织"和取得法人资格的社会组织,与社区互联互动,满足居民的公共需求,是一个不容忽视的趋势。

社会工作者与社区的联动,是"三社联动"的重要组成部分。"国家治理体系和治理能力现代化"的目标提出以后,"社会治理"也成为重要的内容。社会治理是国家治理体系和治理能力现代化的基础,更进一步讲,这个基础就是社区治理。这是因为,社区治理是社会组织的重中之重,社会组织的治理是围绕着社区治理展开的。从这个角度看,服务于社区的社会工作者队伍的培育,是"三社联动"当中不容忽视的重要内容。"为政之要,唯在得人,用非其才,必难致治"[1],城市基层治理需要专业人才,需要社会工作者。社会工作者队伍的建设,直接关系到社区公共需求的满足状况,关系到社区治理绩效的高低。一般来说,社会工作者是指"本市居民区和街道、乡镇公共事务岗位直接从事社区服务和管理,由街道、乡镇承担全部经费保障和统一管理使

---

① [唐]吴兢:《贞观政要》,骈宇骞译注,中华书局,2011年,第479页。

用的就业年龄段全日制工作人员"[①]。与社区志愿者相比,社会工作者更具专业性和职业性,社区志愿者参与社区治理活动是有限的,比较机动灵活。社会工作者则是职业性的,甚至是全天候的,他们负责组织社区志愿者,更好地对接居民的公共需求,提升居民的幸福感和获得感。目前,社会工作者主要分布在街道各中心和居委会当中。社会治理中,社会工作者参与的比重不断提升是一个趋势。街道中心的运营,如果全部由公务员或者事业编制的工作人员来负责运营,其成本高昂,且无法保证效率,因此采用社工编制是非常不错的解决办法。与此同时,事业编制也能作为一个重要的奖励手段,激励社会工作者。对居委会而言,就业年龄段以上的人员过高,可以维持居委会的日常事务。但是如果要进行专业的社区公共需求调查,以公共议题为切入点,推进社区治理现代化,依然显得捉襟见肘。因此,从这两方面来说,将社会工作者培养成"社区治理师",适应社区治理的专业化、信息化和现代化是非常必要的。总之,社会工作者与社区的联动,以社区公共需求为导向,提供社区公共产品,不断提升社区治理绩效,保持城市基层的稳定,担负起国家治理体系和治理现代化的基层责任。

总之,在社区公共产品供给方面,社区是出发点和落脚点,社会组织是重要的参与力量,社会工作者是重要的补充力量,它们之间互联互动,构成"三社联动"。我们发现,社区公共产品的供给,不论从哪个角度来看,都不是单一的,都与单位制时代,有非常大的区别。不同的时代有不同的城市基层治理景观。在单位制时代,我们看到的城市格局是"片区状",在社区制的今天,它更像是一种"蜂窝状"格局。

---

① 《上海市社区工作者管理办法(试行)》,(沪委办发〔2014〕47号)。

本章总结　社区公共产品的多元供给

　　社区公共产品的多元供给,实际上就是充分运用社会的力量,重视居民自治,综合运用多种渠道,满足基层公共需求。驻区单位、社会组织、居民自治组织、社区基金会等力量都参与进来。但这种参与不是杂乱无章的,它最终被简化为两组关系:党组织之间关系和党组织与非党组织之间关系。这是由中国城市基层治理的历史特色和制度底色造成的。

第七章 组织资本与协商治理

公民参与网络是民主运转起来的关键因素，众多的公民组织形成公民社会。自由主义理念、民主政治制度、理性公民行为，形成"制度—观念—行为"的统一体，为民主制度运行提供保障。相比之下，共产党组织体系是理解中国社会运行的关键，在政治组织的党组织体系及其他社会组织（工会、共青团、妇联等）之间，存在着领导和被领导的关系，社会整合的功能由党组织承担。民主集中制的组织原则常常使西方政治学家认为中国社会缺乏自由，政治缺乏民主，将西方之外的政体称作"威权政体"。从更深的层次来看，尽管存在着"公民参与网络"和"党组织网络"的差别，社会的运行和国家的治理都是通过组织进行的。因此，组织是国家治理和社会治理当中的关键一环。国家与国家之间、社会与社会之间的差别，在很大程度上，就是其组织之间的差别。

政党是现代政治发展的产物，是政治参与的主要途径，为普通民众参与政治提供了途径。亨廷顿认为，"现代政治王国是寻找不到的，它只能靠人们去创造……对处于现代化之中的社会来说，所谓'建立国家'，部分地意味着创建有效的官僚机构，但更重要的还是建立一个能够调整新集团参与政治的有效政党体系"①。欧美社会经过资产阶级革命,首先形成统治阶级,其次形成了竞争性的选举政党。而中国则不同,首先建立了无产阶级政党,随后完成社会革命,建立新政权后确立人民民主专政的政治体制。巴林顿摩尔指出了中国和英、法、美进入现代社会的不同道路,"最早的一条资本主义和议会民主携手并进的道路,是经过清教革命,法国革命和美国内战等一系列革命问世的……第三条路线毋庸置疑是共产主义道路。在俄国与中国,革命的发动以农民为主,但也不排斥其他阶级,从而有可能实现向共产主义的转变"②。事实上,政党是社会和国家之间的桥梁。在西方社会,它整合教派、社团、俱乐部的力量,将微观的个人意愿和中观的公共需求,上升为政党意志,并最终形成国家法律。在中国,由于革命的需要和传统的影响,改革开放之前多采取群众运动的方式,高度整合社会,社会组织及其功能大大萎缩。改革开放后,"党对社会事务的干预再也不像过去那样直接采取政策的方式,而是通过人大立法把自己的主张上升为国家意志,以法律或政府政令的形式推向社会。无论是对国家还是社会的领导,党都不再采取群众运动的方式,而是注意通过恢复和开发政党的功能,运用政党的宣传、组织、示范、教育、沟通等手段,促成社会与国家的理解,引导社会与国家的合作"③。换句话说,中国共产党的社会治理理念和手段,从群众运动转变为政社合作,即党组织与社会组织之间相互合作,形成多元共治的格局。

城市基层治理,尤其是城市社区公共产品供给,既受到国家和政党体制的影响,也受到制度传统的制约。公民组织、公民共同体、公民参与网络,尽管在不同的国家有不同的名称,但其本质依旧是社会中的组织。在竞争性选举政党制度之下,这种公民组织相对自由,托克维尔就认为"在现代国家,结

① [美]塞缪尔·P. 亨廷顿:《变化社会中的政治秩序》,王冠华等译,上海人民出版社,2008年,第334~335页。

② [美]巴林顿·摩尔:《民主和专制的社会起源》,拓夫等译,华夏出版社,1987年,第334页。

③ 陈明明:《在革命与现代化之间》,复旦大学出版社,2015年,第58页。

社的科学乃科学之母；其他一切的进步实系于这门科学的发展"①。从表面上看，如同乡镇出自上帝之手一样，西方城市社区是城市社会自然发展的产物。实际情形远非如此，其城市社区公共产品的供给，并不是市场和志愿组织在发挥主导作用，而是由政府提供大量的资金支持，再由志愿组织提供给社区，两者之间形成"合作伙伴"。当然，我们不能否认"社会资本"在社会组织当中的作用。人与人之间密切的交往和合作，会使"承诺可置信"②的成本下降，从而降低全社会的交往成本，促使治理绩效成功。不同的是，在中国组织是第一位的，人与人之间的交往，更多的是通过组织内部或组织之间的交往来完成。如果说社会资本是西方城市基层治理运转起来的关键，那么中国城市基层治理的这个关键则是"组织资本"。

第一节　什么是组织资本

一、国家和社会的基本单元

国家和社会，是由形形色色的组织构成的。古代的国家和社会如此，现代国家和社会也是如此。著名人类学家摩尔根认为，社会的发展经历了三个阶段，即"最初以性为基础、其次以血缘为基础、最后以领土为基础"③。此外，他区分了社会与国家，将它们看作是两种不同的政府方案，其中一种是以血缘为基础的民族。他认为，民族（nation）是社会发展的最高阶段，其间历经了

---

① ［法］托克维尔：《论美国的民主》（上卷），董果良译，商务印书馆，1988年，第640页。

② ［美］埃莉诺·奥斯特罗姆：《公共事物的治理之道：集体行动制度的演进》，余逊达等译，上海译文出版社，2012年，第51页。

③ ［美］摩尔根：《古代社会》，杨东尊等译，商务印书馆，1971年，第9页。

氏族(gens)、部落(tribe)、部落联盟(confederacy)三个阶段,最终形成民族(nation)。尽管本尼迪克特·安德森认为民族是想象的产物,"它是一种想象的政治共同体——并且它是被想象为本质上有限的(limited),同时也享有主权的共同体"①。但是当我们追溯民族的历史起源时,总会发现群体之间的血缘关系。换句话说,血缘群体是想象的能够建立起来的组织基础。摩尔根的另一种方案是国家,即以财产和领土为基础的,由乡镇、州郡等组成政治体。国家是社会组织不断分化和融合的结果,是超越于社会之上的统治工具。黑格尔认为,国家是绝对精神(absolute spirit)运动的产物,"国家是伦理理念的现实……国家是绝对自在自为的理性东西……国家是在地上的精神"②。马克思揭开了国家的神秘面纱,阐明了国家与市民社会之间的关系,"真正的市民社会只是随同资产阶级发展起来的;但是市民社会这一名称始终标志着直接从生产和交往中发展起来的社会组织,这种社会组织在一切时代都构成国家的基础……"③在这里,他明确指出了国家源于社会组织的事实。事实上,正是共同的生产生活孕育了不同的社会组织,经历分化后形成了国家。韦伯进一步区分了"政治性组织"④和"国家"。在他看来,使用暴力维持其存在和秩序,是政治性组织的典型特征;为了维持秩序,合法并且垄断地使用暴力的政治性组织,就是国家。在这里,韦伯指出了国家的两个重要特征:合法性和暴力的使用,这是国家区别于社会的典型标志。

血缘群体是传统社会的细胞,是古代国家的核心组织。国家文明诞生的初期,不论是在何地,血缘群体都扮演着关键角色。人是群居的政治动物,血缘是群居的天然纽带。不论是夏商周时期的"国人",还是古希腊的"公民",

---

① [美]本尼迪克特·安德森:《想象的共同体》,吴叡人译,上海人民出版社,2005年,第6页。

② [德]黑格尔:《法哲学原理》,范扬等译,商务印书馆,1961年,第253~258页。

③ 《马克思恩格斯文集》(第一卷),人民出版社,2009年,第582~583页。

④ [德]马克斯·韦伯:《社会学的基本概念:经济行动与社会团体》,康乐等译,广西师范大学出版社,2011年,第97页。

其身份都是依据血缘来确定的。社会生产力的低下,限制了人类的生产和交往范围,使人们聚居在村庄和城市里。尽管古希腊将城市称为城邦,夏商周将城市叫做城邑,本质上它们都是氏族的聚居地。"通常情况下,出生是获得雅典公民权的唯一途径。公民很少授予他人,而且只有通过公民大会这个最高的政府权威机构的正式投票才能授予"①,著名历史学家芬利指出了雅典公民资格的获取途径。同样,在古代中国,"国人"资格的获得,也是如此。换句话说,早期国家是氏族集团不断分化形成的,主要由血缘关系连接。恩格斯认为,"旧氏族时代的道德影响、因袭的观点和思想方式,还保存很久,只是逐渐才消亡下去……国家的本质特征,是和人民大众相分离的政治权力"②。脱胎于氏族组织的古代国家,表现为贵族与平民。这种阶级之间的分化,以土地财产为重要依据,大土地所有制是贵族和贵族制度天然的土壤。相应的,平民则常常以村社为单位,共同占有土地,贵族政治和大土地所有制是血缘政治的重要景观。古代国家在空间形态上表现为城市与乡村,并且呈现出对立性特征。城市是掌握公共权力的氏族——贵族生活的地方,乡村是被统治的氏族——平民生产生活的地方。但是无论是贵族还是平民,他们都是氏族的一部分,分化和对立的氏族共同组成了社会。

官僚群体是古代国家中的重要组织,影响着国家权力的运转,冲淡了血缘群体的影响力。以祖先祭祀为礼仪,氏族成员共同占有权力,宗族扮演重要角色,是古代中国国家权力运行的重要特点。学者王震中通过对全球文明起源的比较研究,认为中国古代国家文明的形成,经历了"聚邑—宗邑—城邑"③三个历史阶段。与此同时,国家形态也经历了"邦国—王国—帝国"④三

① ［英］M.I.芬利:《古代世界的政治》,晏绍祥等译,商务印书馆,2013 年,第 90 页。

② 《马克思恩格斯全集》(第 41 卷),人民出版社,1974 年,第 134~135 页。

③ 王震中:《中国文明起源的比较研究》,陕西人民出版社,1994 年,序第 9 页。

④ 王震中:《邦国、王国与帝国:先秦国家形态的演进》,《河南大学学报》,2003 年第 4 期。

种变化。在国家形态研究中,西周是绕不过去的历史阶段。一方面,占有关键地位的宗族,在西周国家组织当中发挥了重要作用,这一影响甚至持续到今天;另一方面,西周也是帝国形成的前奏,不再是单一的王国,而是复合王国,更确切的说法是"权力代理的亲族邑制国家"①。事实上,正是在这一时期,官僚化进程第一次启动,为帝制国家的形成奠定了基础。在"战争影响国家形成"的假说影响之下,国家的官僚化进程常常被推迟到战国时期。但早期的官僚群体实际上起源于宗族内部,是在血缘亲族内部选拔优秀人才,建立任期制官僚,区别于世卿世禄制。"官僚化的出现实际是在西周早期大扩张结束之后,西周政府已有结构逐渐改进和完善的一个内部过程,而不是由外部压力所附加的一个新的结构……这个自我完善的趋势一直持续到西周晚期,有更多的政府官职被加入到西周中期所建立的结构当中。"②因此,我们发现在战国之前,周王室内部已经产生分化,已经设置任期制的"职官",依据人才的贤能程度在宗室内部进行选拔。

郡县制与官僚制是统治超大型政治共同体的主要工具,是帝国实现其统治的重要手段。"县,天子之邑",《说文解字》明确指出了县的性质,它是天子的私邑,由周王自己派遣任期制的官员担任。分封制度的实质,是将邑分给王室内部的公卿,由他们世袭,以采邑的方式向周王室朝觐进贡。废邑设县,县的数量和规模的不断扩大,任命官员和征收赋税的权力不断地集中到君王一个人手中,这正是官僚制取代分封制的进程。秦统一六国的过程,一定程度上也可以看作是官僚制取代分封制的过程。需要指出的是,这一制度也正是在大一统完成过程中不断完善,演变为郡县制。县的规模方圆百里,随着秦国土地的不断扩大,涉及的政务纷繁复杂,秦王单凭一己之力根本无

---

① 李峰:《西周的政体:中国早期的官僚制度和国家》,生活·读书·新知三联书店,2010年,第296页。

② 同上,第100页。

法完成,这时,郡的地位上升,并超越县,成为官僚制当中的关键一环。对官僚群体来说,郡县制和官僚制是一体两面,相互依存的。分封制度对中华文明的传播和政治统治技术的进步都有重大贡献,官僚制源于西周内部,后世不断发展,成为帝国统治的重要工具。

如果说古代中国政治的运行是宗族组织和官僚组织相互融合、相互适应的结果。那么在当代中国,政党组织则是理解当代中国权力运行的一把钥匙。政党参与政治,是政治现代化的重要标志。亨廷顿指出,"区分现代化国家和传统国家,最重要的标志乃是人民通过大规模的政治组合参与政治并受到政治的影响"[1]。古代中国的政治统治,实际上是"上下分流""官民分立"的政治形式。对帝国政权来说,它的架构是皇帝和官僚,以郡县为依托,完成赋税和兵役,完成这个过程的终端节点是县。换句话说,官僚组织的运行范围是在县以上运行的;在县以下,政治统治实际上是依靠村庄中有威望的人来实现的。更确切的说法是,帝国的统治是来自于官僚的"正式统治"和来自于基层的"非正式统治"之间的结合。马克思曾指出,"这些自给自足的公社不断地按照同一形式把自己再生产出来,当它们遭到破坏时,会在同一地点以同一名称再建立起来,这种公社简单地生产有机体,为揭示下面这个秘密提供了一把钥匙:亚洲各国不断瓦解、不断重建和经常改朝换代,与此截然相反,亚洲的社会却没有变化。这种社会的基本经济要素的结构,不为政治领域中的风暴所触动"[2]。这种上层的"频繁变动"与下层的"不为所动",正是官僚组织不断崩溃、重建的过程,也是村庄不断被打乱和再生产的过程。在超大型政治共同体的统治之下,古代的政治参与是以官僚选拔的形成来完成的。在基层社会,宗族或村庄长老始终保持较大的威望。在古代,参与政治

---

① [美]塞缪尔·P. 亨廷顿:《变化社会中的政治秩序》,王冠华等译,上海世纪出版集团,2008年,第29页。

② 《资本论》(第一卷),人民出版社,2004年,第414~415页。

的是官僚集团,只有少数人能获得资格,权力的总量非常小。

政党组织,扩大了权力参与总量,提升了政治参与的制度化水平。"现代政治体制与传统政治体制的差异在于权力总量的不同,而不在于权力分配的不同。"①通过历史比较,我们发现从宗族组织到官僚组织,再到政党组织,其辐射的地域范围愈加广阔,影响群体也更为广泛。宗族组织的政治参与集中在血缘亲族之内,依靠宗族内部的力量来完成政治任务;官僚组织则将力量扩大到较为广泛的社会阶层,通过选拔社会上的贤能来完成政治事务;政党组织,尤其是渗透到基层的政党组织,则使政治参与达到了前所未有的广度和深度。列宁指出"加深和扩大对群众的影响必须经常进行……任何一个组织,任何一个小组,如果不经常地、不间断地进行这项工作,就不能算作是社会民主党的组织。"②他指明了无产阶级政党与群众之间的关系,这是无产阶级政党区别于资产阶级政党的重要标志。资产阶级政党的本质,是资产阶级群体谋求政治利益形成的社会团体。与官僚群体相比,资产阶级政党的确具有相当大的历史进步,他们运用民主的统治工具,表达自己的权益,扩大了自身的影响力。但是需要指出的是,这种民主是有局限性的,它仅仅代表自身的阶级利益。确切的证明是政党背后的财团和各种俱乐部,对普通公民家庭来说,他们几乎没有参加这些俱乐部的可能,而这些俱乐部恰恰是资产阶级社会当中最为重要的社会组织,没有它们就不可能有资产阶级政党。资产阶级政党组织与官僚组织相比,使政权的参与者比之前大为提升,为其"民族-民主"国家的运行奠定了一定的社会基础。

无产阶级政党,尤其是中国共产党,具有独特的群众基础和基层特色。列宁说过,"无产阶级在争取政权的斗争中,除了组织,没有别的武器。无产

---

① [美]塞缪尔·P. 亨廷顿:《变化社会中的政治秩序》,王冠华等译,上海世纪出版集团,2008年,第120页。

② 《马克思 恩格斯 列宁 斯大林 论无产阶级革命政党》,人民出版社,1978年,第135页。

阶级被资产阶级世界中居于统治地位的无政府竞争所分散，被那种为资本的强迫劳动所压抑，总是被抛到赤贫、粗野和退化的'底层'，它所以能够成为而且必然会成为不可战胜的力量，就是因为它根据马克思主义原则形成的思想一致是用组织的物质统一来巩固的，这个组织把千百万劳动者团结成一支工人阶级的大军"[1]。在列宁看来，无产阶级政党这个组织是使工人阶级团结为一个整体的重要力量。也正是在这个过程中，"下级服从上级，全党服从中央"成为无产阶级政党重要的组织原则。中国革命发端于农村，党的基层组织深入到群众之中，改变了"权力的文化网络"[2]状态，改变了乡村社会与国家之间的关系。中国革命逐步取得胜利以后，在社会主义改造和社会主义经济建立的过程中，城市基层党组织也逐步建立和完善。单位制确立以后，基层党组织与单位融为一体，共同管理城市社会和城市经济。大致在同一时期，乡村也逐步确立起生产大队和人民公社的体制，生产大队也成立起党支部。随着改革开放的进行，民营企业不断发展，新经济组织和新社会组织也不断出现，经济主体呈现出多元化多样化的趋势。党的组织体系一直在不断完善，其核心引领功能一直都在发挥，并不断强化。

"宗族组织—官僚组织—政党组织"是中国政治发展的历史链条，构成中国国家和社会的基本单元。政治制度的变化，政治参与方式的转变，都离不开组织的变革。先秦社会的政治是贵族政治，其政治参与的主体是宗族，制度表现为分封制；秦到清之间，帝国政治是官僚政治，其政治参与的主体是官僚，制度表现为郡县制；当代中国政治是无产阶级政党政治，其政治参与的主体是人民，制度表现为人民代表大会制度。不是别的，正是组织构成了社会，组成了国家。因此，组织是国家和社会的基本单元。

---

① 《列宁全集》(第8卷)，人民出版社，1986年，第415页。

② ［美］杜赞奇：《文化、权力与国家：1900—1942年的华北农村》，王福明译，江苏人民出版社，第4页。

二、公民组织和社会组织的比较

公民组织是西方社会重要的社会团体，是资产阶级政党运行的社会基础。它是西方民俗风情、制度设计和法律理念共同作用的结果。霍布斯认为，"团体就是在一种利益或事业中联合起来的任何数目的人。其中有些是正规的、有些是非正规的"[①]。他首次运用"社会契约"对社会团体进行解释。在他那里，公民是独立的个人，他们通过"缔约"的方式进行联合，或者让渡权力，从而产生"利维坦"，即主权者。毫无疑问，霍布斯认为主权者一经产生，就是最为重要的政治团体，区别于公民组成的社会团体。尽管他论证的目的是为了维持王权的合法性，但"契约论"开创了个人自由和公民权利论证的先河。洛克承袭霍布斯的观点，论证了政府的目的和性质，阐明了公民的自由和权利，为公民结成社会团体提供了法理基础。"人们联合成为国家和置身于政府之下的重大的和主要的目的，是保护他们的财产；在这方面，自然状态有着许多缺陷"[②]，他指出"政治社会"或"公民社会"是人们结束自然状态，寻求更为安全的一种状态。需要注意的是，洛克所指的自然状态，不是霍布斯那样"一切人反对一切人"的战争状态，而是一种相对平和的状态。当然，除了霍布斯和洛克之外，费雪、边沁、詹姆斯·密尔等人，不断地丰富和发展公民社会的理念和原则，为公民组织奠定了坚实的理论依据。在这些理论的影响下，公民组织不断成长和发展。

公民组织是资产阶级政党的"预备队"，是政府的重要助手。托克维尔明确指出，"再没有比社会情况民主的国家更需要用结社自由去防止政党专制或大人物专权的了。在贵族制国家，贵族社团是制止滥用职权的天然社团。

---

① ［英］霍布斯：《利维坦》，黎思复等译，商务印书馆，1985 年，第 174 页。
② ［英］洛克：《政府论》（下篇），叶启芳等译，商务印书馆，1996 年，第 77 页。

在没有这种社团的国家,如果人们之间不能随时仿造出类似的社团,我们看不出有任何可以防止暴政的堤坝"[①]。他从民主的角度出发,认为社团(也就是公民组织)是保护民主,防止少数人暴政的重要工具。除此之外,欧美社会的运行其实正是依托公民组织进行的。各种各样的俱乐部、职业团体、邻里组织,使社会进行了初步的整合。在前工业社会,人们以血缘为单位,聚居在村庄或城市里。工业社会之后,大工业和商品经济改变了社会结构,公民组织成为天然的替代物。现代资产阶级政党参与政治的方式是民主竞选,获胜后组阁,以推行其政治纲领。这样一来,它就不得不依托公民组织获得选票,吸纳公民组织成员发展为自己的党员。不论是在美国,还是在英国,我们通常观察到的政党选举,很少有直接面向公民个人的,参加竞选的政党都在积极争取公民组织。散布在各个行业协会、众多社区的公民组织,成为资产阶级政党的"预备队"。同时,公民组织也是政府的重要助手。提供公共服务和公共产品,是政府必须履行的一项职能。除了通过市场化的运作手段,运用"政府购买公共服务"的方式之外,公民组织提供的志愿服务也是不可忽视的力量。行政级别越低,公民组织的力量就越重要。对政府而言,其规模和力量是有限的,不可能完全覆盖到居民日常生活当中。它所应对和解决的只能是涉及更多人口,更广区域的公共问题。但是就社区而言,其所需的公共产品和公共服务,直接涉及到居民的日常生活。如果不解决,会对居民日常生活造成不小的影响。这时社区内的邻里组织、教会、俱乐部等公民组织,往往会发挥重要作用。它们有意或无意地成为了政府的助手,帮助政府完成了社区公共产品和公共服务的供给。

公民组织产生于工业社会和商品经济之中,是前工业社会中村社、宗法关系、行会的替代物,是社会由"机械团结"转变为"有机团结"的重要标志。

[①]　[法]托克维尔:《论美国的民主》(上卷),董果良译,商务印书馆,1988年,第217页。

它的产生和发展,为资产阶级政党的运行提供了社会基础,辅助其政府更好地发挥了公共服务和公共管理的职能, 托克维尔将其称为 "防止暴政的堤坝"。帕特南在意大利的长期观察和比较,以及在美国的生活,使他认识到公民组织的重要价值。"社会资本"是其解释意大利南北制度绩效差异的首要概念。帕特南认为,意大利北部众多的"公民组织",通过"互惠规范",即相互之间的信任和帮助,大大降低了社会交往的成本,成为北部制度绩效成功的原因之一。"公民组织"组成"公民共同体",在探求它的起源时,帕特南认为这是一种历史传统,将其追溯到几百年前的城市共和国传统。这样一来,围绕着"公民组织",解释制度绩效的链条,"社会资本—公民共同体—公民传统"就此形成。

　　中国社会组织的成长和发展,有着自己的历史起点和制度底色。与资产阶级国家公民组织的成长方式不同,中国社会组织是在经历了"政党整合社会"阶段之后,在改革开放的大潮中逐步成长起来的。它必然带有国家、政党制度的底色和历史痕迹。新中国的成立,是中国共产党领导全国各族人民和广泛的社会阶层共同奋斗的结果。在建设新政权的同时,也致力于建设一个新的社会。"我们应当将全中国绝大多数人组织在政治、军事、经济、文化及其他各种组织里,克服旧中国散漫无组织的状态,用伟大的人民群众的集体力量,拥护人民政府和人民解放军,建设独立民主和平统一富强的新中国"①。从这时起,全国上下都逐步进入到"组织化"的进程当中。1951 年 4 月,中国共产党第一次全国组织工作会议通过了《关于整顿党的基层组织的决议》,其目的在于通过对基层党组织的整顿,巩固党对城市和乡村的领导,使党成为经济建设和社会事业的中坚力量。随后,经过党组织的整合和其他手段的配合,全社会不论是乡村还是城市,都被整合进党的组织当中。客观上来讲,

---

① 《建国以来毛泽东文稿》(第一册),中央文献出版社,1988 年,第 11~12 页。

如果没有新中国成立初期通过党组织进行"社会整合",整个中国社会还将继续维持着传统的、分散的"地方意识",难以进入现代社会;另外,小农社会形成阶级,也需要通过组织化的手段来完成。马克思明确指出,"法国国民的广大群众,便是由一些同名数相加形成的,好像一袋马铃薯是由袋中的一个个马铃薯所集成的那样……由于各个小农彼此间只存在有地域的联系,由于他们利益的同一性并不使他们彼此间形成任何的共同关系,形成任何的全国性的联系,形成任何一种政治组织,所以他们就没有形成一个阶级"①。此外,社会主义经济的改造,农村人民公社化和城市经济的单位化,使得基层社会组织失去了存在的土壤。尤其是在城市基层,党组织取代了其他组织,成为统合社会的关键力量。

改革开放为社会组织的成长和发展提供了空间。改革开放之前的中国社会,政党整合社会的力量过于强大,加上基层党组织的强大动员能力,在城市基层出现了"单位办社会"的局面,使得中国社会高度整合。这种整合,一方面为中国进入现代社会提供了一种途径,即通过遍布全国的党组织网络,党员和群众都可以进行制度化的政治参与,在社会动员能力提升的同时,也保持着社会秩序的稳定。这也正是亨廷顿指出的,"共产主义和共产主义式的运动恰恰就有本事来弥补这种短缺……但有一件事情共产党政府确实做得到,那就是,它们能统治得住,它们的确提供了有效的权威……它们的党组织为赢得支持和执行政策提供了权力机构的机制"②。另一方面,党对社会的整合过于集中,社会生活和经济生活的运行由党组织直接引领,以党代政、党政不分的现象十分突出,使当代中国政治形态出现病变。基层体现

---

① 《马克思恩格斯全集》(第8卷),人民出版社,1961年,第217页。

② [美]塞缪尔·P. 亨廷顿:《变化社会中的政治秩序》,王冠华等译,上海世纪出版集团,2008年,第7页。

的更为明显,主要表现为"基层政权变形"和"单位组织政治化"①。这样一来,整个国家制度的运转发生了病变,党的领导制度几乎代替了国家制度。政党组织是政治现代化的重要工具,却不是唯一工具,现代社会的运转需要专业的、分散的经济组织和社会组织。

毫无疑问,改革开放的实行,经济体制的改革,为党和国家领导体制的不断完善和社会组织的成长提供了新的空间。发端于政府管理之下,成长于党的领导之中,是中国社会组织发展的重要特征。就上海而言,其在经济社会发展过程中,系统地阐述了政党、政府、社会、人民等几方面的关系,总结了社会组织的成长历程,明确了其未来的发展方向。这一经验集中体现为"党委领导、政府主导、居民自治、多元共治"。从这里,我们看到社会组织的目标是社会治理的重要力量和国家治理的重要助手。因此,尽管在功能和作用上有一定的相似性,但是中国的社会组织,不论是历史起点、制度底色,还是成长环境,均不同于公民组织。

三、中国城市基层治理的密码

"社会资本"和"连带群体"(solidary groups)两种理论的局限,为"组织资本"分析视角的产生提供了空间。找到城市社区公共产品供给差异背后的原因,或者说探求城市基层治理绩效之间差别的动因,是研究的主要目的。社会资本和连带群体是解释这个问题绕不开的理论。简单来说,社会资本理论的集大成者帕特南,认为它是解释意大利南北制度绩效产生差异的重要原因。意大利南北部的公共产品和公共服务之所以在数量和质量上存在重大差别,是因为两地的社会资本不同。它可以理解为一种互惠机制,人与人之

---

① 林尚立:《当代中国政治形态研究》,天津人民出版社,2017 年,第 278~279 页。

间相互信任,彼此之间的承诺可信,互相帮助,降低了社会交往的成本。经过长期的积累和大范围的拓展,这种社会资本集中表现为"公民参与网络"。正是它使得意大利北部的制度绩效较为成功,城市社区公共产品和基层治理绩效都要好于南部。需要指出的是,意大利南北制度绩效的差异,为帕特南的社会资本理论提供了非常好的对比。意大利南部,人与人之间彼此隔阂,相互之间缺乏互惠,社会交往的成本非常高,没有形成公民参与网络。那为何意大利的北方会形成"公民参与网络",南方却没有? 帕特南的解释是意大利北部长期以来的"公民共同体之源",即意大利北部一直残存着公民精神。当国家制度做出调整,启动地方自治的时候,北部的公民传统被重新激活,以社会资本的形式表现出来,形成"公民参与网络"。相反,南部长期以来都缺乏公民传统,地方自治契机到来的时候,人与人之间的长期隔阂并没有改变,并没有形成公民参与网络,制度绩效缺乏,公共产品数量和质量都无法同北方相比。

蔡晓莉的"连带群体"直接解释中国乡村地方政府治理绩效,以及农村公共产品供给差异。"连带群体"可以看作是社会资本理论在中国乡村的具体运用。蔡晓莉区分了单姓村(宗族村)、复姓村等几种类型,经过分析,她认为"连带群体"在农村公共物品供给当中扮演着重要角色。越是单姓村,其连带群体就越紧密,提供农村公共物品的数量就越多。不同的是,帕特南认为社会资本产生的渊源在于公民传统,蔡晓莉认为连带群体产生的原因是伦理约束。这也解释了为何单姓村的公共物品供给要好于其他类型的村庄,原因就在于单姓村的伦理约束强于其他类型的村庄。此外,帕特南将社会资本理论在地区乃至国家间的运用,提升到"公民参与网络"的高度,进而解释制度绩效成功。蔡晓莉在阐述地方政府的治理绩效时,则将连带群体、伦理约束和民主责任制放到一起,认为中国乡村是"无民主责任制"(Accountability without Democracy),它的集中表现就是连带群体和伦理约束,这也正是中国农村获得公共产品的关键。

"联动网络"是中国城市社区公共物品供给的初步解释,它与"公民参与网络"和"无民主责任制"有着明显区别。社会资本强调的是以公民为载体,注重的是人与人之间的参与和信任,从而形成公民组织,再到公民参与网络。无民主的责任制,强调的是中国农村长期以来的共同体传统,连带群体实际上就是血缘共同体及其延伸,伦理约束之所以能够产生,也在于此,因为道德约束最明显的就是在熟人社会当中。但是当代中国城市基层治理,尤其是城市社区公共产品供给,社会资本和连带群体理论显然无法解释这种现实。透过上海城市社区公共产品供给体制来看,当前的城市社区公共产品既不同于早前的"单位制供给"和"制度化供给",而是一个"联动网络"。居于领导地位的是党的基层组织,它既是政党意志的实施者,也是国家法律的践行者。从上海的经验来看,如果将街道和社区看作是一个个板块,各个工作部门是一个个条线,那么社区居民、驻区单位则是城市社区的主体。从根本上看,城市社区公共产品的提供者,依靠的是组织与组织之间的关系,基层党组织有机的将条和线整合起来,进而拓展为各个主体之间的联动。党组织、街道办事处、驻区单位、社会组织(包括区和街道管辖)、居民都成为城市社区公共产品的供给主体。与"公民参与网络"相比,联动网络当中,组织化参与的特征最为明显。需要特别指出的是,基层党组织是联动网络的领导核心,在发挥着纵览全局、协调各方的功能。不是别的,正是组织,尤其是党的基层组织,在社区公共产品供给和城市基层治理当中,起着至关重要的作用。人与人之间的交往、信任被称作社会资本,组织与组织之间的交往、信任当然也可以被称作"组织资本"。

图 20 城市社区组织结构图

基层党组织始终是城市社区公共产品供给的统筹者。从上海的经验来看,城市社区公共产品供给体系当中,党组织一直以来都居于核心地位。在单位制供给时期,由于单位的高度整合特征,政府与社会之间并没有特别明显的界限,党组织的角色更多地体现为城市社区公共产品供给的提出者和组织者。由单位党组织提出安排,具体的实施则由单位负责。与此同时,由于单位集生产、生活于一体的重要特征,它在事实上也具备共同体的特征。这一时期,在党组织的直接和间接影响下,邻里之间适当地提供社区公共产品。同时,在党组织的号召和动员下,党员和群众往往会义务性地参加各种活动,这其中也有不少是在为城市社区提供公共产品。简单来说,这一时期的城市社区公共产品供给主体主要表现出两个特征:一是单位化,即提供公共服务和公共产品,大多以单位的名义进行,或者由单位组织;二是内部化,主要表现为党组织和党员之间的关系。供给社区公共产品和服务时,首先由党组织发起号召,党员响应,随后拓展到整个单位。在制度化供给时期,即政府占主导,市场补充时期,供给特征发生了明显变化。最主要的特征就是党组织和政府组织、市场之间的界限开始清晰。在基层党组织的领导下,街道各中心逐步建立,为居民提供社区公共服务和物品;街道职能也逐步完善,治安、民政、卫生等各方面的公共服务逐步覆盖到各个居民区;与此同时,市场化运营的物业公司也逐步发展,政府购买公共服务也开始兴起。今天,上海的街道职能改革,社会组织蓬勃发展,城市社区公共产品供给形成了"联动网络"。前面已经多次提到,党组织是联动网络的核心。如图 20 表现的那样,党组织居于核心地位,下一级的党组织就像节点,将城市基层治理的目标传递下去。同时,社会组织、驻区单位、居民经由党组织来完成社区公共产品的供给。

组织资本是中国城市基层治理的密码。它有两种表现,组织化权力和组织化影响力。组织化权力,集中体现为两个服从,即下级组织服从上级组织,个人服从组织。在城市基层治理当中,尤其是城市社区公共产品供给当中,街道层面的党组织通过对下级党组织的管理和其他党组织的联系,增加供给主体,或者直接使党员成为供给主体。目前,部分居民区已经依托党组织和党员,建成了覆盖到居民楼的三级供给网络,即"总站—分站—驿站"。党员最先成为居民区的"热心人",为居民提供公共产品。在党组织和党员的引领下,居民也纷纷加入,最终形成了多支社区治理团队。同时,通过街道党组织的引荐,"两新"组织成员、大学生也参与到其中,社区公共产品的数量大为增加,质量也不断改善。通过组织化权力,党员和党组织成为社区公共产品的供给者和引领者。另外一种表现是组织化影响力,即党组织对其他类型组织的领导,使其成为社区公共产品的供给主体,参与到城市基层治理现代化当中来。目前,在上海,社会组织蓬勃发展;两新组织不断涌现,居民区自治团队也不断发展;加上街道职能改革,政府购买公共服务的完善,各种专业性社会组织越来越多;驻区单位不断参与到城市基层治理当中。这种情况下,经济组织、社会组织、驻区单位(学校、企业等)等成为城市社区公共产品的供给主体。通过梳理,我们发现这些组织都是以辖区党组织为核心展开活动的。更确切的说法是,这些组织与城市社区关系归根到底是党外组织与党组织之间的关系。尽管在业务上并不存在上下级关系,但是驻区单位、社会组织、居民区自治团队当中的党员、组织者,可以成功的让他们相互交流,相互开展工作。总的来说,"组织资本"使中国城市当中纷繁复杂的组织关系,最终转换为党组织内部关系和党组织影响下的外部关系,从而使城市社区公共产品供给主体形成"联动网络"。这是理解中国城市基层治理,尤其是城市社区公共产品的关键变量。

第二节 制度传统的替代功能

一、社会组织化的革命过程

亚里士多德说过,"我们如果对任何事物,对任何政治或其他问题,追溯其原始而明白其发生的端绪,我们就可以获得最明朗的认识"[①]。从权力和组织的角度来看,中国共产党领导的中国革命,是运用党组织将中国社会重新组织起来的过程。革命的传统就是"社会组织化"[②]。换句话说,中国革命的过程就是打破原有的政治结构和社会结构,运用党组织重新建构社会的过程。

"上层剧烈变动,下层基本不变"是中国传统社会的特点。"亚洲各国不断瓦解,不断重建和经常改朝换代,与此截然相反,亚洲的社会却没有变化。这种社会的基本经济要素的结构,不为政治领域中的风暴所触动"[③],马克思观察到了亚洲社会"变与不变"的现象。但是限于资料和时代的有限性,它把印度和中国放到一起,称为"东方社会",并且认为理解"变与不变"的钥匙是

---

① [古希腊]亚里士多德:《政治学》,吴寿彭译,商务印书馆,1965 年,第 4 页。

② 林尚立:《中国共产党与国家建设》,天津人民出版社,2017 年,第 206 页。

③ 《马克思恩格斯文集》(第五卷),人民出版社,2009 年,第 415 页。

"不存在土地私有制和自给自足的农村公社"。很显然，中国社会自秦汉以来，更多的是"家户制"传统，而非"村社制"。然而如果将家户理解为孤立的，彼此隔离的，那就大错特错了。事实上，家户之间以血缘和地缘为纽带组成村庄。村庄与村庄之间，通过婚姻圈和市场，组成一定的市场或文化网络，也就是施坚雅所谓的"市场网络"或杜赞奇的"权力的文化网络"。但是市场网络或文化网络有既定的边界，并不是无限延伸的，形成封闭、孤立的传统结构。这也正是孙中山所谓的中国人"一盘散沙"的具体表现，"一表三千里"更多的是一种亲缘关系之间的弱连接，并不能发挥实质性作用，"熟人社会"更真实的情形发生在小共同体当中。"典型的传统社会阶段中，无论在政治上还是在社会上，都是农村支配城市……在村社的小天地以外，农民的政治参与水平很低……在这种社会里，乡村占统治地位，城乡都太平无事。"①亨廷顿准确地指出了传统乡村社会的局限，农民的政治参与很少，政治仅仅局限于少数的城市贵族。整个社会当中，真正占支配地位的是乡村，"大土地所有制是贵族制的奶娘"，城市贵族的地位和财富不是由工商财富决定的，而是由土地决定的，整个社会是城市的乡村化。因此，中国传统社会相对封闭，乡村占据主导地位。

---

① ［美］塞缪尔·P. 亨廷顿：《变化社会中的政治秩序》，王冠华等译，上海人民出版社，2008年，第56页。

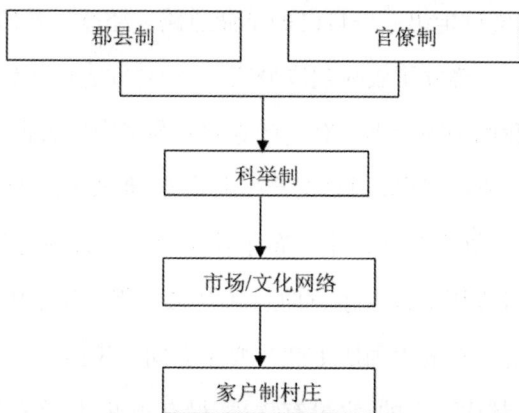

图 21　传统中国的政治结构简图

中国共产党运用党组织推动了革命进程,完成了社会革命,也由此开启了"社会组织化"的进程。"与外界完全隔绝曾是保存旧中国的首要条件,而当这种隔绝状态通过英国而为暴力所打破的时候, 接踵而来的必然是解体的过程, 正如小心保存在密闭棺材里的木乃伊一接触新鲜空气便必然要解体一样"①,马克思的精彩比喻指出了中国社会解体的过程,同时也指出了中国革命"反帝反封建"的双重性质。历经众多曲折之后,历史选择了中国共产党领导中国革命。从权力和组织的角度来看,最大的特点就在于将党组织全面嵌入到社会当中,从而完成对社会的改造。"党应当是组织的总和(并且不是什么简单的算术式的总和,而是一个征途)……作为阶级的先进部队的党成为尽量有组织的,使党只吸收至少能接受最低限度组织性的纷争"②,列宁在《进一步,退两步》当中,指出了无产阶级政党的重要特征:组织。在无产阶级革命进程中,马克思和恩格斯认识到了无产阶级政党的重要性,却因为种种原因难以建立起有效的革命组织。这一实践任务由列宁完成,他创立了民主集中制的无产阶级政党——共产党。追求民族独立和国家富强的过程中,

---

① 《马克思恩格斯文集》(第二卷),人民出版社,2009 年,第 609 页。

② 《列宁专题文集·论无产阶级政党》,人民出版社,2009 年,第 102 页。

中国效法苏俄尝试走出一条自己的革命道路。经过一系列的探索,毛泽东结合中国自身实际,确立了农村包围城市,广泛建立党的组织体系的道路。"没有十月革命,我们中国会不会有共产党呢? 当然中国大批的无产阶级产生了以后,总会产生党的,所以说总会产生共产党,但要拖到什么时候才能产生,就不知道了。一九〇三年产生了布尔什维克,一九一七年俄国十月革命胜利,就使得全世界历史改变了方向。一九二一年产生了中国共产党,中国就改变了方向,五千年的中国历史就改变了方向。我们共产党是中国历史上的任何其他政党都比不上的,它最有觉悟,最有预见,最能看清前途"①。毛泽东指出了中国革命和中国共产党与俄国革命的关系。事实上,中国革命的胜利可以看作是党组织不断在全国建立的过程。正如亨廷顿指出的,传统和现代政治权力的区别,不在于权力如何分配,而是权力的总量。如何增加权力的总量? 答案是覆盖全国的组织,统一的组织系统。很显然,中国革命的传统就是将社会组织化,以党组织整合社会需求,扩大政治参与,增加权力总量。

二、社会单位化的探索

1956 年底,中国完成了对农业、手工业和资本主义工商业的改造,在农村建立了人民公社,作为对社会主义制度的重要探索。在城市,出于经济建设和城市稳定等诸多方面的需求,最终确立了单位制。城市当中的企业、学校、商店等都被整合进单位之中,一个单位成为一个小社会,形成"单位办社会"的传统。我们不能否认单位在社会主义经济建设和社会治理当中的积极作用。首先,单位制促进了社会稳定。新中国成立初期,上海面临着内外部双重威胁,如何保证城市安定有序,成为城市治理的首要问题。诸多选择当中,

---

① 中共中央文献研究室编:《毛泽东著作专题摘编》,中央文献出版社,2003 年,第 446~447 页。

将人们组织起来组成一个"熟人共同体"是方便快捷的办法。其次是单位制增加了社会资源总量。通过单位制,社会被再次整合,城市居民都被纳入到社会主义生产当中,加上早期的劳动竞赛,以及相对合理的计划和指令,社会经济迅速恢复,生产的产品大大增加;最后,单位是社会主义劳动者主人翁地位的体现。在资本主义社会当中,劳动被异化为商品,工人阶级只能依靠出卖劳动力生存,资产阶级依靠无产阶级生活。在单位制之下,尽管存在一定的工资差别,但是工人阶级是国家和集体的主人,其代表的是社会主义经济。

但是随着经济建设的深入,单位制的弊端也逐渐显露出来。它将社会整合到一起,使政党、政府、市场、社会这些现代社会当中应当高度分化的机构彼此融合,降低了组织抗风险的能力,抑制了现代政府职能的发挥,阻碍了社会活力的释放。同时,它也不符合社会主义建设规律,从表面上是符合工业化大生产的,但实际上严格限制了人的流动,使人成为单位的依附者。需要注意的是,在这一阶段党的基层组织体系依旧是比较完备的,只是由于高度融合,其核心领导地位体现的并不是十分明显。总体上,这一时期是建设过程,是社会单位化。

三、制度传统的延续

"制度是一个社会的博弈规则,或者更规范一点说,它们是一些人为设计的、型塑人们互动关系的约束……制度变迁(institutional change)决定了人类历史中的社会演化方式,因而是理解历史变迁的关键。"[①]改革开放的实施,并不是对社会主义制度的全盘否定,而是一种自我完善,更确切地说是

---

① ［美］道格拉斯·C. 诺思:《制度、制度变迁与经济绩效》,杭行译,格致出版社,2014 年,序第 4 页。

一种探索。在经济领域内,重视市场在资源配置中的作用,尊重商品经济规律;政治领域内,党和政府分开,政府和社会分开,复杂而统一的组织体系正在逐步形成。从形式上看,中国政治的确让人难以把握。但是正如列宁在《论国家》当中指出的,"在社会科学问题上有一种最可靠的方法……那就是不要忘记基本的历史联系,考察每个问题都要看某个现象在历史上怎样产生、在发展中经过了哪些阶段,并根据它的这种发展去考察这一事物现在是怎样的"①,通过对城市基层治理的历史溯源和考察,我们发现长期以来,中国共产党的领导及其组织体系并没有发生改变,贯穿了革命、建设、改革三个时期,在历史过程中形成制度传统。

"党治国家"的制度传统之下,组织社会化是城市基层治理走向现代政治的过程。"在现代进程中,比较原始和简单的传统政治体制经常被彻底摧毁……一套机构满足一个时代的需要,而时代的交替则要求机构的更新……形式简单的政府最易衰败,而'混合的'政府形式则稳定得多。"②亨廷顿指出了机构相互分离和复杂的意义,在现代社会当中,扩大有序政治参与,不是将众多机构整合为一体,简单地集中政治权力,恰恰相反,在保证党组织核心领导地位的前提下,应当建立相互分离、复杂的基层政治架构,充分发挥基层政府、社会组织、居民自治组织的作用,体现其现代社会的功能。简单地将党组织和基层政府融合到一起,从表面上看是增加党的影响力,实际上是在确立一种简单的基层治理体制。上海街道职能改革,实际上是在探索基层党组织如何在现代社会中更好地发挥其引领作用。从实践上看,保证社区综合党委对辖区内党组织的领导,同时在社会组织当中发展党员和党组织,探索党员和党组织在社会组织当中的功能和作用。这正是那些社区治理绩效

---

① 《列宁全集》(第37卷),人民出版社,1985年,第61页。
② [美]塞缪尔·P. 亨廷顿:《变化社会中的政治秩序》,王冠华等译,上海人民出版社,2008年,第15页。

较好,社区公共产品形成联动网络供给的原因。它们借助制度传统探索社会治理现代化的道路。

制度传统替代公民传统,是联动网络得以形成的重要因素,是中国城市社区公共产品供给的重要特色,是解释城市基层治理绩效差异的重要变量。在帕特南那里,公民传统在提供公共产品,解释制度绩效成功方面具有重要意义。但是公民传统的形成需要几百年,对那些缺乏公民传统的国家和地区来说,就像是一种"历史诅咒"。尽管其影响持续的时间更长,但是塑造人们行为模式的,并不是只有公民传统,也可以是制度传统。那些城市基层治理绩效获得成功的社区充分利用了制度传统,以党组织为核心,与其他组织互联互动,注重政府的主导作用,注重社会组织的功能,注重党员在社区当中的角色,建立起联动网络,这背后实际是组织资本。

总的来说,制度传统使组织资本成为可能,进而形成联动网络。上海乃至中国城市社区公共产品供给和城市基层治理的逻辑链条,正是"制度传统—组织资本—联动网络"。

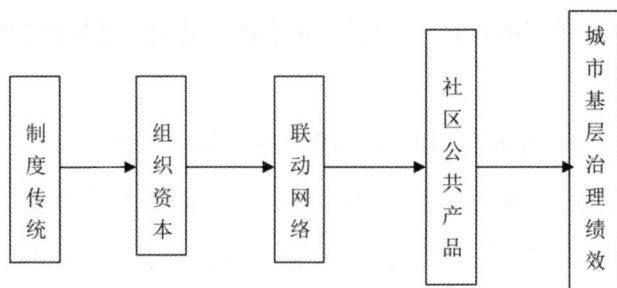

图22　社区公共产品供给差异解释简图

第三节 城市基层治理的"核心引领"与"多元参与"

一、核心组织的引领功能

"发展和现代化方面的问题,都渊源于能否建立起更有效、更灵活、更复杂和更合理的组织……鉴别发展的最终试金石在于一个民族是否有能力建立和维系庞大、复杂、灵活的组织形式"[①],政治现代化需要有序的组织参与,以实现制度参与。共产党及其完备的组织体系,为群众参与政治提供了便利的条件,这是其他国家和组织难以匹敌的。换句话说,对处于政治现代化进程中的国家来说,共产党组织体系已经天然地提供了覆盖全社会的组织。但是也正如亨廷顿所言,"政治发达社会与政治不发达社会的分水岭就是各自拥有组织的数量、规模和效率,这是一目了然的"[②]。城市基层治理现代化的实现,离不开党组织的核心引领作用,也有赖于其他专业性社会组织功能的发挥。

孵化和培育社会组织,通过政府购买公共服务的方式,促进社会组织成长,是上海城市基层治理的重要创新。社会组织的发展不是随意的,它需要受到管制和引领。目前,上海社会治理创新当中,除了街道职能改革之外,还注重从市区两级党委、两级政府层面设立专门的机构,即中共上海市社会工作委员会和上海市社会建设委员会办公室,区里与此相对应。城市基层治理

---

① [美]塞缪尔·P. 亨廷顿:《变化社会中的政治秩序》,王冠华等译,上海人民出版社,2008 年,第 25 页。

② 同上,第 24 页。

过程中,党组织居于核心地位,是毫无疑问的,不过专业性社会组织的作用也不容忽视。早在 1922 年,列宁就指出"如果共产党员以为单靠革命家的手就能完成革命事业,那将是他们最大最危险的错误之一……先锋队只有当它不脱离自己领导的群众并真正引导全体群众前进时,才能完成其先锋队任务。在各种活动领域中,不同非共产党员结成联盟,就根本谈不上什么有成效的共产主义建设"①。结合中国社会治理的实际情况,就是不能单纯的依靠党组织,必须要充分考虑社会组织在社会治理当中的作用与功能。

从目前上海的实际情况来看,社会组织(包括居民自治组织)有以下两个作用:一是专业化服务。与党组织和基层政府相比,社会组织更了解社区的公共需求,加上其人员数量上的优势,能够更好地提供社区公共产品。实际的运转过程中,上海的部分街道中心,如社区文化活动中心等,成为社会组织的载体。另外,为了提升社会治理水平,部分街道专门成立了社会组织服务中心,孵化和培育社会组织。也有部分区委、区政府,考虑到中心区域缺乏活动面积,建立"睦邻中心",孵化和培育枢纽型社会组织,扶植本辖区内社会组织的成长。二是居民掌握自主选择权。社会组织的服务方式与政府自上而下的社区公共产品供给不同,居民们可以自主选择。同一类服务可供比较、选择,加上街道的考评机制,使居民、居委会、街道可以按照自己的实际需求购买公共服务。居民自治组织则与居民生活密切相关,一般都由本地居民组成,为居民区提供社区公共产品。党员和志愿者参与其中,扩大了社区公共产品的供给资源。但是组织体系正在不断完善,管理社会组织的经验也不是很足,依旧处于探索之中。

---

① 《列宁专题文集·论无产阶级政党》,人民出版社,2009 年,第 343 页。

表 29 社会组织参与社区治理和公益项目菜单(部分)①

项目	项目内容	价格
民生安全培训	消防、急救、防诈骗等	40~60 元 / 人
社区残障活动	就业培训、手工沙龙	30~50 元 / 人
老人护理	日常照料、心理护理	3300~5800 元 / 月
慈善爱心菜	为困难对象送菜,解决买菜困难	免费
垃圾分类	垃圾科普、参观、分类培训	280 元 / 人

从组织资本的视角来看,社会治理可以理解为两组关系:党组织内部关系和党组织外部关系。社会治理过程中,党组织和党员是社会的一部分,也参与其中。党组织之间的关系,转换为社区公共产品供给主体之间的关系。之所以如此,是因为党不是孤立存在的,而是依托政府、企业、学校等单位而存在的。举例来说,S 街道与 T 大学之间并无直接隶属关系,表面上看找不到互相连接的纽带,但是实际上两家单位党组织之间的关系,使两家单位互相合作。T 大学充分发挥自己的优势,为 S 街道提供社区规划和社区志愿者。S 街道则利用自己的基层管理经验,为 T 大学提供良好的环境。党组织外部关系,实际上就是党组织与非党组织之间的关系。社会治理过程中,成熟的社会组织都会配备"党建联络员",由党员担任,直接同所在地的党组织保持直接联系。同时,通过基层政府的管理,也可以实现党对社会组织的领导。

总的来说,通过党建联络机制和政府管理手段,社会组织的有序发展不仅不会弱化党的领导,反而会增强其社会治理和城市基层的能力,提供更多更专业的社区公共产品,提升城市基层治理绩效。

---

① 根据 P 区 C 街道社会组织服务清单整理。

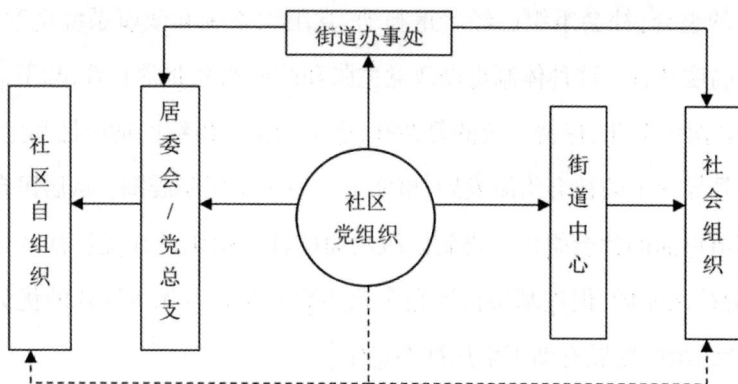

图 23　城市基层党组织与社会组织关系简图

二、"再组织"的重要作用

所谓"再组织",指的是允许成立市场组织和社会组织,社会往多组织和复杂组织方向发展。这个过程,与新中国成立初期的高度社会整合和紧随其后的单位制不同。新中国成立和建设初期,高度社会整合和单位制都是必要的,但是随着世界格局的改变和现代化进程的推进,党和政府的职能分离、政府和社会的职责分开已经成为必然趋势。"再组织"有以下三个重要作用:

首先是激发社会活力。这点已经被四十多年的改革开放证明,打破"单位办社会"的传统,使企业回归市场,劳动力自由择业,适度地拉开收入差别,上海的经济发展也由此取得了举世瞩目的成就。经济成功,促使党和政府的合法性提升,其社会动员能力大为提升。

其次是增强社会稳定性。尽管米格代尔强调"强社会,弱国家",但是其强调的是"社会控制碎片化"①。中国经过高度的社会整合,原有的社会结构被重新整合,缺乏的恰恰是适度的分散。中国社会历经中国革命和单位制两

---

① ［美］乔尔·S. 米格代尔:《强社会与弱国家:第三世界的国家社会关系及国家能力》,张长东等译,江苏人民出版社,2009 年,第 275 页。

个阶段的整合,社会组织已经严重萎缩,党组织系统和政府系统高度重叠,社会被高度整合。这种体制贯彻政党主张和政府指令非常有效,却不适应现代社会。组织分化,保持一定的复杂性,恰恰增强了组织的适应性和生命力。党组织领导之下的社会组织发展,事实上构筑了多层防震圈。从居民自治组织到街道层面的社会组织,再到区级层面的社会组织,在提供社区公共物品、化解社区矛盾、促进基层自治和多元共治方面有着无可取代的优势。因此,社会组织的发展有助于增加社会稳定。

最后是提升社会治理能力。城市基层治理当中,非常重要的一个方面就是处理好党组织与非党组织之间的关系。在这方面,中国共产党在社会治理现代化方面的经验稍显不足,需要一定的经验积累,上海在社会治理方面的经验积累具有重要的借鉴意义。

三、"一核多元"的基层治理体系

组织是权力的载体,没有组织,任何政治权力或社会权威都无法实施。社会治理的关键,是保证党的领导核心地位,为国家治理体系和治理能力现代化奠定基础。任何政治权力首先来自于社会权威,随后经过组织的集中,表现为政治权力,最终体现为国家法律。社会治理,尤其是城市基层治理,是社会权威集中的大本营。古代社会是城市的乡村化,国家的稳定依赖于乡村,古代政治系统的崩溃实际上是社会权威消亡殆尽的产物。现代社会则不同,进入工业化进程当中,乡村处于从属地位,城市成为经济生活的中心。"问题本身并不在于资本主义生产的自然规律所引起的社会对抗的发展程度的高低。问题在于这些规律本身,在于这些以铁的必然性发生作用并且正在实现的趋势。工业较发达的国家向工业较不发达的国家所显示的,只是后者未来的景象"①,马克思指出了工业化和城市在现代化进程中的地位。与此相应,政治现代化除了以制度化的方式保证有序的政治参与之外,更重要的在于通过多组织,提升其化解未来危险的能力。就中国城市基层治理而言,就是在保证党的核心领导地位的前提下,孵化和培育社区社会组织(包括居民自治组织),提升其自治水平,借助共治平台,自主解决问题,自我消解矛盾。

社会组织是国家治理体系的重要补充,是社会治理体系的重要组成部分。国家治理关注的相对宏观,涉及国家制度安排和宏观权力运行;社会治理则相对微观,涉及居民的日常生活和现实问题。但是从合法性的角度来看,社会治理会更直接地涉及居民对中国共产党基层组织和基层政府的评价。解决好现实问题,有助于扩大党的群众基础,巩固其执政地位。如果长期拖而不决,会引发质疑,甚至会酿成事故,对合法性和执政地位造成不利影响。财政资源是国家运转的根基,是国家治理的源泉,但财政资源是有限的,不可能关注到社会生活的方方面面。因此,借助居民自身力量和社会力量,解决日常生活中的现实问题,是社会治理的重要手段。这种情况下,就要适度地允许社会组织的成立和发展,建立和发展相对完善的社会组织体系,形成多组织。借助社会组织的专业化水平和人力资本优势,创造城市基层治理居民自治和多元共治的新格局,诸如电梯安装、为老服务、基础设施微更新等等,都可以借助社会组织或居民自治组织解决。

但是社会组织不能无序发展,必须要保证党的核心领导地位,这就要构建一核多元的社会治理体系。"一核",即中国共产党基层组织的核心地位;"多元",即多类型多数量社会组织的发展。通过党建联络机制,保证党对社会组织的领导,使其在服务社会治理的轨道上发展。

---

① 《马克思恩格斯文集》(第五卷),人民出版社,2009 年,第 8 页。

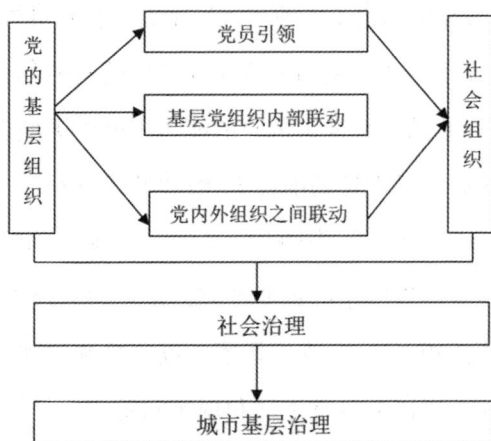

图 24　党组织引领社会治理示意图(部分)

第四节　协商治理:城市基层治理的新模式

一、竞争性治理的弊端

　　西方城市基层治理过程中,萨拉蒙提出了"三大失灵",即"政府失灵、市场失灵和志愿失灵"①。尽管帕特南运用公民传统和社会资本解释民主运转的机制,但是其政府、市场、相互分立是不争的事实,彼此之间缺乏合作机制。整个社会的目标高度一致时,才会有相互之间的合作。目标出现分歧时,政府的责任需要长时间的法律论证,市场机制会选择逃避,社会自我解决问题的能力则成为变数。其根源在于这种治理模式实质上是竞争性治理。虽然帕特南强调的是社会资本,蔡晓莉突出的是"连带群体",即血缘关系,但其

————————
　　①　[美]莱斯特·M.萨拉蒙:《公共服务中的伙伴关系——现代福利国家中政府与非营利组织的关系》,田凯译,商务印书馆,2008 年,第 35 页。

遵循的前提是相同的,即个人自由、民主选举、责任制政府。单从理论上讲,这种民主责任制政府的运行逻辑几乎无懈可击。它假定每个自由公民都是平等的、理性的,能够做出符合自己理性的选择。通过民主选举(一人一票),自由公民能够选举出责任制政府,对公民负责,受公民监督。但是正如熊彼特所言,"公民都是有理性的,都意识到了自身的(长远)利益,都可以自由投票,政府则都是按照这种利益行动、表达意志的代表,这难道不是童话的极好例子吗?"①城市基层治理当中,它是一种竞争性治理,产生了"三大失灵",成为西方城市基层治理的重要障碍。

　政府失灵源自于竞争性政党体制和自治传统的固化。通过竞争性选举获得执政机会,是欧美国家政党和国家制度的体现。出于获得选票的目的,其政党竞选人会到城市社区宣讲其政治纲领和施政方针,与民主集中制的共产党体系不同,欧美国家的政党并不是一个自上而下的党组织体系,更多的是一个松散的竞选联盟。这样就会导致双方执政的体系并不稳定,其政治纲领和政府运作理念甚至是相反的。政党之间的竞争上升为组阁后政府的竞争,社区除了在投票阶段受到重视,其余时间依旧保持自治传统。托克维尔曾在《论美国的民主》中盛赞美国的民情和自治的传统。在工业尚不发达的时代,乡镇自治是普遍的,其自我满足也是可能的。进入到工业社会以后,城市社区自治已经大不同于乡村,倘若没有家庭和社区之外的力量介入,城市社区就会成为阶级分化的场所,这也正是贫民区形成,并且持续下去的原因。以自治的名义使其自生自灭,已经不再是自治传统,而是自治传统的固化。现在,不少国家已经关注到这一事实,发起"社区运动",这种运动缓和了阶级矛盾,在一定程度上"拯救了城市"。

　市场失灵和志愿失灵则源自市场的逐利逻辑和志愿资源的缺乏。"归根

---

① ［美］约瑟夫·熊彼特:《经济分析史》,杨敬年译,商务印书馆,1992年,第80页。

结底,产生资本主义的因素,乃是理性的持久性企业、理性的簿记、理性的技术及理性的法律。不过这还不算完全,我们还得再加上:理性的精神、理性的生活态度和理性的经济伦理"①,马克斯·韦伯鲜明地概括出了资本主义的经济特征,也就是市场经济的特征。市场的目的在于逐利,尽管资本主义逐利动机源自新教精神,与犹太教并不相同。社区是城市的生活区,其本身并不生产价值,市场获利的空间在家庭消费和基础设施更新,但是社区问题本身更多的是分散性的,不足以获利,市场在此领域自然也就无用武之地。志愿失灵,则源于志愿资源的匮乏,与通常的理解并不相同,绝大部分社会组织的资金最终来源是政府资金,而不是个人捐赠。萨拉蒙经过系统的观察发现,事实上政府和志愿组织(社会组织)之间是一种伙伴关系。这也是中国政府购买公共服务的重要原因,没有政府资金的导向作用,社会组织不可能顺利运转。没有社会组织的帮助,中国城市社区公共产品供给很难覆盖到最底层。

二、城市基层治理的新模式

协商治理是城市基层治理的新模式。"党治国家"的制度传统,使中国共产党的基层组织体系继续保持其领导核心地位。组织社会化的进程,则使社会组织获得了空前发展,成为提供社区公共产品重要力量。改革开放的进程,使企业、学校成为社区当中的驻区单位。社区公共产品供给体系的建立,使街道中心成为社区公共产品的供给站。居民区内部,党员和志愿者的努力,成长起了居民区自治团队(居民自治组织)。撇开上海的街道职能不谈,全国大部分城市社区都已经形成了这种"一核多元"的复杂结构。从历史和工具的双重角度来看,协商治理成为城市基层治理的新模式。

---

① [德]马克斯·韦伯:《经济与历史:支配的类型》康乐等译,广西师范大学出版社,2010年,第179页。

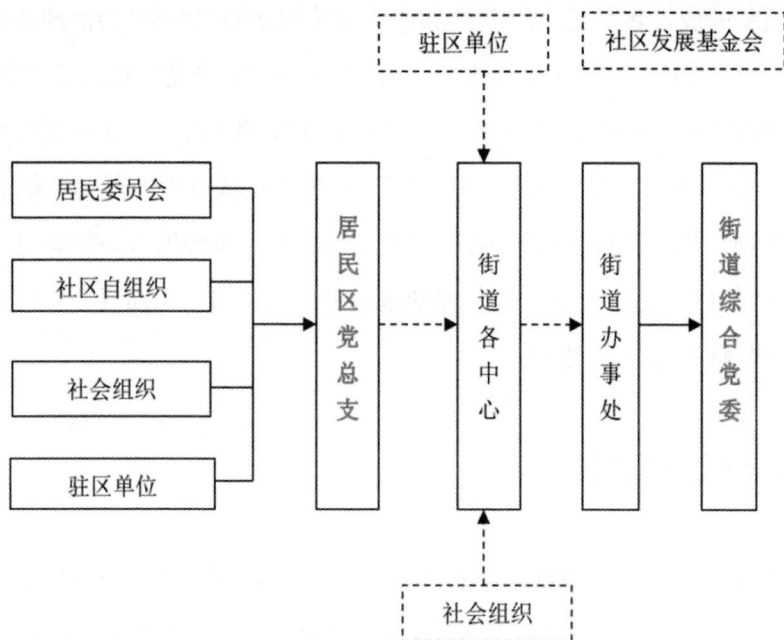

图 25　社区公共产品供给机构(部分)

　　协商治理扩大了社区参与的对象,增加了社区公共产品供给主体。相较于竞争性治理,中国共产党的基层组织体系可以借助组织资源,将驻区单位纳入到社区治理当中,使其成为社会治理的参与者。同时,基层党组织自身拥有的党员本身就是一笔宝贵的资源,通过党员公益活动和志愿活动的引领,激发志愿者和居民参与社区治理的意愿。另外,居住在小区内的党员,也可以通过"微行动"的方式参与到社区活动中来,成为"积极的行动者"。几个街道中心,如社区党建服务中心、社区文化活动中心、社区卫生服务中心在成为社区公共产品供给站的同时,也在孵化和培育社会组织,增强社区参与力量。一元领导的制度传统,多元参与的新型格局,通过协商议事平台讨论和解决社区事务,形成了独具特色的协商治理模式。

　　协商治理在增加组织资本,加强党的领导核心地位同时,构建着社会治理体系。制度传统孕育了组织资本,但并不会自动的发生作用。没有专业性社会组织的成长和发展,组织资本仅限于党组织之间,缺乏社会治理的现代元素。如果任由社会组织疯狂成长,不受约束和监督,会造成权威过于分散,造成严重的社会不稳定。作为一种治理技术,培育和约束社会组织需要经验累积。与此同时,现代化的进程中,要想更好地满足城市基层公共需求,就不可能单纯地依靠基层党组织、基层政府、居委会(行政辅助),必须要进一步扩大,增加社区公共产品的供给,解决现实的问题。对居民而言,"生活的政治"要比"政治的生活"重要。

三、使基层治理运转起来

城市基层治理,说到底就是人的利益和需求满足的问题。解决问题的过程,就是不断运用制度传统,发挥基层党组织作用,发展社会组织的过程,也是权威和权力不断塑造的过程。人们可以创造权力,但不能随心所欲地创造权力,必须要通过组织这个载体。利益、组织、权力、问题相互交织的过程,就是政治过程,正如拉斯韦尔指出的,"政治学:谁得到什么?何时和如何得到"。国家治理体系和治理能力的现代化,是建立在公民日常生活基础之上的,没有"生活的政治",就不会有"政治的生活";关注社会治理,尤其是城市基层治理,不仅是必要的,也是必须的。人民生活的安定有序是社会治理的出发点,也是其归宿。生活源于历史,一个国家基层治理的模式不是随心所欲选择的,终归要受到历史和传统的约束。与此同时,制度的选择也不会完全遵循历史,追求美好生活的过程中,绕不开外界的制度模式和思想观念。

自由主义和马克思主义、资本主义制度和社会主义制度,是历史留给我们的两大政治遗产。它们看似遥不可及,实际上却在日常生活中发挥着不可替代的作用。我们没有必要将自由主义和资本主义制度批判得一无是处,也没有必要将马克思主义和社会主义制度想象成通往美好生活的一把"万能钥匙"。城市让生活更好,城市基层治理的使命则是延续这种美好,将这种美好惠及给更多人。自由主义和资本主义制度支配下的欧美城市基层治理,既显露了问题,也提供了可供借鉴的经验。马克思主义和社会主义制度主导下的中国城市基层治理,积累了丰富的经验,也走过不少弯路。经过长期的探索,中国城市基层治理已经形成了组织联动的模式和协商治理的特色。

亨廷顿说过,"现代政治体制与传统政治体制的差异在于权力总量的不同,而不在于权力分配的不同"①,组织——权力创造和权力运用的载体,通过两条不同的道路把人们带入到现代政治世界。不得不提的是,目前为止,这两条路依旧在并行。一个是资本主义制度,它通过自由和选票将增加权力总量,扩大了政治参与;另一个则是社会主义制度,它通过民主集中制政党及其基层组织体系,将政治参与扩大到了更广泛的群体,并且在稳定社会秩序方面具有独特的优势。历经四十多年改革开放,中国共产党的领导核心地位在保持,"党治国家"的制度传统在延续,为组织资本的产生提供了先决条件。社会组织的孵化和培育,能够有效推动社会治理现代化,在提供社区公共产品,提升城市基层治理绩效的同时,巩固了党的核心领导地位。

从组织关系的角度来看,众多的社区参与主体,可以简化为两组关系:一个是党组织内部关系(包括党组织之间、党组织与党员之间);另一个则是党组织与非党组织之间关系。"为什么社区之间会产生公共产品供给差异,形成不同的基层绩效",或者说,"为什么那些社区治理能够运转起来"? 答案就是制度传统和组织资本。

---

① [美]塞缪尔·P. 亨廷顿:《变化社会中的政治秩序》,王冠华等译,上海世纪出版集团,2008年,第120页。

第五节　研究不足和未来研究方向

一、研究内容概述

研究以上海市社区公共产品作为出发点，揭示社区公共产品供给差异和社区治理绩效之间的差别。相同的经济发展水平和政治制度，为什么会产生社区公共产品供给差异呢？或者说，造成这种差别的因素是什么？社区公共产品供给差异，融入了"项目制"治理的元素，集中表现为治理景观的层次差异，形成了三种不同类型的治理景观，即"矛盾转移型""需求满足型""多元共治型"。供给差异的直接解释是"联动网络"，即那些治理绩效较好的社区，不仅充分运用了制度供给的公共资源，而且能够与驻区单位、社会组织、志愿力量，甚至是居民自治团队对接起来，互联互动，形成多元参与的治理格局。相比之下，借助制度化供给，大部分社区公共需求能够获得基本满足；除此之外，个别社区因为涉及利益分配、管理难度大、治理理念落后等因素，陷入到矛盾转移的困境当中。

联动网络是怎样形成的呢？它与中国城市社区的历史起点和制度底色有着什么样的历史联系？社区公共产品供给，大致可以分为三个阶段：单位制供给、制度化供给、多元供给。随着改革开放的进行，单位不断消解，基层公共需求不断产生，以基层政府为主导的制度化供给替代单位，成为社区公共产品的供给主体。这一时期，形成了"基层党组织引领，街道即街道中心主导，居委会承担"的供给模式。但是随着"国家治理体系和治理能力现代化"目标的提出，以及"社会治理创新"的要求，制度化供给并不能适应社会治理现代化需求。这样的背景之下，上海市进行街道职能改革，突出社区治理的重要性，社区公共产品的供给发生了重大变化。驻区单位、社会组织、志愿力量、居民自治组织等多元力量，都融入进来。但是每个社区与这些力量的互联互动程度并不相同，大部分社区依旧处于"维持网络"当中，只有一小部分社区已经与多元力量互联互动，建立起"联动网络"。

为什么只有一小部分社区能够建立起联动网络呢？经过系统的比较，我们发现这些社区的基层党组织起了非常关键的作用。通过基层党组织，多元力量能够与社区建立联系，并且可以将复杂的关系转化为两组关系：党组织内部关系，党组织与非党组织之间的关系。既有的"社会资本"理论认为，公民组织能够提升社会治理绩效，进而使民主运转起来。需要注意的是，中国城市基层治理的历史起点和制度底色显然不是公民组织，因此，"社会资本"理论在解释中国城市基层治理时，有不小的局限。从基层治理的角度来看，党的基层组织在很大程度上能够替代公民组织的功能，影响社区公共产品供给。因此，研究提出"组织资本"，对"社会资本"进行补充。简单来说，中国城市基层治理可以看作是党组织与多元力量的互动，其中基层党组织是核心，形成"一核多元"的社会治理格局。这正是联动网络得以建立的原因，因为只有一小部分社区能够利用好党组织这个"轴心结构"[①]。或者说，它们很好地利用了组织资本。

为什么能够形成组织资本？它是人为塑造的吗？研究认为，它不是刻意塑造的，而是"党治国家"的制度传统塑造出来的。一直以来，中国共产党都保持着领导核心地位。改革开放后，由党组织高度整合的社会发生变化，社会活力得到释放，"轴心—外围"[②]体系形成。这个过程中，"党治国家"的制度传统并没有改变，基层党组织的引领作用也没有发生变化。这样一来，城市

①② 林尚立：《轴心与外围：共产党的组织网络与社会整合》，《复旦政治学评论》，2008 年第 11 期。

基层治理可以转化为两组关系，即党组织之间关系和党组织与非党组织之间关系。那些运用好"轴心结构"的社区，在不断建立和扩大组织资本，其结构形态就是联动网络。

协商治理成为中国城市基层治理的模式。"一核多元"的社会治理格局，使中国城市基层治理走上了新的治理道路。制度传统带来了组织资本，组织资本的建立和扩大形成了联动网络，联动网络增加了社区公共产品供给，社区公共产品供给差异塑造了层次化的治理景观。制度传统和组织资本，使基层治理运转起来。

二、研究不足

本书试图回答的问题是：相同的经济发展水平和政治制度，为什么会产生社区公共产品供给差异？为了回答这一问题，研究从治理景观出发，层层分析，找到了组织资本这一关键变量，追溯到了"党治国家"的制度传统。由于时间所限和资料获取等一系列难题，研究最终选择以上海为案例，主要围绕16个街道和80个居民区展开，对社区公共产品供给差异进行分析、概括和总结，揭示产生差异的中间变量和自变量，建立了"联动网络—组织资本—制度传统"这一逻辑链。但是组织资本是怎样建立起来的，以什么样的机制影响社区公共产品供给，以及制度传统是如何塑造组织资本的，本书并没有进行深入研究。换句话说，组织资本影响社区公共产品供给的具体机制需要进一步探索，这是研究不足的其一。其二，研究聚焦于上海这样一个超大城市，中西部身份在经济发展水平和城市基层治理理念方面，与其存在一定差距。此外，城市的类型和规模是否会对社区公共产品供给产生影响，影响有多大，都需要进行验证。在这方面，研究有所欠缺，需要进行跨区域对比研究。其三是缺乏系统案例。深度访谈的过程中，积累了相当多宝贵的资料。

但是,由于档案资料的缺乏,加上居委会档案管理的不规范,以及城市社区的迅速变化,无法形成一个或几个跨越三个供给阶段(单位制、制度化、多元)的系统案例。因此,研究在呈现三个供给阶段的变化中显得有所欠缺。

三、未来研究方向

研究以社区公共产品供给为对象,关注的却是中国城市基层治理的经验总结和现代化道路。本书尝试从制度传统和组织资本的角度,为社区治理找到一条符合自身实际情况的特色道路,使更多的社区形成"一核多元"的治理格局,形成"多元共治型"治理景观,以"协商治理"的方式实现居民自治和多元共治的结合。为此,研究还需要以下三个方面的努力:

第一,探索制度传统和组织资本的运作机制。通过更为深入的观察和分析,挖掘制度传统是怎样塑造组织资本的,组织资本是怎样运作的,它以怎样的方式影响社区公共产品供给。除此之外,对影响城市基层治理的其他变量也进行观察,理清它们之间的联系。同时,观察社区基金会、社会组织、居民自治组织这些力量,是以怎样的方式进行有序融合的。

第二,进行跨区域研究。中国不仅有上海、北京这样的城市,还拥其他类型的城市,这些城市因区域位置、产业结构、民俗风情等,在基层治理方面会呈现出不同的差异。研究关注的主要是上海,并没有进行跨区域的研究,进行跨区域研究,能够进一步丰富"组织资本"概念,找到其不同的表现形式。

第三,进行跟踪研究。社区公共产品供给和城市基层治理,通过几个跨越三个阶段(单位制、制度化、多元)的历史案例进行深度比较,更清楚地认识基层党组织的功能,更好地认识各种力量的参与。因此,未来研究打算通过社区档案、访谈资料,进行深度挖掘,更好地认识基层党组织和其他力量在不同历史阶段当中的功能和作用。

运行也遵循一定的规律,这个规律就是历史唯物主义。这其中,列宁的发现是不容忽视的,他找到了社会权力运行的一把钥匙,这就是组织,也就是民主集中制政党。权力的运行,必然要通过组织,越是进入现代社会,越是如此。但是过度强调组织本身,就会走向反面。这个规律,对今天的中国来说依旧具有重要意义。或者说,通过制度的设置、思想的引导、行为的塑造,能够塑造一批运用工具提升美好生活的引领者,进而提升社会治理水平。但我们也要警醒,它可能会走向反面。符号能带来益处,抽象的学习能够帮助我们掌握工具。组织资本的激活,正是在工具性和人性之间求这样一个平衡:身处正在实现现代化之中的当代中国,谁能掌握组织资本,谁就能掌握城市基层治理的未来。

余 论 组织资本的激活

如果说组织资本和制度传统使城市基层治理运转起来，那为何只有少数社区(街道和居民区)能够取得成功呢？换句话说,是什么激活了这些社区的组织资本？

从理论类型上看,政治学研究大致可以分为思想、制度、行为三重维度。大部分政治学著作都可以从三重维度中找到源头。本书的研究主要是基于制度展开的,忽视了对激活组织资本的研究。但是我们不应忘记,作为人文社会科学的政治学,其出发点和落脚点是人,是对美好公共生活的追求。更确切的说法是,我们在关注问题的时候,更多的是将活生生的人抽象为一个个的符号,运用思想、制度、行为的三重维度去探求"逻辑链",提炼出新概念,新理论(建立新的变量关系)。也正是在此模式下,不论从哪个维度出发,都很难找到确切的答案。政治学研究的难处恰在于此,毕竟人不是冷冰冰的符号。

为什么还要进行研究呢？或者更直接地说,组织资本的意义何在呢？说是符号,其实在很大程度上,制度、思想、行为本身也是工具,不同的是,它们是治理国家和社会的工具。尽管没有自然科学那样精确的定律,政治社会的运行也遵循一定的规律,这个规律就是历史唯物主义。这其中,列宁的发现是不容忽视的,他找到了社会权力运行的一把钥匙,这就是组织,也就是民主集中制政党。权力的运行,必然要通过组织,越是进入现代社会,越是如此。但是过度强调组织本身,就会走向反面。这个规律,对今天的中国来说依旧具有重要意义。或者说,通过制度的设置、思想的引导、行为的塑造,能够塑造一批运用工具提升美好生活的引领者,进而提升社会治理水平。但我们也要警醒,它可能会走向反面。符号能带来益处,抽象的学习能够帮助我们掌握工具。组织资本的激活,正是在工具性和人性之间求这样一个平衡:身处正在实现现代化之中的当代中国,谁能掌握组织资本,谁就能掌握城市基层治理的未来。

参考文献

一、中文原著

1.《马克思恩格斯全集》(第 2 卷),人民出版社,2002 年。

2.《马克思恩格斯全集》(第 4 卷),人民出版社,1958 年。

3.《马克思恩格斯全集》(第 8 卷),人民出版社,1961 年。

4.《马克思恩格斯全集》(第 21 卷),人民出版社,2003 年。

5.《马克思恩格斯全集》(第 23 卷),人民出版社,1972 年。

6.《马克思恩格斯全集》(第 40 卷),人民出版社,1982 年。

7.《马克思恩格斯全集》(第 41 卷),人民出版社,1974 年。

8.《马克思恩格斯全集》(第 46 卷),人民出版社,1979 年。

9.《马克思恩格斯文集》(第一卷),人民出版社,2009 年。

10.《马克思恩格斯文集》(第二卷),人民出版社,2009 年。

11.《马克思恩格斯文集》(第三卷),人民出版社,2009 年。

12.《马克思恩格斯文集》(第四卷),人民出版社,2009 年。

13.《马克思恩格斯文集》(第五卷),人民出版社,2009 年。

14.《马克思恩格斯文集》(第六卷),人民出版社,2009 年。

15.《马克思恩格斯文集》(第七卷),人民出版社,2009 年。

16.《马克思恩格斯文集》(第八卷),人民出版社,2009 年。

17.《马克思恩格斯文集》(第九卷),人民出版社,2009 年。

18.《马克思恩格斯文集》(第十卷),人民出版社,2009 年。

19.《马克思恩格斯选集》(第一卷),人民出版社,1972 年。

20.《马克思恩格斯选集》(第二卷),人民出版社,1972 年。

21.《马克思恩格斯选集》(第三卷),人民出版社,1972 年。

22.《马克思恩格斯选集》(第四卷),人民出版社,1972 年。

23.《列宁全集》(第 8 卷),人民出版社,1986 年。

24.《列宁全集》(第 31 卷),人民出版社,1985 年。

25.《列宁全集》(第 37 卷),人民出版社,1985 年。

26.《列宁全集》(第 42 卷),人民出版社,1987 年。

27.《列宁选集》(第一卷),人民出版社,1960 年。

28.《列宁选集》(第二卷),人民出版社,1960 年。

29.《列宁选集》(第三卷),人民出版社,1960 年。

30.《列宁选集》(第四卷),人民出版社,1960 年。

31.《列宁专题文集——论辩证唯物主义和历史唯物主义》,人民出版社,2009 年。

32.《列宁专题文集——论马克思主义》,人民出版社,2009 年。

33.《列宁专题文集——论社会主义》,人民出版社,2009 年。

34.《列宁专题文集——论无产阶级政党》,人民出版社,2009 年。

35.《列宁专题文集——论资本主义》,人民出版社,2009 年。

36.《斯大林选集》(上卷),人民出版社,1979 年。

37.《斯大林选集》(下卷),人民出版社,1979年。

38.《毛泽东文集》(第一卷),人民出版社,1993年。

39.《毛泽东文集》(第七卷),人民出版社,1999年。

40.《毛泽东选集》(第一卷),人民出版社,1991年。

41.《毛泽东选集》(第二卷),人民出版社,1991年。

42.《毛泽东选集》(第三卷),人民出版社,1991年。

43.《毛泽东选集》(第四卷),人民出版社,1991年。

44.《毛泽东著作专题摘编》,中央文献出版社,2003年。

45.《邓小平文选》(第一卷),人民出版社,1994年。

46.《邓小平文选》(第二卷),人民出版社,1994年。

47.《邓小平文选》(第三卷),人民出版社,1993年。

48.《资本论》(第一卷),人民出版社,2004年。

49.《建国以来毛泽东文稿》(第一册),中央文献出版社,1988年。

50.曹锦清等:《走出"理想"城堡:中国单位现象研究》,海天出版社,1997年。

51.陈明明:《在革命与现代化之间:关于党治国家的一个观察与讨论》,复旦大学出版社,2015年。

52.陈文:《社区业主自治研究:基层群众自治自治制度建设的理论》,中国社会科学出版社,2011年。

53.费孝通:《乡土中国·生育制度·乡土重建》,商务印书馆,2011年。

54.顾朝曦等:《社区治理现代化探索研究》,人民出版社,2015年。

55.顾炎武:《顾亭林诗文集》,中华书局,1959年。

56.顾准:《顾准文集》,民主与建设出版社,2015年。

57.管仲:《管子》,中华书局,2016年。

58.郭定平:《上海治理与民主》,重庆出版社,2005年。

59.韩非:《韩非子》,高华平等译注,中华书局,2015年。

60.韩福国：《我们如何具体操作协商民主》，复旦大学出版社，2017年。

61.冀朝鼎：《中国历史上的基本经济区》，朱诗鳌译，商务印书馆，2014年。

62.科大卫：《皇帝与祖宗：华南的国家与宗族》，江苏人民出版社，2009年。

63.李峰：《西周的政体：中国早期的官僚制度和国家》，生活·读书·新知三联书店，2010年。

64.李雪萍：《城市社区公共产品供给研究》，中国社会科学出版社，2008年。

65.林尚立：《当代中国政治：基础与发展》，中国大百科全书出版社，2016年。

66.林尚立：《当代中国政治形态研究》，天津人民出版社，2000年。

67.林尚立：《社区民主与治理》，社会科学文献出版社，2003年。

68.林尚立：《中国共产党与国家建设》，天津人民出版社，2017年。

69.刘建军：《单位中国：社会调控体系重构中的个人、组织与国家》，天津人民出版社，2000年。

70.刘建军：《古代政治制度十六讲》，上海人民出版社，2009年。

71.刘建军：《居民自治指导手册》，格致出版社，2016年。

72.卢爱国：《使社区和谐起来：社区公共事务分类治理》，中国社会科学出版社，2013年。

73.罗荣渠：《现代化新论：世界与中国的现代化进程》，北京大学出版社，1993年。

74.《孟子》，中华书局，2010年。

75.钱穆：《国史大纲》（全两册），商务印书馆，2010年。

76.邱莉莉：《俄罗斯社区》，中国社会出版社，2003年。

77.瞿同祖：《中国法律与中国社会》，商务印书馆，2010年。

78.瞿同祖：《中国封建社会》，商务印书馆，2015年。

79.石发勇：《准公民社区：国家、关系网络与城市基层治理》，社会科学文献出版社，2013年。

80.唐晓腾:《现代化中的城市社会转型》,上海大学出版社,2014年。

81.王邦佐等:《居委会与社区治理:城市社区居民委员会组织研究》,上海人民出版社,2003年。

82.王邦佐等:《新政治学概要》,复旦大学出版社,1998年。

83.王沪宁:《当代中国村落家族文化:对中国社会现代化的一项探索》,上海人民出版社,1991年。

84.王亚南:《中国官僚政治研究》,商务印书馆,2010年。

85.王震中:《中国文明起源的比较研究》,陕西人民出版社,1994年。

86.萧公权:《中国政治思想史》,辽宁教育出版社,2001年。

87.谢芳:《美国社区》,中国社会出版社,2003年。

88.徐勇、陈伟东等:《中国城市社区自治》,武汉出版社,2002年。

89.徐勇等:《社区工作实务》,高等教育出版社,2003年。

90.徐勇等:《中国城市社区自治》,武汉出版社,2002年。

91.阎照祥:《英国贵族史》,人民出版社,2000年。

92.晏阳初:《平民教育与乡村建设运动》,商务印书馆,2014年。

93.杨美慧:《礼物、关系学与国家:中国人际关系与主体性建构》,江苏人民出版社,2009年。

94.杨叙:《北欧社区》,中国社会出版社,2003年。

95.翟学伟:《人情、面子与权力的再生产》,北京大学出版社,2013年。

96.詹成付:《基层政权和社区建设》,中国社会出版社,2009年。

97.张暄:《日本社区》,中国社会出版社,2007年。

98.周雪光:《中国国家治理的制度逻辑:一个组织学研究》,生活·读书·新知三联书店,2017年。

99.周雪光:《组织社会学十讲》,社会科学文献出版社,2003年。

100.朱光磊:《现代政府理论》,高等教育出版社,2006年。

101.竺乾威:《公共行政理论》,复旦大学出版社,2012 年。

二、外文译著

1.[美]加布里埃尔·A. 阿尔蒙德、西德尼·维伯:《公民文化:五个国家的政治态度和民主制》,徐湘林等译,华夏出版社,1989 年。

2.[美]肯尼思·约瑟夫·阿罗:《社会选择:个性与多准则》,钱晓敏等译,首都经济贸易大学出版社,2000 年。

3.[德]艾约博:《以竹为生:一个四川手工造纸村的 20 世纪社会史》,韩巍译,江苏人民出版社,2016 年。

4.[美]曼瑟·奥尔森:《国家的兴衰:经济增长、滞胀和社会僵化》,李增刚译,上海人民出版社,2007 年。

5.[美]曼瑟·奥尔森:《国家兴衰探源》,吕应中等译,商务印书馆,1999 年。

6.[美]曼瑟·奥尔森:《集体行动的逻辑》,陈郁等译,格致出版社,2014 年。

7.[美]曼瑟·奥尔森:《权力与繁荣》,苏长和等译,上海人民出版社,2014 年。

8.[美]埃莉诺·奥斯特罗姆:《公共事物的治理之道:集体行动制度的演进》,余逊达等译,上海译文出版社,2012 年。

9.[美]巴菲尔德:《危险的边疆:游牧帝国与中国》,袁剑译,江苏人民出版社,2011 年。

10.[美]巴林顿·摩尔:《民主和专制的社会起源》,拓夫等译,华夏出版社,1987 年。

11.[古希腊]柏拉图:《理想国》,张竹明译,商务印书馆,1986 年。

12.[美]布赖恩·贝利:《比较城市化:20 世纪的不同道路》,顾朝林等译,商务印书馆,2010 年。

13.[美]本尼迪克特·安德森:《想象的共同体》,吴叡人译,上海人民出版社,2011 年。

14.[美]B.盖伊·彼得斯:《政治科学中的制度理论:新制度主义》,王向民等译,上海人民出版社,2016 年。

15.[美]彼德·布劳:《社会生活中的交换与权力》,孙非等译,华夏出版社,1988 年。

16.[英]卡尔·波兰尼:《巨变:当代政治与经济的起源》,黄树民译,社会科学文献出版社,2013 年。

17.[美]罗纳德·伯特:《结构洞:竞争的社会结构》,任敏等译,汉语大词典出版社,2008 年。

18.[法]布迪厄:《文化资本与炼金术》,包亚明译,上海人民出版社,1997 年。

19.[美]詹姆斯·M.布坎南等:《同意的计算:立宪民主的逻辑基础》,陈光金译,上海人民出版社,2014 年。

20.[美]查尔斯·林德布洛姆:《政治与市场:世界的政治与经济制度》,王逸舟译,上海人民出版社,1997 年。

21.[美]罗伯特·A.达尔等:《现代政治分析》,吴勇译,中国人民大学出版社,2012 年。

22.[英]大卫·李嘉图:《政治经济学及赋税原理》,郭大力译,商务印书馆,1962 年。

23.[美]戴维·伊斯顿:《政治生活的系统分析》,王浦劬等译,人民出版社,2012 年。

24.[英]乔纳森·S.戴维斯:《城市政治学理论前沿:第 2》,何艳玲译,格致出版社,2013 年。

25.[美]道格拉斯·C.诺思:《制度、制度变迁与经济绩效》,杭行译,格致出版社,2014 年。

26.[美]查尔斯·蒂利:《欧洲的抗争与民主:1650—2000》,陈周旺等译,格致出版社,2008年。

27.[美]查尔斯·蒂利:《强制,资本与欧洲国家:公元990~1992年》,魏洪钟译,上海人民出版社,2007年。

28.[美]杜赞奇:《从民族国家拯救历史:民族主义话语与中国现代史研究》,王宪明等译,江苏人民出版社,2009年。

29.[美]杜赞奇:《文化、权力与国家》,王福明译,江苏人民出版社,2010年。

30.[美]斯蒂芬·范埃弗拉:《政治学研究方法指南》,陈琪译,北京大学出版社,2006年。

31.[法]埃哈尔·费埃德伯格:《权力与规则》,张月等译,上海格致出版社,2008年。

32.[美]费正清:《观察中国》,傅光明译,世界知识出版社,2001年。

33.[美]费正清:《美国与中国》,张理京译,世界知识出版社,1999年。

34.[美]费正清:《伟大的中国革命》,刘尊棋译,世界知识出版社,1999年。

35.[美]费正清:《中国的思想与制度》,郭晓兵译,世界知识出版社,2008年。

36.[美]费正清等:《中国:传统与变革》,陈仲丹译,江苏人民出版社,2011年。

37.[英]M.I.芬利:《古代世界的政治》,晏绍祥等译,商务印书馆,2013年。

38.[英]塞缪尔·E.芬纳:《统治史 古代的王权和帝国——从苏美尔到罗马》,马百亮等译,华东师范大学出版社,2010年。

39.[法]弗朗瓦索·基佐:《欧洲代议制政府的历史起源》,张清津等译,复旦大学出版社,2008年。

40.[美]弗里曼等:《中国乡村,社会主义国家》,陶鹤山译,社会科学文献出版社,2002年。

41.[美]弗朗西斯·福山:《信任:社会美德与创造经济繁荣》,彭志华译,海南出版社,2001年。

42.[美]弗朗西斯·福山:《政治秩序的起源:从前人类时代到法国大革命》,毛俊杰译,广西师范大学出版社,2012年。

43.[美]弗朗西斯·福山:《政治秩序与政治衰败》,毛俊杰译,广西师范大学出版社,2015年。

44.[美]拉塞尔·哈丁:《群体冲突的逻辑》,刘春荣等译,上海人民出版社,2013年。

45.[英]弗里德利希·冯·哈耶克:《自由秩序原理》,邓正来译,生活·读书·新知三联书店,1997年。

46.[德]黑格尔:《法哲学原理》,范扬等译,商务印书馆,1961年。

47.[英]亨利·梅因:《古代法》,沈景一译,商务印书馆,2011年。

48.[美]塞缪尔·P. 亨廷顿:《变化社会中的政治秩序》,王冠华等译,上海人民出版社,2008年。

49.[美]威廉·富特·怀特:《街角社会:一个意大利人贫民区的社会结构》,黄玉馥译,商务印书馆,2005年。

50.[美]黄宗智:《超越左右:从实践历史探寻中国农村发展出路》,法律出版社,2013年。

51.[美]黄宗智:《华北的小农经济和社会变迁》,法律出版社,2013年。

52.[美]黄宗智:《长江三角洲的小农家庭与乡村发展》,法律出版社,2013年。

53.[英]霍布斯:《利维坦》,黎思复等译,商务印书馆,1985年。

54.[美]加布里埃尔·A.阿尔蒙德等:《比较政治学:体系、过程和政策》,曹沛霖等译,上海译文出版社,1987年。

55.[英]戴维·贾奇等:《城市政治学理论》,刘晔译,上海人民出版社,2009年。

56.[英]卡尔·波兰尼:《巨变:当代政治与经济的起源》,黄树民译,社会科学文献出版社,2013年。

57.[英]凯恩斯:《就业利息和货币通论》,徐毓枏译,商务印书馆,1963年。

58.[美]詹姆斯·S.科尔曼:《社会理论的基础》,邓方译,社会科学文献出版社,1999年。

59.[法]米歇尔·克罗齐耶等:《行动者与系统:集体行动的政治学》,张月译,上海人民出版社,2007年。

60.[美]孔飞力:《叫魂:1768年中国妖术大恐慌》,陈兼等译,生活·读书·新知三联书店,2012年。

61.[法]拉法格:《财产及其起源》,王子野译,生活·读书·新知三联书店,1962年。

62.[法]拉法格:《思想起源论:卡尔·马克思的经济决定论》,王子野译,生活·读书·新知三联书店,1963年。

63.[美]哈罗德·D.拉斯韦尔:《政治学:谁得到什么?何时和如何得到?》,杨昌裕译,商务印书馆,1992年。

64.[美]拉铁摩尔:《中国的亚洲内陆边疆》,唐晓峰译,江苏人民出版社,2005年。

65.[美]李怀印:《华北村治:晚清和民国时期的国家与乡村》,岁有生等译,中华书局,2008年。

66.[美]西摩·马丁·李普塞特:《政治人:政治的社会基础》,张绍宗译,上海人民出版社,2011年。

67.[加]梁鹤年:《西方文明的文化基因》,生活·读书·新知三联书店,2014年。

68.[美]林南:《社会资本:关于社会结构与行动的理论》,张磊译,上海人民出版社,2005年。

69.[匈]卢卡奇:《历史与阶级意识》,杜章智译,商务印书馆,1999年。

70.[英]史蒂文·卢克斯:《权力:一种激进的观点》,彭斌译,江苏人民出版社,2012年。

71.[美]吉尔伯特·罗兹曼:《中国的现代化》,国家社会科学基金"比较现代化"课题组译,江苏人民出版社,2003年。

72.[德]马克斯·韦伯:《法律社会学,非正当性的支配》,康乐等译,广西师范大学出版社,2011年。

73.[德]马克斯·韦伯:《古犹太教》,康乐等译,广西师范大学出版社,2010年。

74.[德]马克斯·韦伯:《经济与历史:支配的类型》,康乐等译,广西师范大学出版社,2010年。

75.[德]马克斯·韦伯:《社会学的基本概念:经济行动与社会团体》,顾忠华等译,广西师范大学出版社,2011年。

76.[德]马克斯·韦伯:《新教伦理与资本主义精神》,康乐等译,广西师范大学出版社,2010年。

77.[德]马克斯·韦伯:《学术与政治》,康乐等译,广西师范大学出版社,2010年。

78.[德]马克斯·韦伯:《印度的宗教:印度教与佛教》,康乐等译,广西师范大学出版社,2010年。

79.[德]马克斯·韦伯:《支配社会学》,康乐等译,广西师范大学出版社,2010年。

80.[德]马克斯·韦伯:《中国的宗教:儒教与道教》,康乐等译,广西师范大学出版社,2010年。

81.[德]马克斯·韦伯:《宗教社会学·宗教与世界》,康乐等译,广西师范大学出版社,2011年。

82.[法]马太·杜甘:《国家的比较》,文强译,社会科学文献出版社,2010年。

83.[美]迈克尔·罗斯金等:《政治科学》,林震等译,中国人民大学出版社,2009年。

84.[英]哈·麦金德:《历史的地理枢纽》,林尔蔚等译,商务印书馆,2010年。

85.[美]R.麦克法夸尔等:《剑桥中华人民共和国史》(上卷),谢亮生等译,中国社会科学出版社,1990年。

86.[美]R.麦克法夸尔等:《剑桥中华人民共和国史》(下卷),俞金尧等译,中国社会科学出版社,1992年。

87.[美]乔尔·S.米格代尔:《农民、政治与革命:第三世界政治与社会变革的压力》,李玉琪等译,中央编译出版社,1996年。

88.[美]乔尔·S.米格代尔:《强社会与弱国家:第三世界的国家社会关系及国家能力》,张长东等译,江苏人民出版社。

89.[美]乔尔·S.米格代尔:《社会中的国家:国家与社会如何相互改变与相互构成》,李杨等译,江苏人民出版社,2013年。

90.[美]摩尔根:《古代社会》,杨东莼等译,商务印书馆,1971年。

91.[美]道格拉斯·C.诺思:《制度、制度变迁与经济绩效》,杭行译,格致出版社,2014年。

92.[美]帕克等:《城市社会学:芝加哥学派城市研究文集》,宋俊岭等译,华夏出版社,1987年。

93.[意]安德鲁·帕尼比昂科:《政党:组织与权力》,周建勇译,上海人民出版社,2013年。

94.[美]罗伯特·D.帕特南:《独自打保龄球:美国社区的衰落与复兴》,刘波等译,北京大学出版社,2011年。

95.[美]罗伯特·D.帕特南:《使民主运转起来:现代意大利的公民传统》,赖海榕译,中国人民大学出版社,2014年。

96.[德]裴迪南·滕尼斯:《共同体与社会》,林荣远译,商务印书馆,1999年。

97.[美]保罗·皮尔逊:《时间中的政治:历史、制度与社会分析》,黎汉基等译,江苏人民出版社,2014年。

98.[比]亨利·皮雷纳:《中世纪的城市:经济和社会史评论》,陈国樑译,商务印书馆,2006年。

99.[日]蒲岛郁夫:《战后日本政治的轨迹:自民党体制的形成与变迁》,郭定平等译,上海人民出版社,2014年。

100.[美]乔治·霍兰·萨拜因:《政治学说史》(上册),盛葵阳等译,商务印书馆,1986年。

101.[美]乔治·霍兰·萨拜因:《政治学说史》(下册),刘山等译,商务印书馆,1986年。

102.[美]萨拜因:《政治学说史》(上卷),邓正来译,上海人民出版社,2008年。

103.[美]萨拜因:《政治学说史》(下卷),邓正来译,上海人民出版社,2009年。

104.[美]莱斯特·M.萨拉蒙:《公共服务中的伙伴——现代福利国家中政府与非营利组织的关系》,田凯译,商务印书馆,2008年。

105.[美]塞缪尔·P.亨廷顿:《文明的冲突与世界秩序的重建》,周琪等译,新华出版社,2009年。

106.[美]塞缪尔·P.亨廷顿等:《文化的重要作用》,程克雄译,新华出版社,2010年。

107.[美]施坚雅:《中国农村的市场和社会结构》,史建云等译,中国社会科学出版社,1998年。

108.[美]施坚雅:《中华帝国晚期的城市》,叶光庭等译,中华书局,2000年。

109.[美]西达·斯考切波:《国家与社会革命:对法国、俄国和中国的比较分析》,何俊志等译,上海人民出版社,2015年。

110.[美]詹姆斯·C.斯科特:《国家的视角:那些试图改善人类状况的项目是如何失败的》,王晓毅译,社会科学文献出版社,2004年。

111.[美]詹姆斯·C.斯科特:《农民的道义经济学:东南亚的反叛与生存》,程立显等译,译林出版社,2001年。

112.[美]詹姆斯·C.斯科特:《制度与组织:思想观念与物质利益》,姚伟等译,中国人民大学出版社,2010年。

113.[法]埃米尔·涂尔干:《社会分工论》,渠东译,生活·读书·新知三联书店,2000年。

114.[法]托克维尔:《旧制度与大革命》,冯棠译,商务印书馆,1997年。

115.[法]托克维尔:《论美国的民主》(上卷),董果良译,商务印书馆,1988年。

116.[法]托克维尔:《托克维尔回忆录》,董果良译,商务印书馆,2010年。

117.[美]王国斌:《转变的中国:历史变迁与欧洲经验的局限》,李伯重等译,江苏人民出版社,2005年。

118.[美]威廉·J.古德:《家庭》,魏章玲译,社会科学文献出版社,1986年。

119.[美]西摩·马丁.李普塞特:《政治人:政治的社会基础》,张绍宗译,上海世纪出版集团,2011年。

120.[美]熊比特:《经济发展理论》,何畏等译,商务印书馆,1990年。

121.[美]熊彼特:《资本主义、社会主义与民主》,吴良健译,商务印书馆,1979年。

122.[英]亚当·斯密:《道德情操论》,蒋自强等译,商务印书馆,1997年。

123.[英]亚当·斯密:《国富论》,郭大力等译,商务印书馆,2015年。

124.[古希腊]亚里士多德:《政治学》,吴寿彭译,商务印书馆,1965年。

125.[美]亚历山大·格申克龙:《经济落后的历史透视》,张凤林译,商务印书馆,2012年。

126.[美]戴维·伊斯顿：《政治结构分析》，王浦劬等译，北京大学出版社，2016年。

127.[英]约翰·斯图亚特.穆勒：《政治经济学原理》，金镝等译，华夏出版社，2009年。

128.[美]约瑟夫·熊彼特：《经济分析史》，杨敬年译，商务印书馆，1992年。

129.[美]约瑟夫·熊彼特：《资本主义、社会主义、民主》，吴良健译，商务印书馆，2014年。

130.[美]詹姆斯·R.汤森等：《中国政治》，顾速等译，江苏人民出版社，2003年。

131.[美]詹姆斯·W.汤普逊：《中世纪晚期欧洲经济社会史》，徐家玲等译，商务印书馆出版社，1992年。

132.[美]张鹂：《城市里的陌生人：中国流动人口的空间、权力与社会网络的重构》，袁长庚译，江苏人民出版社，2014年。

三、期刊论文

1.卜万红：《是走向社区自治还是建立社区治理结构——关于我国城市社区建设目标定位的思考》，《理论与改革》，2004年第6期。

2.陈炳辉等：《"社区再造"的原则与战略——新公共管理下的城市社区治理模式》，《行政论坛》，2010年第3期。

3.陈华：《非政府组织在社区治理中的角色解析》，《武汉理工大学学报》（社会科学版），2006年第1期。

4.陈家刚：《社区治理网格化建设的现状、问题及对策思考——以上海市杨浦区殷行街道为例》，《兰州学刊》，2010年第11期。

5.陈家建：《项目制与基层政府动员——对社会管理项目化运作的社会

学考察》,《中国社会科学》,2013 年第 2 期。

6.陈捷、卢春龙:《共通性社会资本与特定性社会资本——社会资本与中国的城市基层治理》,《社会学研究》,2009 年第 6 期。

7.陈明明:《革命与现代化之间》,《复旦政治学评论》,2002 年第 1 辑。

8.陈天祥等:《城市社区治理:角色迷失及其根源——以 H 市为例》,《中国人民大学学报》,2011 年第 3 期。

9.陈伟东:《城市基层社会管理体制变迁:单位管理模式转向社区治理模式——武汉市江汉区社区建设目标模式、制度创新及可行性研究》,《理论月刊》,2000 年第 12 期。

10.陈伟东:《武汉市江汉区社区建设目标模式、制度创新及可行性》,《城市发展研究》,2001 年第 1 期。

11.陈伟东等:《社区治理与公民社会的发育》,《华中师范大学学报》(人文社会科学版),2003 年第 1 期。

12.陈伟东等:《社区治理主体:利益相关者》,《当代世界与社会主义》,2004 年第 2 期。

13.陈雪莲:《从街居制到社区制:城市基层治理模式的转变——以"北京市鲁谷街道社区管理体制改革"为个案》,《华东经济管理》,2009 年第 9 期。

14.丁煌:《当代西方公共行政理论的新发展:从新公共管理到新公共服务》,《广东行政学院学报》,2005 年第 17 卷第 6 期。

15.格里·斯托克等:《新地方主义、参与及网络化社区治理》,《国家行政学院学报》,2006 年第 3 期。

16.郭琳琳等:《项目制:一种新的公共治理逻辑》,《学海》,2014 年第 5 期。

17.何平立:《冲突、困境、反思:社区治理基本主体与公民社会构建》,《上海大学学报》(社会科学版),2009 年第 4 期。

18.黄荣贵等:《集体性社会资本对社区参与的影响》,《社会》,2011 年,第 6 期。

19.姜晓萍等:《社区治理中的公民参与》,《湖南社会科学》,2007 年第 1 期。

20.姜振华:《社会资本视角下的社区治理》,《河南社会科学》,2005 年第 4 期。

21.敬义嘉,刘春荣:《居委会直选与城市基层治理——对 2006 年上海市居委会直接选举的分析》,《复旦学报》(社会科学版),2007 年第 1 期。

22.李行等:《城市社区治理的再组织化——基于对杭州市社区治理经验的分析》,《中共中央党校学报》,2014 年第 2 期。

23.李慧凤:《社区治理与社会管理体制创新——基于宁波市社区案例研究》,《公共管理学报》,2010 年第 7 期。

24.李友梅:《社区治理:公民社会的微观基础》,《社会》,2007 年第 2 期。

25.林尚立:《社区:中国政治建设的战略性空间》,《毛泽东邓小平理论研究》,2002 年第 2 期。

26.刘建军等:《揭开"单位人"的面纱》,《吉林大学社会科学学报》,2016 年第 3 期。

27.刘建军等:《社区治理怎样从"苗圃"变为"盆景"》,《解放日报》,2017 年 3 月 21 日,第 10 版。

28.刘建军等:《使基层治理运转起来:联动网络与中国社区公共物品提供》,《江苏行政学院学报》,2017 年第 5 期。

29.刘娴静:《城市社区治理模式的比较及中国的实践》,《云南行政学院学报》,2004 年第 6 期。

30.刘娴静:《城市社区治理模式的比较及中国的选择》,《社会主义研究》,2006 年第 2 期。

31.刘晔:《公共参与、社区自治与协商民主——对一个城市社区公共交往行为的分析》,《复旦学报》(社会科学版),2003 年第 5 期。

32.卢汉龙:《中国城市社区的治理模式》,《上海行政学院学报》,2004年第1期。

33.马西恒:《社区治理框架中的居民参与问题:一项反思性的考察》,《上海行政学院学报》,2004年第2期。

34.渠敬东:《项目制:一种新的国家治理体制》,《中国社会科学》,2012年第5期;

35.史柏年:《治理:社区建设的新视野》,《社会工作》,2006年第7期。

36.史云贵:《当前我国城市社区治理的现状、问题与若干思考》,《上海行政学院学报》,2013年第2期。

37.宋雪峰:《日本社区治理及其启示》,《中共南京市委党校学报》,2009年第3期。

38.孙立平:《社区、社会资本与社会发育》,《学术界》,2001年第4期。

39. 孙学玉:《企业型政府的语义阐释及其界说》,《江苏行政学院学报》,2003年第2期。

40.王芳等:《城市社区治理模式的现实选择》,《中国行政管理》,2008年第4期。

41.王沪宁:《社会资源总量与社会调控:中国意义》,《复旦大学学报》(社会科学版),1990年第4期。

42.王琳:《构建社区治理的多元主体结构》,《社会主义研究》,2006年第7期。

43.王雪梅:《社区公共物品与社区治理——论城市社区"四轮驱动、一辕协调"的治理结构》,《北京行政学院学报》,2005年第4期。

44.王震中:《邦国、王国与帝国:先秦国家形态的演进》,《河南大学学报》,2003年第4期。

45.魏娜:《我国城市社区治理模式:发展演变与制度创新》,《中国人民大学学报》,2003 年第 1 期。

46.魏姝:《中国城市社区治理结构类型化研究》,《南京大学学报》(哲学、人文科学、社会科学版),2008 年第 4 期。

47.吴光芸等:《社会资本视角下的社区治理》,《城市发展研究》,2009 年第 4 期。

48.吴重庆:《革命的底层动员》,《读书》,2000 年第 1 期。

49.夏建中:《治理理论的特点与社区治理研究》,《黑龙江社会科学》,2010 年第 2 期。

50.徐勇:《中国家户制传统与农村发展道路:以俄国、印度的村社传统为参照》,《中国社会科学》,2013 年第 8 期。

51.徐勇等:《农村社区治理主体及其权力关系分析》,《理论月刊》,2013年第 1 起。

52.徐中振:《走向社区治理》,《上海行政学院学报》,2004 年第 1 期。

53.燕继荣:《社区治理与社会资本投资——中国社区治理创新的理论解释》,《天津社会科学》,2010 年第 3 期。

54.张宝锋:《我国城市社区治理结构研究综述》,《华北水利水电学院学报》(社科版),2006 年第 1 期。

55.张虎祥:《社区治理与权力秩序的重构对上海市 KJ 社区的研究》,《社会》,2005 年第 6 期。

56.郑杭生等:《当前我国社会管理和社区治理的新趋势》,《甘肃社会科学》,2012 年第 6 期。

57.周飞舟:《财政资金的专项化及其问题兼论"项目治国"》,《社会》,2012 年第 1 期。

58.周雪光:《项目制:一个"控制权"理论视角》,《开放时代》,2015 年第 2 期。

59.周志忍:《英国公共服务中的竞争机制》,《中国行政管理》,1999年第5期。

60.朱健刚等:《嵌入中的专业社会工作与街区权力关系——对一个政府购买服务项目的个案分析》,《社会学研究》,2013年第1期。

61.朱仁显等:《从网格管理到合作共治——转型期我国社区治理模式路径演进分析》,《厦门大学学报》(哲学社会科学版),2014年第1期。

62. 邹丽琼:《美国城市社区治理及其启示》,《北京城市学院学报》,2009年第1期。

四、法律、法规、文件地方志、统计年鉴(报告)

1.《创新社会治理加强基层建设·市有关文件汇编》(内部资料),中共上海市社会工作委会,2015年1月。

2.《关于规范本市居民区工作绩效评价制度的指导意见》,沪民基发[2015]13号。

3.《关于加强社区和完善城乡社区治理的意见》,中发[2017]13号。

4.《关于深化街道体制改革的实施意见》,沪委办发[2014]42号。

5.《关于组织引导社会力量参与社区治理的实施意见》,沪委办发[2014]43号。

6.《民政部财政部关于加快推进社区社会工作服务的意见》,民发[2013]178号。

7.《上海市街道办事处条例》,1997年。

8.《上海市街道办事处条例》,2016年。

9.《上海市居民委员会工作条例》,2017年。

10.《上海市社区工作者管理办法(试行)》,沪委办发[2014]47号。

11.《中共上海市委上海市人民政府关于进一步创新社会治理加强基层建设的意见》,沪委发[2014]14号。

12.《中华人民共和国城市居民委员会组织法》,1990年。

13.崔明华:《坚实的脚步:上海基层社会管理创新经验实录》,上海三联书店,2012年。

14.虹口区志编纂委员会:《虹口区志》,上海社会科学院出版社,1999年。

15.虹口区志编纂委员会:《上海市虹口区志1994—2007》,方志出版社,2011年。

16.陆晓春:《走向善治:上海市社区治理实践案例选编》,文汇出版社,2014年。

17.上海年鉴编纂委员会:《上海年鉴2008》,上海年鉴编辑部,2008年。

18.上海市静安区民政局:《静安区社区分析工具》,上海静安区居委会工作研究会,2017年7月。

19.上海市统计局:《上海统计年鉴2017》,中国统计出版社,2017年。

20.上海市杨浦区地方志编纂委员会:《杨浦年鉴2006》,汉语大词典出版社,2006年。

21.上海通志编纂委员会:《上海通志》,上海社会科学院出版社,2005年。

22.孙甘霖:《坚实的脚步:上海"两新"组织党建创新经验选编》,文汇出版社,2016年。

23.孙甘霖:《坚实的脚步:上海基层社会管理创新经验实录之二》,上海三联书店,2015年。

五、英文著作

1.Abelson R P,Bernstein A,*A Computer Simulation Model of Community*

Referendum Controversies, Public Opinion Quarterly, 1963.

2.Alhourani A R, Aesthetics of Muslim public and community formations in Cape Town: observations of an anthropologist, *Anthropology Southern Africa*, 2015.

3.Atkinson, A.B. and Stern, N.H, Pigou, taxation and public goods, *Review of Economic Studies*, 1975.

4.Bell, C.R: Between anarchy and Leviathan, A note on the design of federal states, *Journal of Public Economics*, 1989.

5.Bowie S L, Rocha C J, The Promise of Public Housing as a Community-Based Model of Health Care, *Health & Social Work*, 2004.

6.Chang C Y, Lee P Y, Cultural Mobilization in Reinvigorating the Rural Society in Taiwan, The Case of the Wanbao Community, *Anthropologist*, 2015.

7.Dalberg-Acton, *John Emerich Edward, Essays on Freedom and Power*, Boston Beacon Press, 1949.

8.Dasgupta I, Kanbur R, *Community and class antagonism*, Journal of Public Economics, 2017.

9.Eisenhauer B W, Krannich R S, Blahna D J, Attachments to Special Places on Public Lands: An Analysis of Activities, *Reason for Attachments, and Community Connections Society & Natural Resources*, 2000.

10.Engineer M., *Taxes, public goods, and the ruling class: An exploration of the territory between Brennan and Buchanan's Leviathan and conventional public finance*, Public Finance 1, 1989.

11.George D R, *Harvesting the biopsychosocial benefits of community gardens*, American Journal of Public Health, 2013.

12.Golant S M, Mccutcheon A L, *Objective quality of life indicators and*

the external validity of community research findings,Social Indicators Research,
1980.

13.Guthrie D,Mcquarrie M,Providing for the Public Good:Corporate-Community Relations in the Era of the Receding Welfare State,*City & Community*,
2008.

14.Hardin G,The Tragedy of the Commons Science 162,*Journal of Natural Resources Policy Research*,1968.

15.Hickey A,Public pedagogies,place and identity:an ethnographic study of an emerging postmodern community,*Sociology of Education*,2008.

16.Janet V. Denhardt & Robert B. Denhardt,The New Public Service:
Serving,not Steering,*M. E.Sharpe*,2003.

17.Lily L. Tsai,*Accountability without democracy:solidary groups and public goods provision in rural China*,Cambridge University Press,2007.

18.Lyon S M,*Imagined Diasporas among Manchester Muslims:The Public Performance of Pakistani Transnational Identity Politics(review)*,Anthropological Quarterly,2005.

19.Mead M,The Influential Factors of Faculty that Participate in Community Public Affair,*American Anthropologist*,1957.

20.Roediger D. Book review,A New Kind of Public:Community,Solidarity,
and Political Economy in New Deal Cinema 1935-1948,by Graham Cassano,
Critical Sociology,2015.

21.Somers M R,*Citizenship and the Place of the Public Sphere:Law,Community,and Political Culture in the Transition to Democracy*,American Sociological Review,1993.

22.Tanaka K,Mooney P H,*Public scholarship and community engagement in building community food security:the case of the University of Kentucky*, Rural Sociology,2010.

23.Torre M E, *Fine M. A Wrinkle in Time,Tracing a Legacy of Public Science through Community Self—Surveys and Participatory Action Research*,Journal of Social Issues,2011.

24.Viswanathan M,Seth A,Ingraining Product—Relevant Social Good into Business Processes in Subsistence Marketplaces:The Sustainable Market Orientation,*Journal of Macromarketing*,2009.

25.Webster D E,Dealing and sharing:the construction of community in a Pretoria public park,*Anthropology Southern Africa*,2014.

26.Wood R,*The Relation of Opinion to Community Growth*,Public Opinion Quarterly,1948.

27.Zick C D,*Harvesting more than vegetables:the potential weight control benefits of community gardening*,American Journal of Public Health,2013.